《东方文库》第 1 册

肖海明 著

妈祖图像研究

《东方文库》编辑委员会 编

文物出版社

图书在版编目（CIP）数据

妈祖图像研究 / 肖海明著. -- 北京：文物出版社，2017.5
（东方文库）
ISBN 978-7-5010-5092-5

Ⅰ. ①妈… Ⅱ. ①肖… Ⅲ. ①神－研究－中国 Ⅳ. ①B933

中国版本图书馆CIP数据核字（2017）第074954号

妈祖图像研究

作　　者：	肖海明
责任编辑：	李　飔
摄　　影：	刘小放　王　伟
装帧设计：	梁丽辉
责任印制：	陈　杰
责任校对：	陈　婧　李　薇

出版发行：文物出版社
社　　址：北京市东直门内北小街2号楼
网　　址：http://www.wenwu.com
邮　　箱：web@wenwu.com
经　　销：新华书店
制版印刷：北京图文天地制版印刷有限公司
开　　本：889×1194　1/16
印　　张：21.5
版　　次：2017年5月第1版
印　　次：2017年5月第1次印刷
书　　号：ISBN 978-7-5010-5092-5
定　　价：420.00元

本书版权独家所有，非经授权，不得复制翻印

《东方文库》编辑委员会

主　编：罗一星　陈晓军
编　委：（按姓氏笔画为序）
　　　　王　垒　关汉华　许光秋（美）朱培建
　　　　陈晓军　陈忠烈　罗一星　高　瞻
　　　　章文钦　粟明鲜（澳）

《东方文库》序言

人类的历史是文明的历史。文明是指人类所创造的物质财富和精神财富的总和。美国学者亨廷顿说："文明是最大的'我们'，文明为人们提供了最广泛的认同。"[1] 英国学者弗格森对文明做出更详细的解释："文明是高度成熟的人类组织。文明涵盖了绘画、雕塑、建筑领域的成就，也涵盖了经济、政治和社会体制的成就。文明的高低不仅仅以美学成就来衡量，更重要是以城市居民生活质量、预期寿命来判断。但是，一个城市不足以成就人类文明。文明是唯一最大的人类组织，超出任何帝国的版图。"[2]

"欲知大道，必先为史"，这是清代思想家龚自珍的名言。人类治史读史的目的是人类认识自身和寻求共同发展之道的根本需要。纵观世界文明史，属于人类组织的伟大文明有印度文明、中华文明、拜占庭文明、伊斯兰文明和西方文明等。在前引的五大文明中，除了第五种外，前四种文明均诞生于东方；而除了第三种外，其余四种文明均延续至今。

中华文明是世界上最古老的文明之一，她不仅是中国，也是东南亚以及其他地方华人群体的共同文化。中华文明的先进性和技术成就得到西方学者的普遍认同。正如弗格森指出："在明朝以前，中华文明一直不曾放弃过利用技术创新来领先世界的事业。……中国科技、印度数学和阿拉伯天文学数世纪来一直遥遥领先于世界。"[3] 确实，从12世纪至15世纪，人类文明的浪潮一直在东方激荡。然而，自16世纪以后，西方文明崛起并逐渐征服世界其他地方，人类文明的浪潮转到了西方。弗格森《文明》一书论述了500年来西方文明在现代化上的成功并领先全球的关键要素，但在该书尾篇却笔锋一转说："我们现在正在经历的是西方主导世界500年的尾声，这一次，不论从经济上还是地缘政治上来讲，来自东方的挑战真真切切。有一点是确定的：中国不再是学徒了。"[4] 这意味着中华文明在现代化的道路上正在重新崛起。

可见东西方多条文明之河在人类悠久的历史上一直交汇流淌，有时奔腾万丈，波澜壮阔；有时低回徐缓，流脉不息；此消彼长，东起西伏。德国历史学家史宾格勒曾痛斥过"只存在着一条文明之河"的西方中心论的狭隘历史观。今天，我们站在文明续谱的桥头堡上，回望500年前中华文明的兴盛周期，触摸数百年来落后挨打的痛苦记忆，同时，我们也真切地感受到中华文明再度崛起的新周期正悄然开始。和平与文明的未来，取决于世界各伟大文明在宗教、艺术、文学、哲学、科学、技术、道德和情感等方面的彼此携手，取决于世界各大文明的政治、精神和知识领袖之间的理解和合作。正如布罗代尔所强调的那样，努力寻找一个更广阔的视野，来理解"世界上伟大的文化冲突和世界文明的多样性"。[5]

《东方文库》是广州市东方实录研究院出版的系列研究文集，专注于发表东方历史文化的研究成果，旨在回答"我们是谁"的文明基本问题。并在充分尊重世界各大文明成就的基础上，以更加广阔的视野，关注世界文明的交集与发展，关注世界文明的多样性。同时推动当代中青年学者开展东方文明的研究，尤其对填补东方文明重大课题空白的成果给予大力支持，鼓励学者"想人之所未想"的开拓精神和"发人之所未发"的学术追求。博大精深的东方文明体系是由每一个细小的文明支点组成，而悠久的东方历史也是由每一段特殊的历史节点组成。《东方文库》收集精致的文明支点，包容特殊的时间节点。

让每一位学者的睿智思考和精心杰作，在东方文明的宏大体系下熠熠生辉。

《东方文库》编辑委员会
2016 年 12 月

---

1. [美] 塞缪尔·亨廷顿：《文明的冲突》，周琪等译，北京，新华出版社，2013 年，第 19～22 页。
2. [英] 尼尔·弗格森：《文明》，曾贤明、唐颖华译，北京，中信出版社，2012 年，"序言"。
3. 同 2，第 11 页，第 XLIII 页。
4. 同 2，第 302 页。
5. 转引自 [美] 塞缪尔·亨廷顿：《文明的冲突》，周琪等译，北京，新华出版社，2013 年，第 34 页。

内容提要

本书广泛收集历代妈祖造像、绘画、版画、壁画等图像资料，在此基础上进行了全面系统的梳理，探索了历代妈祖图像的特点及变迁轨迹，是第一本全面梳理和论述妈祖图像的专著。本书将圣迹图式妈祖故事图像作为研究的重点，以两条主线展开探讨：第一条主线是对圣迹图式妈祖故事图像神话结构的分析，第二条主线从官方和民间的互动关系展开。本书还从图像研究的角度回应了美国学者詹姆斯·沃森（James Watson）关于中国南方沿海天后"神的标准化"的观点。

作者简介

肖海明，1970年生，中山大学宗教人类学博士，中国社会科学院宗教学博士后，现任广东省博物馆副馆长，研究馆员。兼任的主要社会职务有广东省民俗文化研究会会长、中国文物学会民族民俗专委会副会长、广东省文物保护和非物质文化遗产保护专家、中山大学人类学系外聘研究生导师等。已出版专著《真武图像研究》《中枢与象征——佛山祖庙的历史、艺术与社会》，主编《佛山祖庙》《美美与共——广东宗教文物展》等各类学术著作、图录十余本，在《世界宗教研究》《民俗研究》等各类刊物发表学术论文和文章六十余篇。

媽祖圖像研究

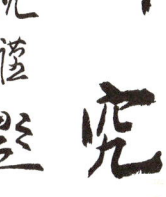

王貴忱謹題

序

肖海明是中山大学宗教人类学博士，曾长期从事真武信仰和真武图像的研究，已出版过《真武图像研究》《中枢与象征——佛山祖庙的历史、艺术与社会》两部专著，颇受好评。他于2013年考入中国社会科学院世界宗教研究所，以"妈祖图像研究"为题做博士后研究，我担任了他的博士后出站报告答辩委员会委员，所以了解一些情况。他的出站报告在结项时，答辩委员会给出了优秀的等级与评价，已足以说明此专题论作的质量。本书又是在他博士后出站报告的基础上再加修改而成。由于我在参与"大清史"项目中对妈祖图像情况略有所知，对肖海明从事的本项研究也有些兴趣，并知晓一些前后原委，所以，很愿意为他的这部新著作序。

肖海明的《妈祖图像研究》一书，是第一本全面梳理和论述妈祖图像的专著，其于学界的贡献，大致可归纳为以下几点：

第一，该书以学界较少涉及的妈祖图像为选题，广泛收集了历代妈祖造像、壁画、版画、挂轴等等图像资料，在此基础上进行了全面系统的梳理，探索归纳了历代妈祖图像的特点及变迁轨迹。同时，又聚焦于两个学界比较有争议的问题，提出了自己的观点。例如，针对"青圭蔽朱旒"问题的争议指出：南宋封妃之后出现的"青圭蔽朱旒"的妈祖图像，在历代其图像的发展之中一直延续了下来，远早于有些学者所认为的清代所见，成为肖像式妈祖图像发展的主线。又如，针对清代以来世界各地妈祖庙宇中十分流行的凤冠冕板式妈祖图像指出：凤冠冕板式的妈祖图像，是"后"与"帝"的完美结合，使妈祖既保留了女性最高神的特性，进而又具有了帝王的身份，与男性封"帝"的神祇取得了同等的地位。妈祖在清代头戴冕旒的形象，实际上隐喻了妈祖成为具"帝"身份。

第二，该书将圣迹图式妈祖故事图像作为研究的重点，以两条主线展开探讨：第一条主线是对圣迹图式妈祖故事图像神话结构的分析。发现无论是官方传统还是民间传统的圣迹图式妈祖故事图像，都以升天为界分为"凡""圣"两个部分，并形成了由凡→圣，再由圣→凡的对立统一的神话结构。结合圣迹图式佛祖释迦牟尼故事图像、圣迹图式真武大帝故事图像等研究案例，认为这种"凡""圣"对立统一的神话结构，

在圣迹图式各类神祇的图像中具有广泛的适用性。第二条主线从官方和民间的互动关系展开。比较官方和民间传统圣迹图式妈祖故事图像发现，民间传统图像可能被官方传统图像吸收，但民间传统图像的广泛存在表明，民间传统图像不可能被官方传统图像完全吸收，官方传统图像也只有在吸收民间传统图像精华的前提下才能有更好的发展前景。

第三，该书从图像研究的角度回应了美国学者詹姆斯·沃森（James Watson）关于中国南方沿海天后"神的标准化"的观点。认为无论在圣迹图式妈祖故事图像中，还是在肖像式妈祖图像中都存在着"标准化"的趋势，但标准化不可能完全消灭多元化，多元化也不可能取代标准化，两者形成了以标准化为主线，兼顾多元的发展模式。在天后的标准化过程中，各类妈祖图像曾扮演过重要角色，在妈祖图像的标准化过程中，地方文化精英发挥了至关重要的作用。

第四，该书采用艺术史中的图像学、文献学和人类学相结合的综合研究方法，并将其命名为"图像人类学方法"，但在具体的研究过程中，十分注重图像研究的特点，紧紧围绕图像材料展开，聚焦于图像这一研究对象与核心。

当然，该书作为一个妈祖图像的初步研究成果，仍有一些问题需要进一步深化，如妈祖图像的地域化问题、妈祖图像中雕塑作品与绘画作品的关系问题、妈祖图像的中外文化交流问题等，希望以后能继续深入研究。是为序。

中国社会科学院世界宗教研究所研究员

2016 年 11 月 18 日

目录

第一章　导论 / 1

第一节　研究缘起 / 2

第二节　研究回顾 / 3

第三节　逻辑结构与各章概述 / 5

第四节　研究方法 / 6

第二章　妈祖信仰与肖像式妈祖图像的综合考察 / 9

第一节　文献中的妈祖 / 11

第二节　历代肖像式妈祖图像的综合考察 / 20

第三节　关于妈祖图像变迁的三个问题 / 57

第三章　圣迹图式妈祖绘画研究 / 63

第一节　清代仙游枫塘宫《天后显圣图轴》研究 / 65

第二节　中国国家博物馆藏清代《天后圣母事迹图志》 / 85

第三节　福建莆田市博物馆藏清代《天后圣迹图轴》 / 98

第四节　荷兰阿姆斯特丹国立博物院藏清代《天后圣迹图》 / 110

第四章　圣迹图式妈祖版画研究 / 123

第一节　《天后圣母圣迹图志》版画 / 125

第二节　清代《敕封天后志》版画 / 146

第三节　清代《大后本传》版画 / 166

第四节　其他版画 / 179

第五章 圣迹图式妈祖民间图画研究 / 195
- 第一节 仙游枫亭灵慈庙妈祖故事壁画 / 197
- 第二节 霞浦松山天后宫妈祖故事挂图 / 233

第六章 圣迹图式妈祖图像的综合比较研究 / 271
- 第一节 官方传统妈祖图像的综合比较 / 273
- 第二节 民间传统妈祖图像的综合比较 / 275
- 第三节 圣迹图式妈祖图像的综合考察 / 278

第七章 妈祖图像与真武图像的比较研究 / 285
- 第一节 肖像式妈祖图像与真武图像的比较 / 287
- 第二节 圣迹图式妈祖图像与真武图像的比较 / 300
- 第三节 诸神图像比较的启示 / 305

第八章 结语：在凡圣与官民之间 / 307

主要参考文献 / 311

后　记 / 320

第二章

图 2-1　莆田市博物馆藏南宋妈祖木雕神女像 / 21
图 2-2　莆田市博物馆藏南宋妈祖木雕夫人像 / 22
图 2-3　福建莆田文峰宫内的南宋妈祖木雕夫人像 / 23
图 2-4　莆田市博物馆藏南宋妈祖木雕神妃像 / 24
图 2-5　福建莆田文峰宫软身妈祖像 / 25
图 2-6　福建莆田港里天后祖祠软身妈祖像 / 25
图 2-7　福建莆田城北东岩山妈祖庙软身妈祖像 / 26
图 2-8　福建莆田仙游坝垅宫明代金漆木雕妈祖像 / 27
图 2-9　福建博物院藏明代德化窑陶瓷妈祖像 / 28
图 2-10　台湾明代崇祯妈祖像 / 29
图 2-11　河北石家庄毗卢寺壁画中的天妃圣母像 / 30
图 2-12　山西繁峙公主寺壁画中的天妃圣母像 / 31
图 2-13　台湾大甲镇澜宫木雕天妃像 / 31
图 2-14　《天妃娘妈传》中的天妃像 / 32
图 2-15　慈圣太后绘造设色《天妃圣母碧霞元君像》 / 33
图 2-16　明代西来寺水陆画天妃圣母像 / 34
图 2-17　《太上说天妃救苦灵验经》卷首插图天妃像 / 35
图 2-18　《三教搜神大全》中的天妃像 / 35
图 2-19　明版《锲天妃娘妈传》封面的天妃像 / 36
图 2-20　福建长乐显应宫出土的泥塑妈祖像 / 37
图 2-21　《新刻出像增补搜神记》中的天妃像 / 36
图 2-22　广东省博物馆藏清代德化窑妈祖瓷像 / 38
图 2-23　福建湄洲祖庙妈祖像 / 40
图 2-24　中国国家图书馆藏《天后本传》中的天后娘娘像 / 41
图 2-25　《林氏族谱》中的天后娘娘像 / 40
图 2-26　台湾历史博物馆藏清代金漆木雕妈祖像 / 40
图 2-27　台湾"中央图书馆"台湾分馆藏清代彩漆木雕妈祖像 / 42
图 2-28　台湾鹿港天后宫藏冕冠妈祖像 / 42
图 2-29　台湾台南大天后宫镇殿妈祖像 / 43
图 2-30　福建龙岩汀州天后宫镇殿妈祖像 / 42
图 2-31　清代设色妈祖像 / 44
图 2-32　《天上圣母经》所载天上圣母像 / 45
图 2-33　福建湄洲祖庙神符妈祖像 / 45
图 2-34　福建闽台缘博物馆藏清代彩绘漆线木雕妈祖像 / 46
图 2-35　台湾大甲镇澜宫藏右手持圭妈祖像 / 47
图 2-36　台湾鹿港天后宫藏右手持如意妈祖像 / 47
图 2-37　台湾乐成宫"旱溪妈"木雕妈祖像 / 49
图 2-38　台湾鹿港天后宫金漆木雕妈祖像 / 48
图 2-39　台湾大甲镇澜宫金漆木雕妈祖像 / 49
图 2-40　福建闽台缘博物馆藏木雕妈祖像 / 49
图 2-41　台湾台南大天后宫藏戴冠妈祖木雕像 / 50
图 2-42　台湾彰化鹿港旧祖宫版画妈祖像 / 51
图 2-43　福建闽台缘博物馆藏夫人造型妈祖木雕像 / 52
图 2-44　台湾大甲镇澜宫藏夫人造型木雕妈祖像 / 53
图 2-45　台湾大甲镇澜宫藏贵妃造型木雕妈祖像 / 53
图 2-46　福建晋江民间妈祖版画 / 54
图 2-47　中国国家博物馆藏河南朱仙镇天后娘娘木版年画 / 55
图 2-48　台湾历史博物馆藏天后圣母木版年画 / 56
图 2-49　中国国家博物馆藏武则天像 / 60

【图版目录】

第三章

图 3-1　枫塘宫《天后显圣图轴》"天妃降诞"图 / 66
图 3-2　枫塘宫《天后显圣图轴》"湄屿飞升"图 / 67
图 3-3　枫塘宫《天后显圣图轴》"降伏二神"图 / 68
图 3-4　枫塘宫《天后显圣图轴》"收伏晏公"图 / 68
图 3-5　枫塘宫《天后显圣图轴》"挂席泛槎"图 / 69
图 3-6　枫塘宫《天后显圣图轴》"铁马渡江"图 / 69
图 3-7　枫塘宫《天后显圣图轴》"机上救亲"图 / 70
图 3-8　枫塘宫《天后显圣图轴》"舫海寻兄"图 / 70
图 3-9　枫塘宫《天后显圣图轴》"伏高里鬼"图 / 71
图 3-10　枫塘宫《天后显圣图轴》"显梦辟地"图 / 72
图 3-11　枫塘宫《天后显圣图轴》"枯楂显圣"图 / 72
图 3-12　枫塘宫《天后显圣图轴》"紫金山助战"图 / 73
图 3-13　枫塘宫《天后显圣图轴》"涌泉济师"图 / 74
图 3-14　枫塘宫《天后显圣图轴》"朱衣著灵"图 / 74
图 3-15　枫塘宫《天后显圣图轴》"阴护册使"图 / 75
图 3-16　枫塘宫《天后显圣图轴》"圣泉救疫"图 / 76
图 3-17　枫塘宫《天后显圣图轴》"火烧陈长五"图 / 77
图 3-18　枫塘宫《天后显圣图轴》"神助漕运"图 / 78
图 3-19　枫塘宫《天后显圣图轴》"一家荣封"图 / 78
图 3-20　《天后显圣图轴》第一幅 / 80
图 3-21　《天后显圣图轴》第二幅 / 80
图 3-22　《天后显圣图轴》第三幅 / 81
图 3-23　《天后显圣图轴》第四幅 / 81
图 3-24　中国国家博物馆藏《天后圣母事迹图志》"诞天后瑞霭凝香"图 / 86
图 3-25　中国国家博物馆藏《天后圣母事迹图志》"窥古井喜得灵符"图 / 87
图 3-26　枫塘宫《天后显圣图轴》"窥井得符"图 / 87
图 3-27　中国国家博物馆藏《天后圣母事迹图志》"正织机神游沧海"图 / 88
图 3-28　中国国家博物馆藏《天后圣母事迹图志》"证仙班九日升天"图 / 89
图 3-29　中国国家博物馆藏《天后圣母事迹图志》"庙廊下火焚三恶"图 / 89
图 3-30　中国国家博物馆藏《天后圣母事迹图志》"感灵佑奉诏加封"图 / 90
图 3-31　中国国家博物馆藏《天后圣母事迹图志》"闻鼓吹郑和免险"图 / 91
图 3-32　枫塘宫《天后显圣图轴》"广州救太监郑和"图 / 91
图 3-33　中国国家博物馆藏《天后圣母事迹图志》"解军渴涸井流泉"图 / 92
图 3-34　中国国家博物馆藏《天后圣母事迹图志》"赴琉球阴护册使"图 / 93
图 3-35　枫塘宫《天后显圣图轴》"求佛赐子"图 / 96
图 3-36　枫塘宫《天后显圣图轴》"助顺加封"图 / 96
图 3-37　中国国家博物馆藏《天后圣母事迹图志》"莆田尹求符救疫"图 / 97
图 3-38　欧峡《天后圣迹图轴》第一幅图 / 100
图 3-39　欧峡《天后圣迹图轴》第二幅图 / 102
图 3-40　欧峡《天后圣迹图轴》第三幅图 / 105

图 3-41　中国国家博物馆藏《天后圣母事迹图志》"祷苍穹雨济万民"图 / 107
图 3-42　枫塘宫《天后显圣图轴》"祷雨济民"图 / 107
图 3-43　枫塘宫《天后显圣图轴》"灵符回生"图 / 109
图 3-44　荷兰阿姆斯特丹国立博物院藏《天后圣迹图》"朱衣著灵"图 / 111
图 3-45　中国国家博物馆藏《天后圣母事迹图志》"朱衣著灵"图 / 112
图 3-46　荷兰阿姆斯特丹国立博物院藏《天后圣迹图》"助擒周六四"图 / 112
图 3-47　枫塘宫《天后显圣图轴》"助擒周六四"图 / 113
图 3-48　中国国家博物馆藏《天后圣母事迹图志》"率神将周寇亡身"图 / 114
图 3-49　苏州版《天后圣母圣迹图志》"率神将周寇亡身"图 / 114
图 3-50　荷兰阿姆斯特丹国立博物院藏《天后圣迹图》"涌泉济师"图 / 115
图 3-51　荷兰阿姆斯特丹国立博物院藏《天后圣迹图》"起盖钟鼓楼及山门"图 / 116
图 3-52　荷兰阿姆斯特丹国立博物院藏《天后圣迹图》"托梦护舟"图 / 117
图 3-53　荷兰阿姆斯特丹国立博物院藏《天后圣迹图》"澎湖神助得捷"图 / 118
图 3-54　荷兰阿姆斯特丹国立博物院藏《天后圣迹图》"琉球阴护册使"图 / 120

第四章

图 4-1　苏州版《天后圣母圣迹图志》版画"诞天后瑞霭凝香"图 / 127
图 4-2　苏州版《天后圣母圣迹图志》版画"证仙班九日升天"图 / 127
图 4-3　苏州版《天后圣母圣迹图志》版画"演神咒法降二将"图 / 128
图 4-4　苏州版《天后圣母圣迹图志》版画"投法绳晏公归部"图 / 128
图 4-5　苏州版《天后圣母圣迹图志》版画"遇风涛乘槎挂席"图 / 129
图 4-6　苏州版《天后圣母圣迹图志》版画"无舟楫铁马渡江"图 / 130
图 4-7　苏州版《天后圣母圣迹图志》版画"正织机神游沧海"图 / 130
图 4-8　苏州版《天后圣母圣迹图志》版画"破惊涛遂救严亲"图 / 131
图 4-9　苏州版《天后圣母圣迹图志》版画"高里鬼具体现形"图 / 131
图 4-10　苏州版《天后圣母圣迹图志》版画"梦神嘱庙宇倾成"图 / 133
图 4-11　苏州版《天后圣母圣迹图志》版画"泛枯楂重新圣像"图 / 133
图 4-12　苏州版《天后圣母圣迹图志》版画"解军渴涸井流泉"图 / 134
图 4-13　苏州版《天后圣母圣迹图志》版画"赖神功澎湖破贼"图 / 134
图 4-14　苏州版《天后圣母圣迹图志》版画"闻鼓吹郑和免险"图 / 135
图 4-15　苏州版《天后圣母圣迹图志》版画"赴琉球阴护册使"图 / 135
图 4-16　苏州版《天后圣母圣迹图志》版画"示白湖凿泉疗疫"图 / 136
图 4-17　苏州版《天后圣母圣迹图志》版画"庙廊下火焚三恶"图 / 136
图 4-18　苏州版《天后圣母圣迹图志》版画"垂神灯粮船有赖"图 / 137
图 4-19　苏州版《天后圣母圣迹图志》版画"建功勋合家封赠"图 / 139
图 4-20　苏州版《天后圣母圣迹图志》版画"遇道人秘传玄诀"图 / 140
图 4-21　苏州版《天后圣母圣迹图志》版画"答神庥钦颁祀典"图 / 140
图 4-22　闽浙版《天后圣母圣迹图志》版画"封琉球护卫钦差"图 / 145
图 4-23　闽浙版《天后圣母圣迹图志》版画"潮州馆显饬兵丁"图 / 145

图 4-24　《敕封天后志》"诞降"图 / 148
图 4-25　《敕封天后志》"湄屿飞升"图 / 149
图 4-26　《敕封天后志》"降伏二神"图 / 150
图 4-27　《敕封天后志》"收晏公"图 / 150
图 4-28　《敕封天后志》"机上救亲"图 / 152
图 4-29　《敕封天后志》"收高里鬼"图 / 153
图 4-30　《敕封天后志》"圣墩神木"图 / 155
图 4-31　《敕封天后志》"托梦建庙"图 / 155
图 4-32　《敕封天后志》"井泉济师"图 / 157
图 4-33　《敕封天后志》"焚陈长五"图 / 157
图 4-34　《敕封天后志》"现身渡劫"图 / 158
图 4-35　《敕封天后志》"保护册使"图 / 159
图 4-36　《敕封天后志》"圣泉救疫"图 / 161
图 4-37　《敕封天后志》"钱塘助堤"图 / 161
图 4-38　《敕封天后志》"菜屿长青"图 / 162
图 4-39　苏州版《天后圣母圣迹图志》版画"油成菜资生民食"图 / 162
图 4-40　《敕封天后志》"祷雨"图 / 163
图 4-41　苏州版《天后圣母圣迹图志》版画"祷苍穹雨济万民"图 / 163
图 4-42　《敕封天后志》"起椗"图 / 164
图 4-43　苏州版《天后圣母圣迹图志》版画"逢怪物祷神起椗"图 / 164
图 4-44　《天后本传》"窥井得符"图 / 167
图 4-45　《天后本传》"抛梭拯溺"图 / 167
图 4-46　《天后本传》"西山异草"图 / 169
图 4-47　《天后本传》"湄屿仙葩"图 / 169
图 4-48　《天后本传》"箬篷破浪"图 / 171
图 4-49　《天后本传》"铁马腾空"图 / 171
图 4-50　《天后本传》"潮神顶礼"图 / 171
图 4-51　《天后本传》"海祟皈依"图 / 171
图 4-52　《天后本传》"片云致雨"图 / 172
图 4-53　《天后本传》"二竖潜形"图 / 173
图 4-54　《天后本传》"阴怪含沙"图 / 175
图 4-55　《天后本传》"神龙荷戟"图 / 175
图 4-56　《天后本传》"邪魔反正"图 / 177
图 4-57　《天后本传》"白日飞升"图 / 177
图 4-58　《天妃娘妈传》"先把灵符净，后将精气投"图 / 181
图 4-59　《天妃娘妈传》"陈宅生奇女，莆阳产圣人"图 / 181
图 4-60　《天妃娘妈传》"命女勤机织，专心治纬经"图 / 181
图 4-61　《天妃娘妈传》"机上逢精斗，海内把舟扶"图 / 181
图 4-62　《天妃娘妈传》"道僧齐建醮，玄女即登仙"图 / 182
图 4-63　《天妃娘妈传》"真言南海受（授），铁马北天回"图 / 183
图 4-64　《天妃娘妈传》"火旗传梦里，铁马渡江中"图 / 183
图 4-65　《天妃娘妈传》"乘波如鹜陆，奔轶似飞尘"图 / 183
图 4-66　《林妈祖志全图宝像》第二回"天后降诞"图 / 186
图 4-67　《林妈祖志全图宝像》第八回"挂席泛槎"图 / 186
图 4-68　《林妈祖志全图宝像》第二十回"湄岛飞天"图 / 187
图 4-69　《林妈祖志全图宝像》第二十六回"圣泉救疫"图 / 188
图 4-70　《林妈祖志全图宝像》第二十九回"一家荣封"图 / 189
图 4-71　《林妈祖志全图宝像》第三十六回"神助漕运"图 / 189
图 4-72　《林妈祖志全图宝像》第三十八回"药救吕德"图 / 190
图 4-73　《林妈祖志全图宝像》第五十二回"托梦护舟"图 / 191
图 4-74　《林妈祖志全图宝像》第五回"妃啼牛移成际"图 / 193

第五章

图 5-1　仙游枫亭灵慈庙妈祖故事壁画"观音指法"图 / 198
图 5-2　仙游枫亭灵慈庙妈祖故事壁画"圣母降世"图 / 199
图 5-3　仙游枫亭灵慈庙妈祖故事壁画"入学读书"图 / 200
图 5-4　仙游枫亭灵慈庙妈祖故事壁画"井神送书"图 / 200
图 5-5　仙游枫亭灵慈庙妈祖故事壁画"学召天兵"图 / 201
图 5-6　仙游枫亭灵慈庙妈祖故事壁画"机上救亲"图 / 202
图 5-7　仙游枫亭灵慈庙妈祖故事壁画"勇救父兄"图 / 202
图 5-8　仙游枫亭灵慈庙妈祖故事壁画"媒婆说亲"图 / 203
图 5-9　仙游枫亭灵慈庙妈祖故事壁画"顺母配夫"图 / 204
图 5-10　仙游枫亭灵慈庙妈祖故事壁画"化蝶成双"图 / 205
图 5-11　仙游枫亭灵慈庙妈祖故事壁画"睡化成蝶"图 / 206
图 5-12　仙游枫亭灵慈庙妈祖故事壁画"蝶精代婚"图 / 206
图 5-13　仙游枫亭灵慈庙妈祖故事壁画"祷赐甘雨"图 / 206
图 5-14　仙游枫亭灵慈庙妈祖故事壁画"乡人谢雨"图 / 206
图 5-15　仙游枫亭灵慈庙妈祖故事壁画"观音指药"图 / 207
图 5-16　仙游枫亭灵慈庙妈祖故事壁画"制药救人"图 / 207
图 5-17　仙游枫亭灵慈庙妈祖故事壁画"四邻求药"图 / 208
图 5-18　仙游枫亭灵慈庙妈祖故事壁画"委员求药"图 / 208
图 5-19　仙游枫亭灵慈庙妈祖故事壁画"骗人入洞"图 / 209
图 5-20　仙游枫亭灵慈庙妈祖故事壁画"金妖食人"图 / 210
图 5-21　仙游枫亭灵慈庙妈祖故事壁画"二妖大战"图 / 210
图 5-22　仙游枫亭灵慈庙妈祖故事壁画"二妖结拜"图 / 211
图 5-23　仙游枫亭灵慈庙妈祖故事壁画"龙女助姑"图 / 212
图 5-24　仙游枫亭灵慈庙妈祖故事壁画"龙女示姑"图 / 212
图 5-25　仙游枫亭灵慈庙妈祖故事壁画"大战二妖"图 / 212
图 5-26　仙游枫亭灵慈庙妈祖故事壁画"战退神姑"图 / 212
图 5-27　仙游枫亭灵慈庙妈祖故事壁画"召请天兵"图 / 213
图 5-28　仙游枫亭灵慈庙妈祖故事壁画"天兵战妖"图 / 213
图 5-29　仙游枫亭灵慈庙妈祖故事壁画"收伏二妖"图 / 214
图 5-30　仙游枫亭灵慈庙妈祖故事壁画"收将回家"图 / 214
图 5-31　仙游枫亭灵慈庙妈祖故事壁画"狮精食人"图 / 215
图 5-32　仙游枫亭灵慈庙妈祖故事壁画"大战狮精"图 / 216
图 5-33　仙游枫亭灵慈庙妈祖故事壁画"降服狮精"图 / 216
图 5-34　仙游枫亭灵慈庙妈祖故事壁画"孽龙作浪"图 / 216
图 5-35　仙游枫亭灵慈庙妈祖故事壁画"大战孽龙"图 / 217
图 5-36　仙游枫亭灵慈庙妈祖故事壁画"收伏孽龙"图 / 217
图 5-37　仙游枫亭灵慈庙妈祖故事壁画"入洞静身"图 / 217

图 5-38　仙游枫亭灵慈庙妈祖故事壁画"入洞脱凡"图 / 218
图 5-39　仙游枫亭灵慈庙妈祖故事壁画"引上天堂"图 / 218
图 5-40　仙游枫亭灵慈庙妈祖故事壁画"巡游大海"图 / 219
图 5-41　仙游枫亭灵慈庙妈祖故事壁画"龙王接驾"图 / 220
图 5-42　仙游枫亭灵慈庙妈祖故事壁画"拜榜敕封"图 / 220
图 5-43　仙游枫亭灵慈庙妈祖故事壁画"圣泉救疫"图 / 221
图 5-44　仙游枫亭灵慈庙妈祖故事壁画"僧引圣水"图 / 222
图 5-45　仙游枫亭灵慈庙妈祖故事壁画"勇救郑和"图 / 222
图 5-46　仙游枫亭灵慈庙妈祖故事壁画"化粮振饥"图 / 222
图 5-47　仙游枫亭灵慈庙妈祖故事壁画"钱塘助堤"图 / 222
图 5-48　仙游枫亭灵慈庙妈祖故事壁画"钱塘请封"图 / 223
图 5-49　仙游枫亭灵慈庙妈祖故事壁画"焚大溪寇"图 / 224
图 5-50　仙游枫亭灵慈庙妈祖故事壁画"收啼鸡精"图 / 224
图 5-51　仙游枫亭灵慈庙妈祖故事壁画"郑清对阵"图 / 225
图 5-52　仙游枫亭灵慈庙妈祖故事壁画"清灭郑军"图 / 225
图 5-53　仙游枫亭灵慈庙妈祖故事壁画"示湄建庙"图 / 226
图 5-54　仙游枫亭灵慈庙妈祖故事壁画"圣母助战"图 / 227
图 5-55　仙游枫亭灵慈庙妈祖故事壁画"奉旨起庙"图 / 227
图 5-56　仙游枫亭灵慈庙妈祖故事壁画"敕封圣母"图 / 228
图 5-57　仙游枫亭灵慈庙妈祖故事壁画东壁壁画 / 229
图 5-58　仙游枫亭灵慈庙妈祖故事壁画西壁壁画 / 230
图 5-59　霞浦松山天后宫妈祖故事挂图"林愿拜师学武艺"图 / 234
图 5-60　霞浦松山天后宫妈祖故事挂图"海贼袭击林愿船"图 / 235
图 5-61　霞浦松山天后宫妈祖故事挂图"浪尖传来七彩珠"图 / 235
图 5-62　霞浦松山天后宫妈祖故事挂图"王氏吞珠入腹中"图 / 235
图 5-63　霞浦松山天后宫妈祖故事挂图"金麟大蛇平海浪"图 / 236
图 5-64　霞浦松山天后宫妈祖故事挂图"林愿全家住松山"图 / 236
图 5-65　霞浦松山天后宫妈祖故事挂图"王氏得珠怀六甲"图 / 236
图 5-66　霞浦松山天后宫妈祖故事挂图"王氏生下龙女儿"图 / 236
图 5-67　霞浦松山天后宫妈祖故事挂图"默娘生来伶俐样"图 / 237
图 5-68　霞浦松山天后宫妈祖故事挂图"七岁海上能泅水"图 / 237
图 5-69　霞浦松山天后宫妈祖故事挂图"默娘织布在家中"图 / 238

图 5-70　霞浦松山天后宫妈祖故事挂图"林愿带女去捕鱼"图／239
图 5-71　霞浦松山天后宫妈祖故事挂图"网来一本无字书"图／239
图 5-72　霞浦松山天后宫妈祖故事挂图"默娘过眼字就现"图／239
图 5-73　霞浦松山天后宫妈祖故事挂图"默娘学书初试法"图／240
图 5-74　霞浦松山天后宫妈祖故事挂图"平浪走涛过海面"图／240
图 5-75　霞浦松山天后宫妈祖故事挂图"默娘施法驱海怪"图／241
图 5-76　霞浦松山天后宫妈祖故事挂图"闽海海贼劫渔船"图／242
图 5-77　霞浦松山天后宫妈祖故事挂图"林愿揭榜投水军"图／242
图 5-78　霞浦松山天后宫妈祖故事挂图"林字旗号海贼惊"图／243
图 5-79　霞浦松山天后宫妈祖故事挂图"海贼联船攻林愿"图／244
图 5-80　霞浦松山天后宫妈祖故事挂图"难中又遭煞头暴"图／244
图 5-81　霞浦松山天后宫妈祖故事挂图"默娘掐指父有难"图／245
图 5-82　霞浦松山天后宫妈祖故事挂图"脱魂施法救父船"图／246
图 5-83　霞浦松山天后宫妈祖故事挂图"被母唤醒父船沉"图／246
图 5-84　霞浦松山天后宫妈祖故事挂图"掏浪摧风施妖法"图／246
图 5-85　霞浦松山天后宫妈祖故事挂图"默娘祭法斗二怪"图／246
图 5-86　霞浦松山天后宫妈祖故事挂图"默娘带孝炼父骨"图／247
图 5-87　霞浦松山天后宫妈祖故事挂图"日间二怪来烧海"图／247
图 5-88　霞浦松山天后宫妈祖故事挂图"夜间怪扰默娘房"图／248
图 5-89　霞浦松山天后宫妈祖故事挂图"默娘祭法怪逃身"图／248
图 5-90　霞浦松山天后宫妈祖故事挂图"掏浪摧风逃湄洲"图／249
图 5-91　霞浦松山天后宫妈祖故事挂图"兴化海事不太平"图／250
图 5-92　霞浦松山天后宫妈祖故事挂图"兴化难船避松山"图／251
图 5-93　霞浦松山天后宫妈祖故事挂图"祈求默娘平海事"图／252
图 5-94　霞浦松山天后宫妈祖故事挂图"默娘带母去湄洲"图／252
图 5-95　霞浦松山天后宫妈祖故事挂图"平怪收妖在湄洲"图／252
图 5-96　霞浦松山天后宫妈祖故事挂图"回途偶遇阿哥船"图／253
图 5-97　霞浦松山天后宫妈祖故事挂图"王氏私定女儿亲"图／254
图 5-98　霞浦松山天后宫妈祖故事挂图"默娘祭父福宁海"图／255
图 5-99　霞浦松山天后宫妈祖故事挂图"东海遇上红毛船"图／255
图 5-100　霞浦松山天后宫妈祖故事挂图"红毛施计掳默娘"图／255
图 5-101　霞浦松山天后宫妈祖故事挂图"红毛蕃王忖默娘"图／256
图 5-102　霞浦松山天后宫妈祖故事挂图"默娘巧计住宫中"图／256
图 5-103　霞浦松山天后宫妈祖故事挂图"金柳二鬼闹兴化"图／257
图 5-104　霞浦松山天后宫妈祖故事挂图"默娘逃离红毛蕃"图／257
图 5-105　霞浦松山天后宫妈祖故事挂图"隐身做法收金柳"图／257
图 5-106　霞浦松山天后宫妈祖故事挂图"金水鬼打花炮浪"图／258

图 5-107　霞浦松山天后宫妈祖故事挂图"柳水鬼吹海火沙"图 / 258
图 5-108　霞浦松山天后宫妈祖故事挂图"掏浪将军喷神火"图 / 258
图 5-109　霞浦松山天后宫妈祖故事挂图"摧风将军顶狂浪"图 / 258
图 5-110　霞浦松山天后宫妈祖故事挂图"掏浪摧风斗二鬼"图 / 259
图 5-111　霞浦松山天后宫妈祖故事挂图"默娘赶到祭金锁"图 / 259
图 5-112　霞浦松山天后宫妈祖故事挂图"锁住金柳二鬼身"图 / 260
图 5-113　霞浦松山天后宫妈祖故事挂图"收复金柳作副将"图 / 261
图 5-114　霞浦松山天后宫妈祖故事挂图"默娘金柳救渔船"图 / 261
图 5-115　霞浦松山天后宫妈祖故事挂图"默娘跪拜老母亲"图 / 262
图 5-116　霞浦松山天后宫妈祖故事挂图"马家花轿来迎亲"图 / 262
图 5-117　霞浦松山天后宫妈祖故事挂图"洞房花烛揭盖巾"图 / 262
图 5-118　霞浦松山天后宫妈祖故事挂图"默娘升天去封神"图 / 263
图 5-119　霞浦松山天后宫妈祖故事挂图"默娘化身血木段"图 / 264
图 5-120　霞浦松山天后宫妈祖故事挂图"血木显圣泂澜口"图 / 265
图 5-121　霞浦松山天后宫妈祖故事挂图"血木雕刻默娘像"图 / 266
图 5-122　霞浦松山天后宫妈祖故事挂图"天圣松山建行宫"图 / 267

第七章

图 7-1　西安汉城遗址出土的西汉玄武纹瓦当 / 287
图 7-2　江苏镇江出土的东晋隆安二年玄武画像砖 / 288
图 7-3　北魏石棺石刻玄武图 / 289
图 7-4　西安东郊唐苏思勖墓墓室北壁玄武壁画 / 288
图 7-5　武当山宋代铜铸真武像 / 290
图 7-6　福建晋江深沪崇真殿宋代真武石像 / 290
图 7-7　山西芮城永乐宫三清殿西壁"佑圣真武" / 291
图 7-8　武当山元代玉雕真武像 / 292
图 7-9　河北石家庄毗庐寺后殿明代水陆会壁画中的玄天上帝图像 / 292
图 7-10　武当山紫霄宫大殿内持剑真武像 / 293
图 7-11　浙江杭州六和塔明万历石刻真武像 / 294
图 7-12　武当山金殿真武大帝铜像 / 294
图 7-13　武当山五龙宫的全山最大的真武铜像 / 295
图 7-14　美国芝加哥艺术学院藏明正统年间真武铜像 / 295
图 7-15　广东佛山祖庙藏国内现存最大的明代真武坐像 / 295
图 7-16　武当山紫霄宫大殿明代真武坐像 / 295
图 7-17　武当山紫霄宫大殿全山最大的泥塑真武像 / 296
图 7-18　日本东京灵云寺藏《天帝图》 / 297
图 7-19　美国芝加哥艺术学院藏清代真武神像 / 297
图 7-20　广东佛山《北帝座镇》木版年画 / 298
图 7-21　真武图像学系谱 / 299

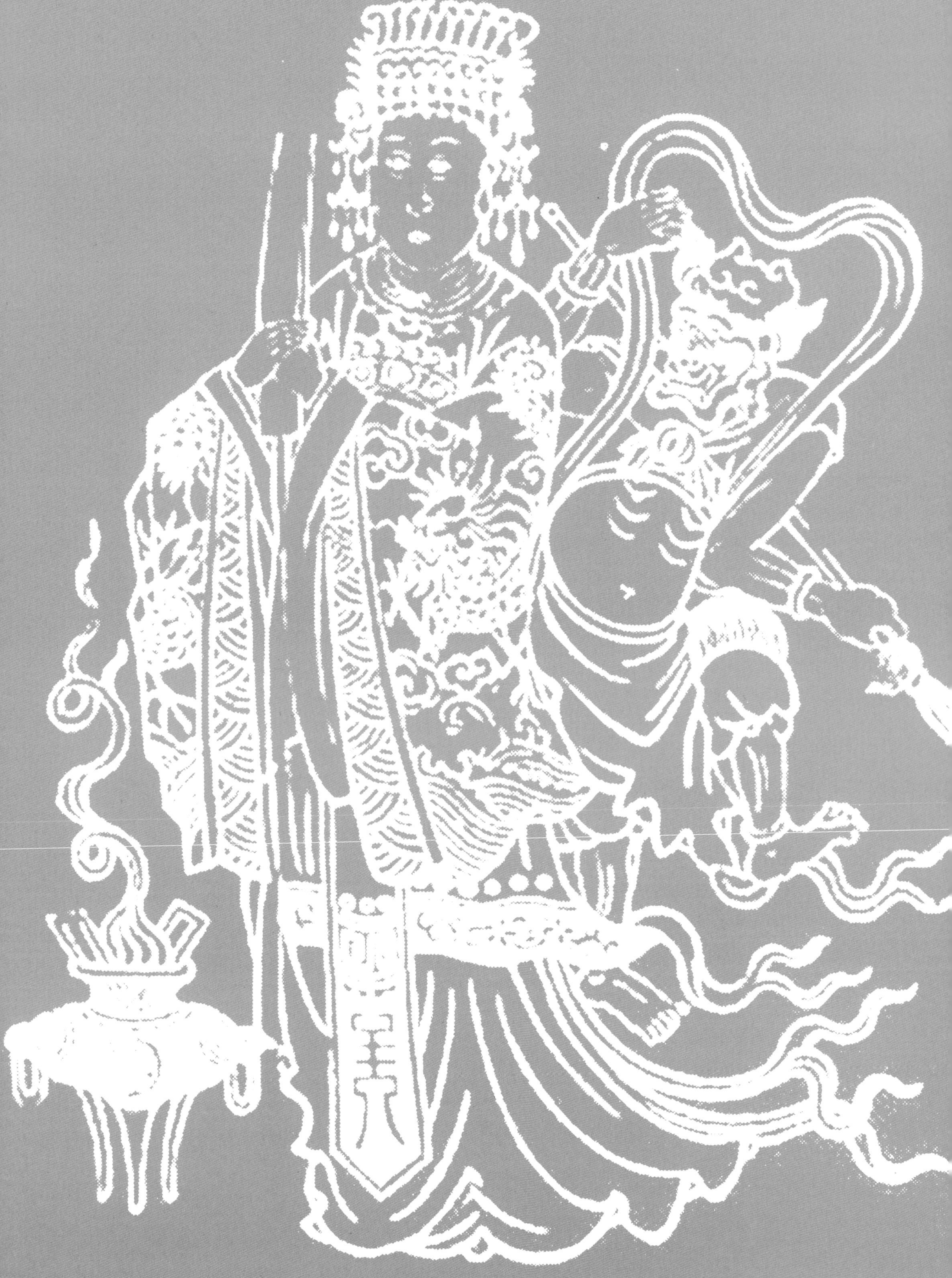

第一章

【导 论】

第一节 研究缘起

妈祖是中国东南沿海、港澳台地区以及整个东南亚华人社会最为崇拜的民间信仰神灵之一，近年来随着海峡两岸关系的发展，妈祖作为沟通两岸关系的重要桥梁之一，受到了中国沿海各地政府的普遍重视，妈祖庙会和海外华人寻根拜祖活动规模越来越大，也出现了研究妈祖的热潮，召开了妈祖的研讨会以及出版了有关书籍。2013 年以来，中国提出打造 21 世纪"海上丝绸之路"的构想，随着国家"海上丝绸之路"战略的实施，必将迎来中国海洋经济和文化的新一轮大发展。妈祖作为中国最著名的海神和海内外华人重要的文化交流纽带，也必将会迎来新一轮的研究热潮。此前的妈祖研究在文献资料的收集整理和理论探索方面已取得了丰硕的成果。然而，在妈祖图像的研究方面，尤其是整体研究妈祖图像的研究成果非常少见，从宋代以来，各地留下了大量的妈祖造像、绘画、版画、壁画、碑刻等图像材料，研究这些图像的变化规律、神话结构以及宗教意义等，对丰富妈祖研究内容、拓宽妈祖研究领域有十分重要的意义。

笔者此前通过对真武图像的研究，提出了图像人类学方法，即运用人类学整体论的观点，在文献材料的基础上，通过田野调查和跨文化（图像）比较等方法，对图像材料进行多角度、多维度的研究。希望通过妈祖图像的研究，能进一步深化和丰富此研究方法，以期在图像人类学这一边缘学科的建设上做出新的探索。

妈祖图像的研究，也有益于深化其他诸神图像系统的研究。中国的佛道、民间信仰等各类神祇信仰历史悠久、内容丰富，历代留下了大量各种神祇的造像、绘画、版画、壁画、碑刻等图像材料，然而常常被艺术史研究者和学界所忽视，法国学者安娜·塞德尔在其名著《西方道教研究史》一书中解释中国宗教艺术被艺术史研究者忽视的主要原因时，引用了宗教专家斯里克曼·米歇尔（Strickmann Michel）的话："同中世纪的西方一样，大部分艺术作品并不是有教养的学者或者留着长指甲的宫廷画师的创作，而是受过良好训练的专业画师的笔墨，他们是为了完成定货而挥毫的。要理解这种艺术，对丰富的文本资料有透彻的把握是必不可少的。"[1] 我们希望通过对历代神祇图像个案的深入研究，逐步探索出一条图像研究的路子。然后以同样的眼光与方法，来研究众多的各类神祇，逐一建立其图像学系谱，追溯他们的变迁轨迹。这样的研究无疑对改变长期忽视中国宗教艺术，尤其是民间宗教艺术的现状有非常积极的意义。

1.[法]安娜·塞德尔：《西方道教研究史》，上海，上海古籍出版社，2000 年，第 77 页。

第二节　研究回顾

在近年来妈祖热的推动下，海内外越来越多的学者开始投入到妈祖信仰的研究中，取得了丰硕的成果，其中有部分学者也已经开始涉足妈祖图像的研究。台湾学者席德进的《台湾民间艺术》一书对台湾皮影、陶器、彩绘、雕刻、壁饰等各类民间艺术进行了调查和采集，对妈祖神像艺术也做了一些介绍，可惜篇幅较少。[1] 刘文三《台湾神像艺术》一书，研究了妈祖造像的造型风格和特殊的风韵与美感，展现了妈祖神像的实态和存在方式。[2] 以上两书是较早涉及台湾妈祖图像的著作，虽篇幅不多，但影响颇广。陈清香的《北港朝天宫内供像造型初探——以正殿妈祖像和观音殿观音像为例》一文从历代封号的外形服饰来对妈祖造像样式做推测研究。[3] 蔡相辉的《妈祖信仰的二元价值》从湄洲元代石雕像疑为泗洲文佛像的考证入手展开对妈祖身份的研究。[4] 庄伯和的《从台湾妈祖形相看美感特征》、谢宗荣的《妈祖的神格及其造像艺术》两文对妈祖神像供奉的类型和造型做了初步探讨。[5] 林美容的《台湾妈祖形象的显与隐》从人类学的视角出发探讨了台湾妈祖图像的显隐问题。[6] 台湾还先后在台湾历史博物馆、台中自然科学博物馆举办了两个大型妈祖文化展，出版了《台湾妈祖文化展》和《流动的女神——台湾妈祖进香文化特展》两书，对台湾具有代表性的妈祖图像进行了集中的展示和研讨。

在海外妈祖图像研究方面，如德国鲁克思（Dr. Klaas Ruitenbak）的《绘画与木版画中的海上保护神妈祖》，分析了妈祖绘画圣迹与版画圣迹中图像形式的差距与融合，重点论述了图像中的官方传统与民间传统的区别。[7]

近年来大陆在妈祖图像研究方面也有一些进展，林祖良主编的《妈祖》一书通过广泛收集福建各地留存的妈祖图像资料，结合文献资料，从妈祖祖祠、身世生平、信仰传播、神话传说、建筑艺术、祭器仪仗、节日庆典等几个方面为我们展示了丰富多彩的妈祖信仰文化。该书是在筹备一个妈祖文物展览的基础上

---

1. 席德进：《台湾民间艺术》，台北，雄狮图书公司，1974年。
2. 刘文三：《台湾神像艺术》，台北，艺术家出版社，1981年。
3. 陈清香：《北港朝天宫内供像造型初探——以正殿妈祖像和观音殿观音像为例》，台湾，《妈祖信仰国际研讨会论文集》，1997年。
4. 蔡相辉：《妈祖信仰的二元价值》，台湾，《台中县妈祖国际学术研讨会论文集》，2007年。
5. 庄伯和：《从台湾妈祖形相看美感特征》，《传统艺术》2000年第6期；谢宗荣：《妈祖的神格及其造像艺术》，台湾历史博物馆编《台湾妈祖文化展》，2008年。
6. 林美容：《台湾妈祖形象的显与隐》，台湾历史博物馆编《台湾妈祖文化展》，2008年。
7. 澳门海事博物馆、澳门文化研究会合编《妈祖信俗历史文化研讨会论文集》，1998年，第230～233页。

编辑而成，虽为资料性著作，但因资料翔实、丰富，引起了国内外学者的关注。[1] 李露露的《妈祖神韵》、罗春荣的《妈祖传说研究》两书对《天后圣母事迹图志》《天后圣母圣迹图志》等妈祖圣迹故事图像从民俗、传说的角度做了较深入的研究。徐晓望的《闽澳妈祖庙调查》是通过整理文献史料进而阐述了有关妈祖信仰的起源、发展与传播，并对松山天后宫挂图做了详细的研究，试图挖掘其图像所蕴含的意义。

在学术论文方面，近年来也有一些表现，如李伯重的《"乡土之神"、"公务之神"与"海商之神"——简论妈祖形象的演变》，分析了妈祖的三大形象及其演变情况，认为妈祖形象自产生以后就不断处于变化之中，这种变化正是妈祖信仰富于生命力的表现。[2] 王英暎的《从妈祖造像看中国造型美学的意涵》《稳定的延续：论闽台妈祖图像的模式化》《莆田妈祖神像雕刻艺术性探析》《妈祖图像服饰的隐喻性》《浅析现代文化建构中闽台妈祖图像的造像观念》等系列文章，从美术学的角度，对妈祖图像从古到今的造型模式、造型美学、造像观念等一系列问题进行了探讨。[3] 李丽娟的《从社会符号学角度解读妈祖石雕像的再现意义》《妈祖石雕神像蕴含之互动意义解读——从社会符号学的角度》两文运用Kress Leeuwen的视觉图像语法理论，以妈祖石雕神像为例，尝试对妈祖石雕神像进行社会符号学视觉解读，探究神像所表达的再现意义。同时试图证明那些传统被认为是副语言的其他符号系统，同语言符号一样也具有社会功能。[4] 此外，还有刘福铸的《元明时代海神天妃画像综考》，[5] 史静的《从传统年画看天津的妈祖信俗》，[6] 肖一平、林祖韩的《宋代木雕天妃神像》，[7] 陈存洗的《略谈一尊明代妈祖白瓷坐像》，[8] 陈国强、林瑞霞的《莆田清风岭及宫中妈祖神像》[9] 等论文，表明妈祖图像研究的广泛地域性。

与本研究有关的硕士、博士论文有：2002年台湾王永裕的《台湾妈祖造像群图像艺术研究》，从美学和艺术理论的视角，分析了妈祖、千里眼、顺风耳造像艺术的特色。2006年台湾吴荣赐的《台湾妈祖

---

1. 林祖良主编《妈祖》，福州，福建教育出版社，1989年。
2. 李伯重：《"乡土之神"、"公务之神"与"海商之神"——简论妈祖形象的演变》，《中国社会经济史研究》1997年第2期。
3. 参阅"主要参考文献"部分王英暎的有关文章。
4. 参阅"主要参考文献"部分李丽娟的有关文章。
5. 刘福铸：《元明时代海神天妃画像综考》，《广东海洋大学学报》2011年第5期。
6. 史静：《从传统年画看天津的妈祖信俗》，《莆田学院学报》2013年第3期。
7. 肖一平、林祖韩：《宋代木雕天妃神像》，肖一平等主编《妈祖研究资料汇编》，福州，福建人民出版社，1987年。
8. 陈存洗：《略谈一尊明代妈祖白瓷坐像》，《福建文博》1990年第1期。
9. 陈国强、林瑞霞：《莆田清风岭及宫中妈祖神像》，林瑶棋等主编《两岸学者论妈祖》，台湾省各姓渊源研究学会编印，1998年。

造像美学研究》，因作者有丰富的雕塑经验，以造像工作者视角来观照当代妈祖信仰现象。2008年台湾李美娟的《台南地区妈祖造像研究》试图研究妈祖信仰传入台南后，其神话叙述和造像风格的演变及其美感特征。2008年邱志军的《莆田文峰宫妈祖夫人像图像分析及年代考证》，以莆田文峰宫一尊妈祖夫人像为个案，揭示其文化蕴涵、美学价值及确切年代等。2012年福建师范大学王英暎的博士论文《闽台妈祖图像研究》，借鉴图像学的研究方法，以福建和台湾地区的妈祖信仰图像作为考察对象，对图像的生成、演变、诠释、传播与效应做了一次全面的审视，关注和发掘这些艺术的共性与个性及特定的文化语境、社会语境、历史语境中妈祖图像的存在方式、状态和文化表情，探讨图像和历史与当下的各种诉求之间的互动关系。该文是目前为止对妈祖图像最为深入的研究成果之一。

第三节 逻辑结构与各章概述

《妈祖图像研究》一书主要分为两个部分：第一部分对肖像式妈祖图像进行综合研究，主要是从文献和图像两条路径来进行系统梳理，同时试图探索图文的互动关系，此部分就是本书的第二章；第二部分对圣迹图式妈祖绘画、版画和民间图画进行专题综合比较研究，是本书的重点所在，包括第三、第四、第五、第六章。两个部分既相互独立，又有着密切的内在联系，共同构成了较为完整的妈祖图像研究。具体各章的内容简述如下：

第一章　导论，从研究缘起、研究回顾、逻辑结构、研究方法四个方面对本书做了一个简要的说明。

第二章　妈祖信仰与肖像式妈祖图像的综合考察，聚焦于历代肖像式妈祖图像，首先利用文献资料简要概述了历代妈祖信仰的发展变迁轨迹，对妈祖信仰的发展历程和原因做了简要的分析。接着对历代肖像式妈祖图像做了归纳和梳理，尝试追溯其图像变迁的轨迹。最后对文献和图像两个系统进行对比，发现两者的互动、互证关系。

第三章　圣迹图式妈祖绘画研究，以国内外博物馆和庙宇所收藏的四套著名的妈祖绘画，即：福建仙游枫塘宫清代《天后显圣图轴》、中国国家博物馆藏清代《天后圣母事迹图志》、福建莆田市博物馆藏清代《天后圣迹图轴》、荷兰阿姆斯特丹国立博物院藏清代《天后圣迹图》为研究对象，运用跨图像比较的研究方法，对这些圣迹图式妈祖绘画的故事来源、神话结构、图像风格、使用功能以及选材特色等问题进行综合研究，厘清了圣迹图式妈祖绘画的一些基本问题，提出了不少新观点。

第四章　圣迹图式妈祖版画研究，广泛搜集中国国家图书馆、广东省立中山图书馆等机构所收藏的清代苏州版、广东版、闽浙版《天后圣母圣迹图志》版画，清代《敕封天后志》版画，清代《天后本传》版画，明代《天妃娘妈传》版画和民国《林妈祖志全图宝像》版画等重要妈祖故事版画，通过绘画与版画的比较、版画相互之间的比较，较为系统地梳理和研究了圣迹图式妈祖版画的有关问题。

第五章　圣迹图式妈祖民间图画研究，以福建仙游枫亭灵慈庙妈祖故事壁画、霞浦松山天后宫妈祖故事挂图两套典型的妈祖民间故事图像为研究案例，系统分析了民间传统圣迹图式妈祖图像的特色所在，并与官方传统圣迹图式妈祖故事绘画和版画进行对比研究，以厘清官方与民间两个传统图像的联系与区别。

第六章　圣迹图式妈祖图像的综合比较研究，首先对前面各章研究的官方传统妈祖图像和民间传统妈祖图像分别进行比较研究，归纳出两大传统各自的共同特点，之后将圣迹图式妈祖故事图像作为一个整体，以神圣与凡俗、官方与民间两条主线展开，分别探讨了它们之间的互动关系。

第七章　妈祖图像与真武图像的比较研究，跳出了妈祖图像本身，选取与妈祖同为水神，存世图像较为丰富，在明代盛极一时的男性神真武大帝为主要比较对象，兼及佛祖释迦牟尼、关帝等图像，试图从与其他神祇图像比较的角度，来反观妈祖图像的特色和价值。

第四节　研究方法

本书总体采用图像学与文献学、人类学相结合的研究方法，具体而言，主要运用以下几种研究方法：

1. 分类与比较相结合

首先对研究的基本材料按内容进行分类，在较充分了解图像内容的基础上，进行比较研究。本书所涉及的图像数量较多，因而多处采用先选取样本进行微观比较，之后再从宏观上来对比分析的方法，将微观与宏观结合起来，力求对研究对象的准确把握。

2. 图像记述与图像解释相结合

图像记述与图像解释是图像学研究的两个层次。对妈祖图像而言，首先应做好图像记述工作，即用图像学的语言对图像内容进行描述，在此基础上结合传统文献学、人类学、民俗学等学科的知识，对图像进行解释。图像解释又包括两个方面，一方面是对单幅肖像式图像的解释，探究图像内容所隐含的深层含义；另一方面是解释整个图像系统的象征意义，宗教图像系统一般都隐含着教义、教理、仪轨等多方面的内容，解释的难度较大，是最有挑战性的研究领域之一。此类研究，可以使图像研究走向深入。

3. 文物收集与田野调查相结合

图像的收集是开展图像研究的基础，相对于其他机构而言，博物馆的图像藏品在年代方面的可信度更高，因而本书非常注重博物馆藏妈祖图像文物的利用。本书还十分注重人类学田野调查方法的运用，尽可能地到图像所在的现场，进行观察与访谈，这样的研究可以获得完全不一样的体验与收获。

4. 整体性的观点与多学科的研究相结合

人类学把人类全部文化现象视为一统一整体的观点和研究方法，对图像研究也有重要的参考价值。许多图像学研究的著作就图像来研究图像，割裂了图像与其所处的环境、图像与图像之间的内在联系，只片面分析一幅幅单一的图像，这样往往很难准确把握图像所隐含的真实意义。我们借鉴整体论的观点，对图像来源、图像的功用、图像与所处环境的关系、图像与图像之间的关系等内容综合起来考察,这样研究图像的效果一定会更好,同时也能丰富图像学研究的方法。

宗教图像学研究涉及宗教学、美学、文献学、艺术史、社会史、民俗学、人类学、考古学、心理学等诸多学科的知识,这就需要我们运用多学科的研究方法以对图像材料有较全面的认识与解释。

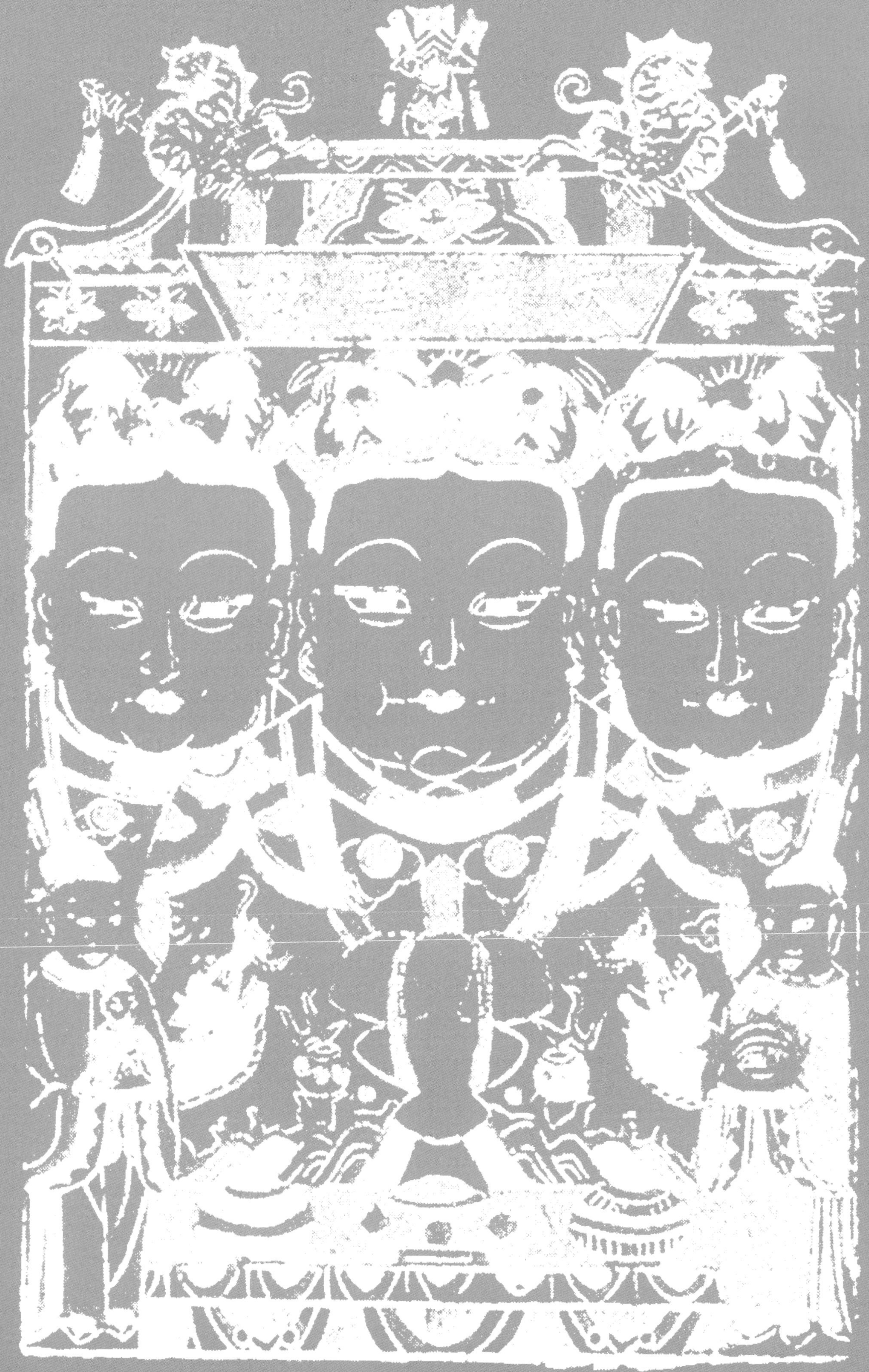

第二章

【妈祖信仰与肖像式妈祖图像的综合考察】

妈祖作为著名的海神，在中国沿海和东南亚等地有着广泛的影响，本章将首先从文献着手对妈祖信仰进行简要的回顾，之后重点考察历代妈祖图像资料，并简要探讨图文互动、互证的积极作用。

第一节　文献中的妈祖

妈祖，姓林，名默。又名默娘、娘妈、娘娘、天妃、天后、天上圣母等，是发源于中国福建，主要流行于中国沿海地区以及东南亚等地的一位著名海神。一般认为其于宋太祖建隆元年（960年）生于福建莆田湄洲岛，卒于宋太宗雍熙四年（987年）。生前是一位聪明伶俐、擅长巫术，乐于助人的"通贤神女"，[1] 死后成神，常在大海上扶危济困、不畏艰难，赢得了沿海民众的广泛信仰。从宋代开始，妈祖受到历代朝廷的封赐，宋代敕封为灵惠妃，元初敕封为天妃，清初更升格为天后。妈祖还与历代的一些重大历史事件密切相关，如宋代出使高丽、元代沿海漕运、明代郑和下西洋、清代收复台湾等。尤其在清代，随着国家对东南沿海控制的加强，妈祖信仰受到了清王朝的极大重视，成为标准化的著名神明之一。由于妈祖的广泛影响力，历代留下了大量有关妈祖的文献资料，前人也做了较为系统的收集整理。本书的主要目的是研究妈祖图像，在研究图像之前，有必要对文献中的妈祖做一个简要的回顾，以便与图像的梳理进行对比研究。

宋代是妈祖信仰肇始和形成时期，一般认为妈祖的成名与北宋宣和五年（1123年）路允迪出使高丽有关，但成书于宣和六年（1124年）的徐兢《宣和奉使高丽图经》中只提到福州演屿神，"比者使事之行，第二舟至黄水洋中，三舵并折，而臣适在其中，与同舟之人断发哀恳，祥光示现。然，福州演屿神亦前期显异，故是日舟虽危，犹能易他舵"。[2] 又据南宋梁克家《淳熙三山志》记载："（宣和）五年路允迪使三韩，涉海遇风，祷而获济。归以闻，诏赐庙额昭利。"[3] 可见演屿神确为宣和五年出使高丽者所拜的神无疑，徐兢不提妈祖很可能是当时的妈祖信仰影响还不大。从妈祖信仰的发展史来看，妈祖在漫长的历史发展过程中，曾不断吸收一些源于其他神的故事或吞并一些其他影响较小的神而逐步走向标准化。[4] 从这一视角来看，廖鹏飞于南宋绍兴二十年（1150年）《圣墩祖庙重建顺济庙记》所载："……宣和壬寅岁也，越明年癸卯，给事中路允迪出使高丽，道东海，值风浪震荡，舳舻相冲者八，而覆溺者七，独公所乘舟，有女神登樯竿为旋舞状，俄获安济。因诘于众，时同事者保义郎李振，素奉圣墩之神，具道其详，还奏诸朝，诏以'顺济'为庙额。"[5] 这一故事，很可能是吸收演屿神的部分故事而来。黄公

---

1. [宋] 丁伯桂：《顺济圣妃庙记》，蒋维锬、郑丽航辑纂《妈祖文献史料汇编》第一辑《碑记卷》，北京，中国档案出版社，2007年，第2页。
2. 郑丽航、蒋维锬辑纂《妈祖文献史料汇编》第二辑《史摘卷》，北京，中国档案出版社，2009年，第2页。
3. 转引自李献璋：《妈祖信仰研究》，郑彭年译，澳门，澳门海事博物馆，1995年，第92页。
4. 参见王芳辉：《广东妈祖信仰研究》，中山大学博士论文，2009年，第20~23页；詹姆斯·沃森（James Watson）：《神的标准化：在中国南方沿海地区对天后的鼓励（960—1960年）》，[美] 韦思谛编《中国大众宗教》，南京，江苏人民出版社，2006年，第57~92页。
5. 蒋维锬、郑丽航辑纂《妈祖文献史料汇编》第一辑《碑记卷》，北京，中国档案出版社，2007年，第1页。

度作于南宋绍兴二十一年（1151年）的《题顺济庙》诗："枯木肇灵沧海东，参差宫殿萃晴空。平生不厌混巫媪，已死犹能效国功。万户牲醪无水旱，四时歌舞走儿童。传闻利泽至今在，千里危樯一信风。"[1] 是有关妈祖最早的一首诗。从此诗来看，当时的顺济庙已经规模宏敞，妈祖的信仰也已发展得比较成熟，甚至出现了"四时歌舞走儿童"的类似庙会或巡游的祀神活动。陈宓《白湖顺济庙重建寝殿上梁文》也有"今仰白湖香火，几半天下。祠宇殆周于甲子，规模增焕于此时"[2] 的记载，可见当时白湖顺济庙的香火之盛。

洪迈《夷坚志》中记载了两则有关妈祖的故事。《夷坚志》卷九"林夫人庙"条讲述了妈祖显灵买木材建庙的故事，其中提到："兴化军境内地名海口，旧有林夫人庙，莫知何年所立，室宇不甚广大，而灵异素著。凡贾客入海，必致祷祠下，求杯珓祈阴护乃敢行。"此故事记载的时间是庆元元年（1195年），说明该庙在此之前已经素著灵异，而且作者也记不清建于何时了，可见建庙时间一定不会太短。关于新庙建好后的描述是："新庙不日而成，为屋数百间，殿堂宏伟，楼阁崇丽，今甲于闽中云。"[3] 此记载虽有可能存在夸张的成分，但也从侧面可以了解南宋妈祖庙的兴建和妈祖信仰的兴盛。《夷坚志》卷一"浮曦妃祠"条讲述了妈祖退寇保佑福州人郑立之从广州回莆田家乡的故事。[4] 表明妈祖的神职功能有着在不断扩大的趋势。

南宋嘉定二年（1209年）莆田人李俊甫在《莆阳比事》中第一次对妈祖的身份有了较为丰富的记述。《莆阳比事》记载为："湄洲神女林氏，生而神异，能言人休咎，死，庙食焉，今湄洲、圣屯、江口、白湖皆有祠庙。宣和五年，路允迪使高丽，中流震风，八舟溺七，独路所乘，神降于樯，安流以济。使还奏闻，特赐庙号顺济。累封夫人，今封灵惠助顺显卫妃。"[5] 此段文字第一次指出妈祖为湄洲巫女，并将当时最著名的四大妈祖庙列出，将湄洲庙排在第一位。

南宋绍定二年（1229年）莆田人丁伯桂在《顺济圣妃庙记》中对妈祖信仰的起源和传播，妈祖的助战退寇、海上救护、祛灾驱疫、阴护册使等神职功能进行了较为系统的梳理，是一篇关于宋代妈祖总结性的重要碑文。该碑记开篇为："神莆阳湄洲林氏女，少能言人祸福，殁，庙祀之，号通贤神女，或曰龙女也。"[6] 也指出妈祖为湄洲巫女，又提出妈祖为龙女之说，在后世的民间妈祖信仰中产生了广泛的影响。该碑记还指出："莆人户祠之，若乡若里悉有祠，所谓湄洲、圣堆、白湖、江口特其大者耳。神之祠不

---

1. 蒋维锬、刘福铸辑纂《妈祖文献史料汇编》第一辑《诗词卷》，北京，中国档案出版社，2007年，第1页。
2. 李献璋：《妈祖文献资料集》，第4页，李献璋：《妈祖信仰的研究》，东京，泰山文物社，1979年。
3. 同2，第6页。
4. 同2，第5页。
5. 同2，第7页。
6. 蒋维锬、郑丽航辑纂《妈祖文献史料汇编》第一辑《碑记卷》，北京，中国档案出版社，2007年，第2页。

独盛于莆，闽、广、江、浙，淮甸皆祠也。"¹ 可见，妈祖信仰在当时的广泛传播，在四大妈祖庙中，也把湄洲庙排在第一位，可见湄洲庙的重要地位在当时就得以确立。与《莆阳比事》记载相比，四大庙中白湖开始排在江口的前面，从白湖庙的相关文献可知，这种排序的变化也是符合历史事实的。

黄岩孙的《仙溪志》修成于南宋宝祐五年（1257年），《仙溪志》中记妈祖为："本湄州林氏女，为巫，能知人祸福，殁而人祠之，航海者有祷必应。"² 明确指出妈祖的早期巫女身份，而且主要为航海之神。《仙溪志》记风亭庙为："顺济行祠一，在枫亭市西，里人崇拜甚谨，庙貌甚壮。神父林愿，母王氏，庙号祐德。宝祐元年，王教授里请于朝，父封积庆侯，母封显庆夫人。妃之正庙在湄洲，而父母封爵自枫亭。"³ 这里记载了妈祖父母以及受封的情况，并明确妈祖的正庙在湄洲。

南宋刘克庄在《风亭新建妃庙》碑中记述了风亭庙与铜炉溯流的著名故事。其中记载："妃以一女子，与建隆真人同时奋兴，去而为神，香火布天下，与国家祚运相为无穷。"⁴ 这里为妈祖出生于宋太祖建隆元年提供了依据，同时指出了妈祖与国家福运的密切关系。

综观整个宋代，尤其在南宋，妈祖信仰发展迅速，多次受到朝廷的封赐，这与南宋朝廷偏安一隅，对海运、水运的依赖加强有密切关系。正如李献璋所言："至南宋，保卫国家上依靠闽粤舟师的朝廷，当然对这位神进一步寄以希望。"⁵ 南宋朝廷内忧外患，妈祖在助战退寇方面的圣显也正合朝廷所需。

宋、元更替之后，妈祖是少数在元代仍受重视的神灵之一，元初就被朝廷封为天妃，规格之高超过宋代，妈祖的海神地位进一步确立。

《元史》卷一〇《世祖本纪》记载："（至元十五年八月）辛未……制封泉州神女，号护国明著、灵惠、协正、善庆、显济天妃。"⁶ 虽然关于此次加封的时间颇有争议，如至元二十七年（1290年）左右宋渤撰的《上海顺济圣妃庙记》记载："（世祖）至元十八年，诏海外诸蕃宣慰使、福建道市舶司提举蒲师文，册命为护国天妃。"⁷ 又如《天妃显圣录》"历朝显圣褒封"条记载："世祖至元十八年，以庇护漕运封护国明著天妃。"⁸ 关于敕封时间的争议，学者们多有论述，⁹ 本书的关注点不在于此，不

---

1. 蒋维锬、郑丽航辑纂《妈祖文献史料汇编》第一辑《碑记卷》，北京，中国档案出版社，2007年，第3页。
2. 李献璋：《妈祖文献资料集》，第11页，李献璋：《妈祖信仰的研究》，东京，泰山文物社，1979年。
3. 郑丽航辑纂《妈祖文献史料汇编》第三辑《方志卷》上，福州，海风出版社，2011年，第44页。
4. 同1，第6页。
5. 李献璋：《妈祖信仰研究》，郑彭年译，澳门，澳门海事博物馆，1995年，第104页。
6. 《元史》卷一〇，《世祖本纪》。
7. 同2，第14页。
8. 蒋维锬、周金琰辑纂《妈祖文献史料汇编》第二辑《著录卷》上，北京，中国档案出版社，2009年，第77页。
9. 徐晓望：《妈祖信仰史研究》，福州，海风出版社，2007年，第97～100页。

管是至元十五年还是至元十八年,都表明在忽必烈在位的元初,妈祖就得到了比前代更为隆崇的天妃封号。至于元初就敕封妈祖的原因,李献璋认为与元朝拉拢与妈祖关系密切的南宋降元的闽浙水师力量有关,[1] 从当时的战争情况来看,这种推测是符合情理的。这只是说明元代初期封赐的原因,从整个元代对妈祖的封赐来看,漕运无疑是最重要的原因。

元代妈祖文献中记载与漕运有关的文字很多,元代程端学《灵慈庙记》记载:"我朝疆宇,极天所覆,地大人众。仰东南之粟,以给京师,视汉唐宋为尤重。"[2] 这里提到元朝对东南粮食的依赖比前代更重。延祐二年(1315年)舍利性古《昆山灵慈宫原庙记》记载:"维我皇元,定都幽朔,既一大统,故乃岁募巨舶以转漕。出娄江达直沽,睨鸡林共乾极,引数百万斛之粮,以给千卫万骑,百司庶府之廪。"这里提到每年漕运的粮食数量巨大,主要用途是军队和官府的需要。该庙记还记载:"每岁二漕,行省洎漕府长二帅僚属以上,命致祀于昆山新治之原庙,得吉兆以为行期。"[3] 这种二漕到妈祖庙祭祀,得吉兆才出海的风俗在元代是普遍流行的祭祀风俗。天历二年(1329年),著名学者虞集在《送祠天妃两使者序》中记载:"世祖皇帝,岁运江南粟以实京师……京师官府众多,吏民游食者,不可算数。而食有余,贾常平者,海运之力也。"[4] 至正四年(1344年),朱德润在《江浙行省右丞岳石木公提调海漕政绩碑铭》记载:"于乎自海道通,而东南之漕运日益,若京官廪禄,朔方军储,燕民足食,咸仰于兹。"[5] 更具体全面地指明了漕运官、军、民的多重用途。至正七年(1347年),王敬方《褒封水仙记》记载:"国朝漕运,为事最重。故南海诸神,有功于漕者皆得祀。唯天妃功大号尊,在祀最贵。"[6] 这里更明确地点明了元代妈祖与漕运的密切关系。

元代漕运是国家大事,文献记载颇多,其实妈祖在元代的民间也具有良好的信仰基础,只是作为普通人的信仰,难以在历史上留下文献记载罢了。不过从元代的妈祖史料中仍可发现一些蛛丝马迹。如至元中《夷坚续集》卷二"崇福夫人神兵"条记载:"广州城南五里,有崇福无极夫人。碧瓦朱甍,庙貌雄壮。南船往来,无不乞灵于此。庙之后宫,绘画夫人梳妆之像,如鸾镜、凤钗、龙巾、象栉、床帐、衣服、金银器皿、珠玉异宝,堆积满前,皆海商所献。"[7] 又如至元二十七年(1290年)宋渤在《顺济圣妃庙记略》中有"瓯粤舶贾,风涛之险,祷辄应"[8] 的记载。可见,妈祖受到海商等"贩海之人"的

---

1. 李献璋:《妈祖信仰研究》,郑彭年译,澳门,澳门海事博物馆,1995年,第106页。
2. 蒋维锬、郑丽航辑纂《妈祖文献史料汇编》第一辑《碑记卷》,北京,中国档案出版社,2007年,第18页。
3. 李献璋:《妈祖文献资料集》,第19页,李献璋:《妈祖信仰的研究》,东京,泰山文物社,1979年。
4. 同3,第22页。
5. 同3,第25页。
6. 同3,第26页。
7. 同3,第15页。
8. 同3,第14页。

虔诚崇拜是毋庸置疑的。元代张翥在《代祀湄洲天妃庙次直沽》诗中有"晓日三叉口,连樯集万艘"[1]之句,万艘云集,不可能没有普通渔民信众的船。至正十三年(1353年)刘基在《台州路重建天妃庙碑》中有"海邦之人莫不知尊天妃,而天妃之神在百神之上"[2]的记载,这里的海邦之人也应包括广大的普通民众,可见元代的妈祖信仰是沿海民众全民参与的,并非只有官方的漕运之需。

元代对妈祖的描述比宋代有所发展。程端学《灵慈庙记》记载:"谨按:神姓林氏,兴化莆田都巡君之季女。生而神异,能力拯人患难,室居未三十卒,宋元祐间邑人祀之。"[3]许和之记载妈祖为"唐闽王时都巡检林愿女也",[4]倪中(天妃)庙记记妈祖为:"神姓林,世居莆田湄洲屿,都巡检孚之第六女也,生于宋元祐八年……处室几三十而卒。"[5]关于元代开始妈祖身份的上述转化,李献璋在《妈祖信仰研究》一书中作了较为深入的考证分析,[6]总体来看,妈祖这种从民女出身向官家出身的转化应该是适应妈祖在元代作为国家漕运最尊贵的护佑神地位而进行的调整。

明代是自宋朝以来妈祖信仰最低落的朝代,整个明代一共才敕封妈祖两次,而且都发生在明初的洪武、永乐两个朝代。主要原因一是明代初年沿袭了元代的海上漕运,为了平定倭寇在沿海保留了大规模的水师;二是明成祖称帝后积极开展对外交往活动,派郑和七下西洋,开创了前所未有的经略海洋新局面,这些与海洋有关的活动,都少不了在宋元已深入民心的妈祖的佑助。郎瑛《七修类稿》记载:"洪武初,海运风作,漂泊粮米数百万石于落漈,万人呼号待死矣,大叫天妃,则风回舟转,遂济直沽。"[7]洪武三年(1370年),明朝开始出兵辽东,对漕运的依赖更甚,《明实录》卷七载:"洪武五年正月甲戌,命靖海侯吴祯率舟运粮辽东,以给军饷。"永乐初,成祖启用陈瑄总督漕运,封其为平江伯,还允许其在天津新建妈祖庙,《明实录》永乐三年正月甲寅条记载:"永乐三年正月甲寅,平江伯陈瑄请建天妃庙于直沽,从之。"但沿海地区自洪武以来盗贼不断,使明朝逐步对海运失去了兴趣,转向河运,朝廷对妈祖的关注也趋于平淡。

妈祖在明代的神迹,最引人注目的当属郑和下西洋期间的种种显灵,在郑和等留下的《通番事迹记》和《天妃之神灵应记》两篇著名的碑记里均有较为详细的记载。《通番事迹记》记载:

> 敕封护国庇民、妙灵昭应、弘仁普济天妃之神,威灵布于钜海,功德著于太常,尚矣。和

---

1. 蒋维锬、刘福铸辑纂《妈祖文献史料汇编》第一辑《诗词卷》,北京,中国档案出版社,2007年,第17页。
2. 蒋维锬、郑丽航辑纂《妈祖文献史料汇编》第一辑《碑记卷》,北京,中国档案出版社,2007年,第35页。
3. 李献璋:《妈祖文献资料集》,第17页,李献璋:《妈祖信仰的研究》,东京,泰山文物社,1979年。
4. 同3,第32页。
5. 同4。
6. 李献璋:《妈祖信仰研究》,郑彭年译,澳门,澳门海事博物馆,1995年,第10~23页。
7. 郎瑛:《七修类稿》卷五〇,上海,上海古籍出版社,2000年,第530页。

等自永乐初奉使诸番，今经七次。每统领官兵数万人，海船百余艘。自太仓开洋，由占城国、暹罗国……抵于西域忽鲁谟斯等三十余国。涉沧溟十万余里。观夫鲸波接天，浩浩无涯，或烟雾之溟濛，或风浪之崔嵬，海洋之状，变态无时，而我之云帆高张，昼夜星驰，非仗神功，曷能康济？值有险阻，一称神号，感应如响，即有神灯烛于帆樯。灵光一临，则变险为夷，舟师恬然，咸保无虞。此神功之大概也。及临外邦，其蛮王之梗化不恭者，生擒之。其寇兵之肆暴掠者，殄灭之。海道由是清宁，番人赖以安业，皆神之助也。[1]

《天妃之神灵应记》碑记文字上与《通番事迹记》不同，但内容上大致相同，主要描述在郑和等七下西洋的过程中，天妃的阴助之功。该碑记载："而我之云帆高张，昼夜星驰，涉彼狂澜，若履通衢者，诚荷朝廷威福之致，尤赖天妃之神护佑之德也。"《天妃之神灵应记》还提到了七下西洋的目的是"宣德化而柔远人也"。[2] 由于郑和等人对妈祖在下西洋途中种种灵应的不断强调，永乐七年妈祖得到了明代的第二个封号："护国庇民妙灵昭应弘仁普济天妃"，"赐庙额曰：弘仁普济天妃之宫。岁以正月十五日及三月二十三日遣官致祭，著为令。"[3] 妈祖又从圣妃回到了天妃的封号，可惜随着郑和下西洋的谢幕，妈祖在明代朝廷心目中的地位就开始降低了。

随着永乐十三年（1415年）明朝废除海运和郑和等下西洋因明成祖之死的停止，明代朝廷与妈祖的联系就主要发生在与琉球等国的贡赐贸易方面了。据琉球学者的统计，明代琉球国进贡明朝共有493艘次，62452人次，而明朝派出的使臣至少有二十三次出使琉球，双方互动频繁。[4] 明代出使琉球的册使留下了不少有关出使的文献，限于篇幅，仅举两例：其一，柴山出使琉球。柴山在明代的洪熙元年（1425年），宣德二年（1427年）、五年、八年四次出使琉球，历经风险，洪熙元年他第一次出使琉球时说：

载神香火以行。至外洋，一夕，云雾晦冥，山方假寐，梦神扶其几曰："若辈有水厄，当慎之，吾将为汝解。"及寐，不敢明言，只严戒舵工加谨。正扬帆而进，突阴霾蔽天，涛翻浪滚，咫尺不相辨，孤舟漂泊于洪波之中，桅樯颠倒，舟中坠水者数人。舵工急取大板乱掷水中，数人攀木而浮，随波上下，呼天求救，哀声震天。迨薄暮，见灯光自天而来，风倏静，浪倏平，舵工亟拨棹力救，坠水者争攀附登舟，感庆再生之赐。回京奏上，奉旨遣官致祭，拜答神功。[5]

---

1. 蒋维锬、郑丽航辑纂《妈祖文献史料汇编》第一辑《碑记卷》，北京，中国档案出版社，2007年，第44页。
2. 同1，第45页。
3. 《明太宗实录》卷八七，台北"中央研究院"影印本，第1152页。
4. 赤岭诚纪：《大航海时代的琉球》，日本，冲绳タイムス社，1988年，第13页。
5. 蒋维锬、周金琰辑纂《妈祖文献史料汇编》第二辑《著录卷》上，北京，中国档案出版社，2009年，第99页。

其二，郭汝霖、李际春出使琉球。明嘉靖四十一年（1562年）五月郭汝霖、李际春出使琉球，于当年十月十九日返航途中遭遇风暴，据严行简《殊域周知录》记载：

> 倏忽间黑云接日，冥雾四塞，冷雨飓风，号呼大发。余令吴宗达等谨备之。行至夜一鼓，舵忽折去，举舟哭天，而叩叫天妃。余亦呼天妃告曰："此华夷五百人性命，岂可易易。"至天明，风连旺不止，舵不能换。二十二日辰时，余眩瞑甚矣，盖五日不一粒，生死余亦已决度外，惟是五百人尚不能忘念，乃召书吏陈佩具笔札床前，余口为文授之，令书以檄天妃前。……[1]

该文记载最后郭汝霖亲到神龛前致祷，最终转危为安，安全返回福州。由以上两则记载"呼天求救，哀声震天"，"盖五日不一粒，生死余亦已决度外"等震撼场景可以想见，出使琉球确为非常凶险的旅途，因此他们回来对有关妈祖的一些请求，往往能够引起朝廷一定的重视，这也使得妈祖信仰与朝廷的关系得以延续。

明代朝廷对天妃的信仰总体来看较为冷落，明皇室最为推崇的护佑神是真武大帝，但明代民众的天妃信仰仍沿袭宋元传统，兴盛不衰。明代"航海必载其主"[2]的习俗在官船和民船一样流行。"航海贾客，人人奉香火不绝也。"[3]明代妈祖庙会活动也十分盛行，钱薇垣《天妃歌》里就有"上元纷然走士女，赛神灯火盈海湄"[4]的记载。与元代一样，明代文献对民众的天妃信仰记载很少。

明代开始，有关妈祖身份记载的不同版本逐渐多了起来，大致沿着元代的基调继续发展，如彭韶《莆阳志》云："妃为都巡检愿之季女，母王氏。生于五季之末年，三十余而卒。"[5]明万历《三教搜神大全》记载："妃林姓，旧在兴化路宁海镇，即莆田县治八十里，滨海湄洲地也。母陈氏……得妃以唐天宝元年三月二十三日诞。"[6]何乔远的《闽书》："妃林姓，唐闽王时统军兵马使愿之女上人也。……或谓妃父为贾胡。"[7]根据此类材料所作的有关妈祖生平、家族等考辨，在李献璋的《妈祖信仰研究》和徐晓望的《妈祖信仰史研究》等书中有深入的研究。对于元明以来在沿海有广泛影响的著名海神妈祖而言，不同时代和地域出现不同版本的神话传说是非常正常的。妈祖不同神话版本的出现，正说明元明以来妈祖信仰影响力的扩大。

---

1. 严从简：《殊域周咨录》卷四，东夷，北京，中华书局，1993年，第160~161页。
2. 李献璋：《妈祖文献资料集》，第57页，李献璋：《妈祖信仰的研究》，东京，泰山文物社，1979年。
3. 同2，第59页。
4. 蒋维锬、刘福铸辑纂《妈祖文献史料汇编》第一辑《诗词卷》，北京，中国档案出版社，2007年。
5. 同2，第43页。
6. 同2，第55页。
7. 同2，第58页。

清代的妈祖信仰由于清廷平定东南、统一台湾的需要而一改明代中后期的冷落局面，并随着台湾的征服，在康熙、乾隆年间妈祖获得"天后"的最高封号，其后的历代皇帝对妈祖的尊奉一代更胜一代，以致妈祖的封号最高达到创记录的六十四个字，妈祖在国家祀典中的地位也达到了高峰。

清代初年，由于明朝的残余势力退却到沿岸和东南海岛进行抵抗，清廷继续实行海禁政策，尤其是从顺治十八年（1661年）至康熙二十二年（1683年）实行迁界令，许多沿海的妈祖庙宇也成为被毁坏的对象。清代妈祖信仰开始受到重视和封赐是从清廷在东南用兵的胜利开始的，应该与当时的清朝水师部队大都信仰妈祖有关。

清朝对妈祖的首次封赐发生在水师提督万正色攻克厦门之后，郑开极等纂《康熙福建通志》卷一〇《祀典》"莆田县"条记载："天妃庙……国朝康熙十九年，金厦克服，妃转风助战，大获全胜。提督万正式（色）上闻，加封号，遣官致祭。二十年，总督姚启圣捐俸转发知府苏昌，起盖山门及钟鼓二楼，焕然壮观。"在《天妃显圣录》等书中更详细地记录了妈祖在战斗中的"反风"之功。[1] 清朝给妈祖的首次封号是"护国庇民、妙灵昭应、弘仁普济天妃"。[2] 这个封号是明永乐七年（1409年）的，其实是追认加封。

妈祖在清代圣显最辉煌的事件发生在清王朝征服台湾的过程中，施琅撰写的加封疏请较为详细地叙述了妈祖在其出兵台湾过程中的种种圣显事例，该文收于《天妃显圣录》历朝封祭诏诰中，现摘要如下：

> 窃照救民伐暴……闽之湄洲岛，有历代敕封天妃，往来舟楫，每遇风涛险阻，呼之获安。前提督万曾经提请敕封。臣奉命征剿台湾，康熙二十一年十一月师次平海澳。澳离湄洲水道二十里许，有天妃庙……庙左有一井，距海数武，踩止丈余，芜秽不治。……臣遣人淘浚，泉忽大涌，自二十一年十一月至次年之三月，昼夜用汲不竭，供四万众裕如也。此皆皇上峻德格天，使神功利我行师也。臣乃立石井傍，额之曰"师泉"，以志万古不朽，且率各镇营弁捐俸重建庙宇。及康熙二十二年六月十六、二十二等日，臣在澎湖破敌，将士咸谓：恍见天妃如在其上，如在其左右；而平海之人，俱见天妃神像，是日衣袍透湿，与其左右二神将两手起泡，观者如市，知为天妃助战致然也。又先于六月十八夜，臣标署左营千总刘春，梦天妃告之曰："二十一日必得澎湖，七月可得台湾。"果于二十二日澎湖克捷。七月初旬内，台湾遂倾岛投诚，其应如响。且澎湖八罩、虎井，大海之中，井泉甚少，供水有限。自臣统师到彼，每于潮退，就海次坡中扒开尺许，俱有淡水可餐，从未尝有。及臣进师台湾，彼地之淡水遂无矣。[3]

---

1. 蒋维锬、周金琰辑纂《妈祖文献史料汇编》第二辑《著录卷》上，北京，中国档案出版社，2009年，第100页。
2. 同1，第78页。
3. 同1，第84页。

上述圣显事件分别以井泉济师、澎湖助战等故事广泛流传于各类圣迹图式妈祖文献和图像资料中。清廷征服台湾是重大事件，施琅的这篇疏文呈上之后，清廷于康熙二十三年（1684年）派礼部郎中雅虎到湄洲祖庙致祭。有关康熙二十三年是否封赐天后一事，学界出现争议。李献璋认为康熙二十三年晋封天后是事实，但当时因故没有公开。[1] 徐晓望认为清康熙二十三年前后，清朝确实没有给予妈祖天后的封号，乾隆二年（1737年）才正式被封为天后。[2] 由于令人信服的证据的缺乏，这种争议一时还难以解决。不过施琅征服台湾事件，无疑是促使康熙、乾隆年间封赐天后的最主要原因，也是妈祖信仰从明代中后期的冷落真正走向煊赫的分水岭。

乾隆以后，由于运河惠济祠等天后庙的修建、出使琉球册使的请封等，清廷对妈祖的封赐一直延续到清末光绪时期，但正如李献璋所言："清廷对妈祖的封赐除若干庇护琉球册封使船的事例外，几乎始终都是与征服郑氏和讨伐起义有关的事件。封赐的特色，大多是赐御笔匾额。"[3]

随着清廷征服台湾，妈祖被封为天后以及明清以来长期实行的海禁政策的缓和，妈祖祠祀盛行于大陆沿岸，妈祖信仰在民间的影响更为普及。从清代的几首有关妈祖的诗中就可以充分地体会到。崔旭《津门百咏》之二描绘天津皇会为："逐队幢幡百戏催，笙箫铙鼓响春雷。盈街填巷人如堵，万盏明灯看驾来。"[4] 况澄《桂林竹枝词十六首》之五描绘桂林妈祖诞："波澄沧海肃灵旗，贾客家家报赛思。一路笙歌珠翠绕，天妃三月出游时。"[5] 顾翰《松江竹枝词》之一："天妃宫里起笑歌，商贾纷纷祭赛多。女伴避人私祷祝，愿郎归海亦无波。"[6] 许南英《台湾竹枝词》之一："春晚罗衫适体轻，贾舟廿日渡安平。旌旗簇拥天妃过，茶果香花夹道迎。"[7] 林朝崧《台中竹枝词》之一："南瑶宫畔去寻春，恰值天妃降诞辰。烛影炉烟三里雾，不知多少进香人。"[8] 有关清代妈祖庙"盈街填巷人如堵"的记载还有很多，充分显示了妈祖在清代民间的广泛影响力。

清代以后，随着以《天妃显圣录》为源头的圣迹图式妈祖文献和图像资料的广泛流传，官方传统的妈祖身世传说以《天妃显圣录》"天妃诞降本传"故事为蓝本，逐步走向了标准化。但在民间传说中，无论是妈祖的出生地、生卒年月，还是妈祖的家族情况等都存在着不同的解说。本书研究的关注点不是这些传说的真伪，而是这些传说背后所隐含的文化意义。

---

1. 李献璋：《妈祖信仰研究》，郑彭年译，澳门，澳门海事博物馆，1995年，第134～136页。
2. 徐晓望：《妈祖信仰史研究》，福州，海风出版社，2007年，第206、218页。
3. 同1，第141页。
4. 蒋维锬、刘福铸辑纂《妈祖文献史料汇编》第一辑《诗词卷》，北京，中国档案出版社，2007年，第167页。
5. 同4，第174页。
6. 同4，第178页。
7. 同4，第208页。
8. 同4，第215页。

第二节　历代肖像式妈祖图像的综合考察

上一节我们主要利用文献资料简要概述了历代妈祖信仰的发展变迁轨迹，对妈祖信仰的发展历程和原因做了简要的分析。下面将试图对历代肖像式妈祖图像做一些梳理，以求初步建立起历代妈祖的图像学系谱，并尝试追溯其图像变迁的轨迹。肖像式妈祖图像是与圣迹图式妈祖图像相对而言的，肖像式妈祖图像以单一的图画或造像为主，而圣迹图式妈祖图像则一般由数十幅图像组成一套，主要表现妈祖的生平和圣迹故事。妈祖信仰自北宋产生以来，历代留下了大量的各类文献资料，但有关描述妈祖形象的资料却非常少，这给了解早期妈祖形象造成了极大的困难。

宋代文献中的妈祖早期身份是一个巫女，如廖鹏飞的《圣墩祖庙重建顺济庙记》所载："独为女神人壮者尤灵，世传通天神女也。姓林氏，湄洲屿人。初以巫祝为事，能预知人祸福。"[1] 黄公度的《题顺济庙》诗中有"平生不厌混巫媪"之句。黄岩孙的《仙溪志》中记妈祖为："本湄州林氏女，为巫，能知人祸福，殁而人祠之，航海者有祷必应。"类似的记载还有不少，但这只能证明妈祖的出身是巫女，并没有提到妈祖的形象。福建仙游人廖鹏飞于南宋绍兴二十年（1150年）所作的《圣墩祖庙重建顺济庙记》是迄今所见最早的一篇有关妈祖身世和信仰起源的重要碑记，其中多处提到一些早期妈祖形象的信息。现将有关的记载摘录如下：

> 元祐丙寅岁，墩上常有光气夜现，乡人莫知为何祥。有渔者就视，乃枯槎，置其家，翌日自还故处。当夕遍梦墩旁之民曰："我湄洲神女，其枯槎实所凭，宜馆我于墩上。"父老异之，因为立庙，号曰圣墩。岁水旱则祷之，疠疫祟则祷之，海寇盘亘则祷之，其应如响。故商舶尤藉以指南，得吉卜而济，虽怒涛汹涌，舟亦无恙。宁江人洪伯通，尝泛舟以行，中途遇风，舟几覆没，伯通号呼祝之，言未脱口而风息。既还其家，高大其像，则筑一灵于旧庙西以妥之。宣和壬寅岁也，越明年癸卯，给事中路允迪出使高丽，道东海，值风浪震荡，舳舻相冲者八，而覆溺者七，独公所乘舟，有女神登樯竿为旋舞状，俄获安济。因诘于众，时同事者保义郎李振，素奉圣墩之神，具道其详，还奏诸朝，诏以"顺济"为庙额。……
>
> 今神居其邦，功德显在人耳目，而祠宫褊迫，画像彤暗，人心安在乎？……于是乐书其事，继以《迎》、《送》二章，使乡人歌而祀之：神之来兮何方？戴玄冠兮出琳房，玉鸾佩兮云锦裳，俨若存兮蓺幽香。……[2]

---

1. 蒋维锬、郑丽航辑纂《妈祖文献史料汇编》第一辑《碑记卷》，北京，中国档案出版社，2007年，第1页。
2. 同1，第1~2页。

上引碑文先讲述了著名的枯槎显圣的故事，后世流传的以漂流神木雕刻妈祖像的传说应受此故事影响很大，也暗示了早期以木头雕刻妈祖神像的传统。碑文接着讲述了洪伯通的故事中有"高大其像"的记载，下文中还有"祠宫褊迫，画像彤暗"的记载。碑文中讲述路允迪出使高丽之事时，明确记载妈祖形象为"有女神登樯竿为旋舞状"，这应是有关妈祖形象的最早、最具体的描述。上引碑文最后还记载妈祖形象为"戴玄冠兮出琳房，玉鸾佩兮云锦裳，俨若存兮爇幽香"。从"玄冠""琳房"等词句来看，似乎带有道教的色彩。

上述有关妈祖形象的最早记载还是给人模糊不清的印象，所幸福建莆田市博物馆藏有一尊被鉴定为南宋的妈祖木雕神女像（图2-1），与所藏其余两尊南宋妈祖木雕夫人像和神妃像均来源于莆田市仙游枫亭的灵应堂。该木雕神女像高20.3厘米，底部最长9厘米，最宽3.3厘米。像呈坐姿，头盘高髻，圆润端庄，有唐代遗风；身着长衣长裙，腰束带，自然下垂，线条优美；两手一前一后，似旋舞状，神态活泼；两臂和右耳饰缺失，鞋尖也有磕损，油漆剥落，还有一些轻微的虫蛀朽坏之处，但总体来看此像身形偏瘦，线条简洁，平淡自然，典雅简朴，雕刻技艺高超，具有宋代雕塑艺术风格。

此尊妈祖木雕神女像最引起笔者注意的是其两手一前一后，似旋舞状的造像姿态，这与廖鹏飞于南宋绍兴二十年

图2-1 莆田市博物馆藏南宋妈祖木雕神女像

（1150年）所作的《圣墩祖庙重建顺济庙记》中"有女神登樯竿为旋舞状"的记载相吻合，也与文献中记载妈祖出身为"里中巫"的身份相吻合。因此，此像无疑是研究早期妈祖造像重要的实物证据之一。

由上一节可知，从南宋开始，由于对海运和海上贸易的依赖，妈祖开始受到南宋朝廷的重视，于南宋绍兴二十六年（1156年）迎来了朝廷对妈祖的第一个夫人封赐，《宋会要》〈礼〉二十"神女祠"条记载："高宗绍兴二十六年十月，封灵惠夫人。"其后又经历了三次夫人的封赐，封号加至"灵惠、昭应、崇福、善利夫人"。关于妈祖在南宋封为夫人的形象，文献中也没有记载，但现存的两尊被鉴定为南宋的夫人造像为我们提供了重要的实物例证。

第一尊为现藏于莆田市博物馆的南宋妈祖木雕夫人像（图2-2），来源于莆田市仙游枫亭的灵应堂。硬身木雕像，像高42.7厘米，底部长17.5厘米，宽15厘米。坐姿，束高髻，髻由五瓣组成，额头开阔，面相丰腴内敛，略含笑意，神态逼真；身着宽袖长袍、腰系玉带，双手并拢于腹前，表面有红、金色

图 2-2　莆田市博物馆藏南宋妈祖木雕夫人像

漆残迹；像虽有虫蛀、裂痕等存在，但整尊雕像儒雅娴静、线条流畅自然，有较高的艺术水平。

第二尊为现供奉于莆田市区文峰宫内的南宋妈祖木雕夫人像（图2-3），相传是南宋名相陈俊卿所建白湖庙的原物。为樟木硬身像，高73厘米，底部长28厘米，宽24厘米。坐姿，头梳宋人沿袭五代时的髻式三丫髻，[1]高额，垂耳，面部圆润，略带微笑，亲切自然；身着彩袍，云肩，腰系玉带，衣纹线条简洁，刀法洗练；像原有彩绘，日久油漆剥落，底座有部分朽损。整尊造像活泼慈和，具宋代雕像的典型特征。

南宋绍兴二十六年（1156年）妈祖首封夫人，三十多年后的绍熙四年（1193年），妈祖的封号又升格为妃，《宋会要》〈礼〉二十一"顺济庙"条，作为白湖的封赐记载："绍兴（熙）四年十二月，封灵惠妃。"又有记载认为封妃是绍熙三年（1192年），[2]据宋光宗封灵惠妃的制诰《兴化军莆田县顺济庙灵惠、昭应、崇福、善利夫人封灵惠妃制》记载：

敕：明神之祠，率加以爵；妇人之爵，莫及于妃。倘非灵响之著闻，岂得恩荣之特异。其某神，壸彝素饬，庙食益彰，居白湖而镇鲸海之滨，服朱衣而护鸡林之使，舟车所至香火日严。告赐便蕃，既极小君之宠；祷祈昭答，遂超侯国之封。仍灵惠之旧称，示褒崇之新渥。其祇朕命，益利吾民。[3]

图2-3 福建莆田文峰宫内的南宋妈祖木雕夫人像

由上文记载可知，妃是宋代女神的最高封号，妈祖因其"灵响之著闻"，得到了妃的封号，是"恩荣之特异"的。"服朱衣而护鸡林之使"之句第一次具体地指明了妈祖服朱衣的形象，"护鸡林之使"指的是北宋宣和五年路允迪出使高丽一事，可见妈祖服朱衣救护海难的传说已经流传很久了。皇帝的制诰里提到服朱衣救难之事，显然对后世产生了很大的影响。前述现藏于莆田市博物馆的南宋妈祖木雕夫人像上就有红、金色漆残迹。

---

1. 周锡保：《中国古代服饰史》，北京，中国戏剧出版社，2002年，第307页。
2. 李献璋：《妈祖信仰研究》，郑彭年译，澳门，澳门海事博物馆，1995年，第99页。
3. 蒋维锬、周金琰辑纂《妈祖文献史料汇编》第一辑《档案卷》，北京，中国档案出版社，2007年，第1页。

图 2-4 莆田市博物馆藏南宋妈祖木雕神妃像

妈祖封妃之后形象上出现了一个重要的变化，就是刘克庄《白湖庙》诗中提到的"青圭蔽朱旒"。《白湖庙》诗中云："灵妃一女子，瓣香起湄洲。……驾风樯浪舶，翻筋斗千秋。……封爵遂綦贵，青圭蔽朱旒。"[1] 可见妈祖封妃之后，随着地位的尊贵，出现了手执青圭、头戴冕旒的高贵形象，这种形象成为妈祖封妃、封后之后的惯常形象。

莆田市博物馆收藏有一尊被鉴定为南宋的妈祖木雕神妃像（图2-4），也来源于莆田市仙游枫亭的灵应堂。硬身坐像，高28.8厘米，底部长12.5厘米，宽8.7厘米。头戴冕冠，手执玉圭（圭缺失），脸庞清秀，面容慈和；身着长袍长裙，肩披霞帔，飘带与袍服齐平，屈膝坐于宝座之上；右耳饰、冠等都有缺损，油漆脱落，但整尊雕像线条流畅，神态端庄，清秀雅致，具有宋代雕塑风格。此像是目前所知最早的体现"青圭蔽朱旒"妈祖形象的实物例证，对研究妈祖的早期形象有重要意义。

妈祖木雕像中还有一个软身雕像系列，软身雕像四肢可以活动，便于穿衣装扮。软身妈祖像的流传也有悠久的历史，下面介绍的三尊软身妈祖像据说都是南宋时期的作品。

第一尊软身妈祖像现藏于莆田市区的文峰宫（图2-5），坐姿，宋代夫人造型，束髻，额头开阔，双眼微闭，面相端庄内敛，两鬓和双耳的大部均为头发覆盖，耳垂外露，有耳孔。该像属于传说中的黑面妈祖，面部漆黑。[2] 此像引人注意之处是在像的背面，从左至右有手写文字"加封显卫/嘉定元年/兴化官拜"。嘉定是南宋宁宗的年号，嘉定元年即1208年。此像是所有现存传为南宋妈祖像中唯一有明确纪年的雕像，其雕塑有南宋风格，但其背面文字中"兴化"两字是从左向右书写，又令人怀疑为近人所为。不管如何，该像为我们提供了一个真实的研究样本，值得重视。

第二尊软身妈祖像现供奉于莆田港里天后祖祠（图2-6），坐姿，双手作朝天持圭式，眉毛细弯而高挑，丹凤眼，樱桃嘴，

图2-5　福建莆田文峰宫软身妈祖像
（林祖良摄）

图2-6　福建莆田港里天后祖祠软身妈祖像

---

1. 蒋维锬、刘福铸辑纂《妈祖文献史料汇编》第一辑《诗词卷》，北京，中国档案出版社，2007年，第6页。
2. 由于田野调查时此像身披袍服，未能看到全身雕像，故描述受到了一定的局限。

面容端庄，写实性强。关于此像的来历，最著名的记载出自清乾隆年间林清标编辑的《敕封天后志》，该志记载："世传祠内宝像，系异人妆塑，各处供奉之像，皆不能及。"[1]林清标作为贤良港林氏后裔，主张贤良港为妈祖的出生地，对贤良港妈祖赞誉有加，可以理解。

第三尊软身妈祖像现供奉于莆田城北东岩山妈祖庙（图2-7），相传为南宋著名妈祖庙——白湖庙的神像，该像与现供奉于莆田港里天后祖祠的软身妈祖像风格相近，林祖良《妈祖》一书介绍此像为："高40厘米，传系南宋白湖庙神像，元至正十四年（1354年）迁入郡城善后铺文峰宫，1950年移城北东岩山奉祀。"[2]

以上三尊软身妈祖木雕像虽然具体制作年代仍有不同意见，但无疑这些雕像是早期软身妈祖木雕像的重要代表，为我们展示了早期软身妈祖雕像的概貌。

综观宋代的妈祖图像，从文献的记载来看，经历了"旋舞状""服朱衣"到"青圭蔽朱旒"的转变，从现存文物来看，经历了从神女造型、夫人造型到戴冕冠、执青圭造型的转变。

图2-7　福建莆田城北东岩山妈祖庙软身妈祖像

宋代文献中虽然关于妈祖形象的文献很少，但从文献记载来看，基本上与实物雕像是相应的。

元代是妈祖海神地位得以提升的重要阶段，妈祖在元代成为国家漕运最尊贵的护佑神，为了适应这种地位的提升，妈祖来历出身的传说也开始从民女向官家转化，甚至有些文献将妈祖的出身神圣化，如黄四如《圣墩顺济祖庙新建蕃厘殿记》："按旧记，妃族林氏，湄洲故家有祠，即姑射神人之处子也。泉南、楚越、淮浙、川峡、海岛，在在奉尝；即补陀大士之千亿化身也。"说妈祖是姑射神人之处子，观音大士化身。该文后附的诗中还提到了妈祖的形象："福地仙居，珠帘玉坐，帝子天孙，容卫右左。"[3]"珠帘玉坐"说明了当时的妈祖仍然沿袭了宋代"青圭蔽朱旒"的形象。前引《夷坚续集》"崇福夫人神兵"条记载："广州城南五里，有崇福无极夫人。……庙之后宫，绘画夫人梳妆之像。"这里指出了广州城南的妈祖庙里有妈祖梳妆的画像，但具体的形象却没有记载。元代周伯琦《台州路重建天妃庙碑》记载："乃以吉日，迎置神像，冠服尊严，绘饰炳焕，络绎瞻仰，且骇且欣……广莫分披披，

---

1. 蒋维锬、周金琰辑纂《妈祖文献史料汇编》第二辑《著录卷》上，北京，中国档案出版社，2009年，第300页。
2. 林祖良：《妈祖》，福州，福建教育出版社，1989年，第51页。
3. 蒋维锬、郑丽航辑纂《妈祖文献史料汇编》第一辑《碑记卷》，北京，中国档案出版社，2007年，第10页。

纷珠盖兮拂虹霓，左天吴兮右冯夷。"[1] 这里提到当时的新神像身着冠服，装饰一新，从所引诗句来看，妈祖也是戴冕旒，披长袍、左右护卫侍立的形象，遗憾的是到目前为止还没有找到一幅真正令人信服的元代妈祖图像。

明代的妈祖文献中对妈祖形象记述最为详细的当属明永乐年间的《太上老君说天妃救苦灵验经》了，该经先在《启请咒》中描述妈祖为："头戴花冠乘凤辇，身披翬服仗龙形，东列西华排鬼将，南征北讨助神兵。剑佩斗牛光凛冽，简书敕命扫妖精。"后又以老君封赐的形式，"赐（妈祖）珠冠云履，玉佩宝圭，绯衣青绶，龙车凤辇，佩剑持印。前后导从，部卫精严，黄蜂兵帅，白马将军，丁壬使者，柽香大圣，晏公大神。有千里眼之察奸，顺风耳之报事。青衣童子，水部判官，佐助威灵，显扬正化。"[2] 从太上老君封赐的妈祖服饰来看，戴珠冠，踏云履，佩玉佩，执宝圭，绯衣青绶，龙车凤辇，佩剑持印。仍然延续了南宋封妃以来"青圭蔽朱旒"的传统形象。明代的扬州天妃宫妈祖神像为："冠裳朝天之仪，巍然高博。"[3] 虽然明代文献中记载妈祖形象的不多，但传世的妈祖图像作品却种类丰富，技艺高超，给人耳目一新之感。

图 2-8　福建莆田仙游坝垅宫明代金漆木雕妈祖像

明代的妈祖图像最显著的差别是在妈祖头上的冠饰，本书以冠饰的差别，将明代的妈祖图像分为四类，即冕冠类、凤冠类、梁冠类、高髻类。下面将分别举例叙述。

1. 冕冠类

明代冕冠类妈祖图像中较著名的有福建莆田仙游坝垅宫明代金漆木雕妈祖像、现藏于福建博物院的明代德化窑陶瓷妈祖像、台湾的明代崇祯妈祖像等。

莆田仙游坝垅宫明代金漆木雕妈祖像（图2-8），原藏于仙游城关坝垅宫，高35厘米，底部长14.5厘米，宽12.5厘米。通体髹金，底座漆红，线条流畅，体态端庄慈祥。妈祖头戴冕冠，垂旒无存，冠沿有为垂旒做洞的痕迹；肩披霞帔，拱手持圭（圭无存），脸型较为瘦长。神像衣袍上塑有精美的图案。整体

---

1. 蒋维锬、郑丽航辑纂《妈祖文献史料汇编》第一辑《碑记卷》，北京，中国档案出版社，2007年，第37页。
2. 刘福铸、周金琰辑纂《妈祖文献史料汇编》第三辑《经签卷·经忏编》，福州，海风出版社，2011年，第1～5页。
3. 同1，第97页。

图 2-9　福建博物院藏明代德化窑陶瓷妈祖像

来看，此像动态感强，制作工艺娴熟，具有明代的雕塑风格。

现藏于福建博物院的明代德化窑陶瓷妈祖像（图 2-9），高 19.1 厘米，底座长 13.9 厘米，宽 5.9 厘米。瓷质温润，呈乳白色半透明状，是德化窑在明代中晚期所特有的"建白窑"产品。妈祖头戴冕冠，正襟端坐，云肩，双手覆巾执圭状，两耳边有博鬓，饰以云纹图案，面部慈祥和善，刻画精细。妈祖的左右两侧分立着千里眼和顺风耳二将的妖怪造型，憨态可掬。三神身下有底座，座上饰以云纹装饰。整座造像布局合理，平稳中不失生动，有较高的艺术水平。

台湾的明代崇祯妈祖像（图 2-10），该木雕像现存于台南市自强街小妈祖庙内，金漆木雕神像，其背面刻有"崇祯庚辰年湄洲镌造"字样，表明该像是明末从福建湄洲来到台湾的。妈祖端坐在凤椅之上，头戴冕冠，两耳边饰有布满花纹的博鬓，面色慈祥端庄，两手平放于椅子的扶手上，脚踩踏板，全身衣纹装饰华丽。腹部略为圆鼓，腰身较粗，为以后的清代妈祖造像所效仿。从此像可以看出，明末的妈祖造像开始向线条繁复和装饰化发展的趋势。

图 2-10　台湾明代崇祯妈祖像

综观以上冕冠类妈祖造像，共同特点是头戴冕冠，多数已经看不到冕旒，只能找到一些挂冕旒的孔洞的痕迹，多数造像双手执圭，正襟端坐，面目慈祥，衣纹线条流畅、简洁，具有明代造像的典型特征。

2. 凤冠类

明代凤冠类妈祖图像中较著名的有河北石家庄毗卢寺壁画中的天妃圣母像、山西繁峙公主寺壁画天妃圣母像、台湾大甲镇澜宫木雕天妃像、《天妃娘妈传》中的天妃像等。

河北石家庄毗卢寺壁画中的天妃圣母像（图 2-11），天妃头戴由五只金凤组成的精美凤冠，面庞圆润，细眉小口，表情生动。着红色大袖袍服，披霞帔，双手于胸前持圭或笏，整幅画像行笔潇洒，线描极具功力，有"天衣飞扬，满壁风动"之效。天妃两侧各立侍女一人，右侧一人捧印，左侧一人执扇，均面庞圆润，凝视前方。壁画采用传统的重彩勾填手法，石绿、朱红、石黄等恰当运用，艳而不俗，生动地刻画了天妃既雍容华贵，又极富节奏和韵律感的完美形象。此外，还使用了沥粉贴金手法，使壁画更加富丽堂皇。天妃圣母被绘于东壁，在天妃的右上方有"天妃圣母等众"的题记。关于此天妃圣母像的年代，有专家根据壁画中出现的一组元代人物形象认为是元代，有专家根据现存的碑刻文献资料认为是明代。[1] 本书将此像放入明代，但从绘画风格来看，与元代永乐宫三清殿《朝元图》壁画一脉相承，确为不朽之杰作。

---

1. 唐殿峰：《毗卢寺壁画》，石家庄，河北美术出版社，1998 年，《综述》第 6～7 页。

图 2-11　河北石家庄毗卢寺壁画中的天妃圣母像

图 2-12 山西繁峙公主寺壁画中的天妃圣母像　　　　　　图 2-13 台湾大甲镇澜宫木雕天妃像

山西繁峙公主寺壁画天妃圣母像（图 2-12）。公主寺坐落于今山西繁峙县城东南 15 公里的杏园乡公主村，以保存有明代大型水陆壁画而著名，大殿四壁壁画总面积达 98.99 平方米，为山西明代寺观壁画中的杰出代表。在公主寺大殿西壁，上方正中所绘为佛教"南无弥勒佛"，下方绘一比丘正面向弥勒礼拜。左右则是道教神祇，左为"后土圣母"，右为"天妃圣母"。

"天妃圣母"头戴凤冠，面部端庄威严，目视前方，有凛然不可侵犯之势。双手覆巾执笏或圭，着白色大袖袍服，披霞帔，衣褶线条流畅。身后有两位戴黑色翘脚幞头的侍者，高执两把雉扇护卫。侍者身后和顶上，均有祥云缭绕，暗示了她们的天界身份。在神像造型方面，与毗卢寺天妃像颇有相像之处，只是毗卢寺天妃像更为飘逸生动，此像则稍显端庄拘谨。在画面中的"天妃圣母"题记下尚有"信士男善人王儒"的捐资者留名。公主寺脊梁垫板下留有"时大明国弘治十六年五月初九日吉时上梁"等题记。殿内南壁门西有墨题"万历十三年六月初七日"。可知壁画绘于明代弘治至万历年间。[1]

台湾大甲镇澜宫木雕天妃像（图 2-13），收藏于台湾著名妈祖庙大甲镇澜宫。高 67 厘米，长 39 厘米，宽 28 厘米。依木头原型雕刻，身体部分因年久朽坏，无法辨认，但头部保存较为完好。该像为天妃形象，

---

[1] 刘福铸：《元明时代海神天妃画像综考》，《广东海洋大学学报》2011 年第 5 期，第 8 页。

图 2-14 《天妃娘妈传》中的天妃像

头戴凤冠，隐约可见头上装饰的各种簪花，前额开阔，面庞端庄丰腴，两眼微闭，面带笑意。雕像极力表现了一位尊贵后妃形象的妈祖，刀法简练，较少装饰性，具有明代风格。从其面部轮廓来看，甚至还带有元代风格。

《天妃娘妈传》中的天妃像（图2-14）。明万历元年刊印，吴还初著《天妃娘妈传》是现存最早的一部章回体妈祖神话小说，该书中配有版画插图309幅，其中有天妃形象的共75幅，大致分为两类：升天前基本是头挽发髻的仕女形象，升天后则多为头戴凤冠的王妃贵妇形象。本图就是其中一幅头戴凤冠，双手执笏，立于云端的贵妃形象，该版画线条简练，仅寥寥数笔，人物神态却生动自然，体现了明万历版画较高的艺术水平。像《天妃娘妈传》这样的通俗小说属于文字为主、插图为辅的书籍，插图只扮演着"导读"的作用。因此，总体来看对天妃的刻画比较简朴，不像毗卢寺、公主寺天妃像一样富丽堂皇。

综观以上凤冠类妈祖造像，共同特点是头戴凤冠或头戴簪花，多数双手执笏或圭，衣纹线条流畅，衣带飘动，人物表情生动，精心塑造了人间贵妃帝后的形象，是四类妈祖图像中整体艺术水平最高的图像，也是与明代"天妃"封号最为接近的妈祖图像。

3. 梁冠类

本书所指的梁冠类图像是指除了冕冠和凤冠类之外的各种妈祖戴梁冠的图像，明代梁冠类妈祖图像中较著名的有慈圣太后绘造设色《天妃圣母碧霞元君像》、明代西来寺水陆画天妃圣母像、《太上说天妃救苦灵验经》卷首插图天妃像、《三教搜神大全》中的天妃像、福建长乐显应宫出土泥塑妈祖像等。

慈圣太后绘造设色《天妃圣母碧霞元君像》（图2-15），明代水陆画，绢本设色，纵175.6厘米，横91.8厘米，首都博物馆藏。图的左上方有"大明万历己酉年，慈圣皇太后绘造"题记，并骑钤有九叠篆朱文玺印一方。印文文字为"慈圣宣文明肃贞寿端献恭喜皇太后宝"。图中共有八位人物，除四位头戴翘角幞头侍者外，还有四位女神。最前排的两位女神即天妃与碧霞元君。两位女神头戴通天冠，身披霞帔，袍服大袖，双手持圭，容貌秀丽。身后有二女官，持笏或圭侍立。此图画面左上方有慈圣皇太后款识并印，右上榜题为"天妃圣母碧霞元君众"。从所戴通天冠的形制和所着红衣可以辨认出，图中右边第一位回头者为天妃，其所戴之冠对清代以来圣迹图中的天妃形象也产生了影响。本图所绘时间为万历己酉年，即万历三十七年（1609年），是奉万历皇帝朱翊钧的生母慈圣皇太后懿旨所造。

明代青海乐都西来寺水陆画天妃圣母像（图2-16），天妃圣母像与四空、三禅天众等绘于同一轴画，

图 2-15　慈圣太后绘造设色《天妃圣母碧霞元君像》

图 2-16　明代西来寺水陆画天妃圣母像（青海省海东市乐都区博物馆藏）

该画纵 145 厘米，横 82 厘米，全图分为上中下三层。上层绘"八天"天众。中层绘六身神像，前右一侍者戴幞头，身着蓝长袍，双手托盘前行；后随一身着王妃装者，穿大袖长袍，头戴通天冠，披霞帔，双手执笏，应为天妃；其后一身着水红色长袍者，双手掌幡，幡上书"天妃圣母"四字；又后一身着王妃装者，穿大袖长袍，戴通天冠，披霞帔，双手执笏，参考明代公主寺水陆画画面和神祇地位，应是"后土圣母"；再后是两位仆人，一身着绿袍，右手持羽扇，一身着红袍，戴幞头，双手托印。[1]

《太上说天妃救苦灵验经》卷首插图天妃像（图 2-17），天妃头戴梁冠，面容清秀，双手持圭，袍服大袖，端坐于天妃宫中，宫上祥云缭绕；天妃身后有二侍者执雉扇护卫，众文武侍卫立于阶前两侧，阶前则为海涛汹涌，舳舻相接，暗示郑和的远洋船队航行在大海上。该经刊印于明永乐十八年（1420 年），因此，该像是明代有确切纪年的最早的天妃图像。

---

1. 白万荣：《青海乐都西来寺明水陆画析》，《文物》1993 年第 10 期。

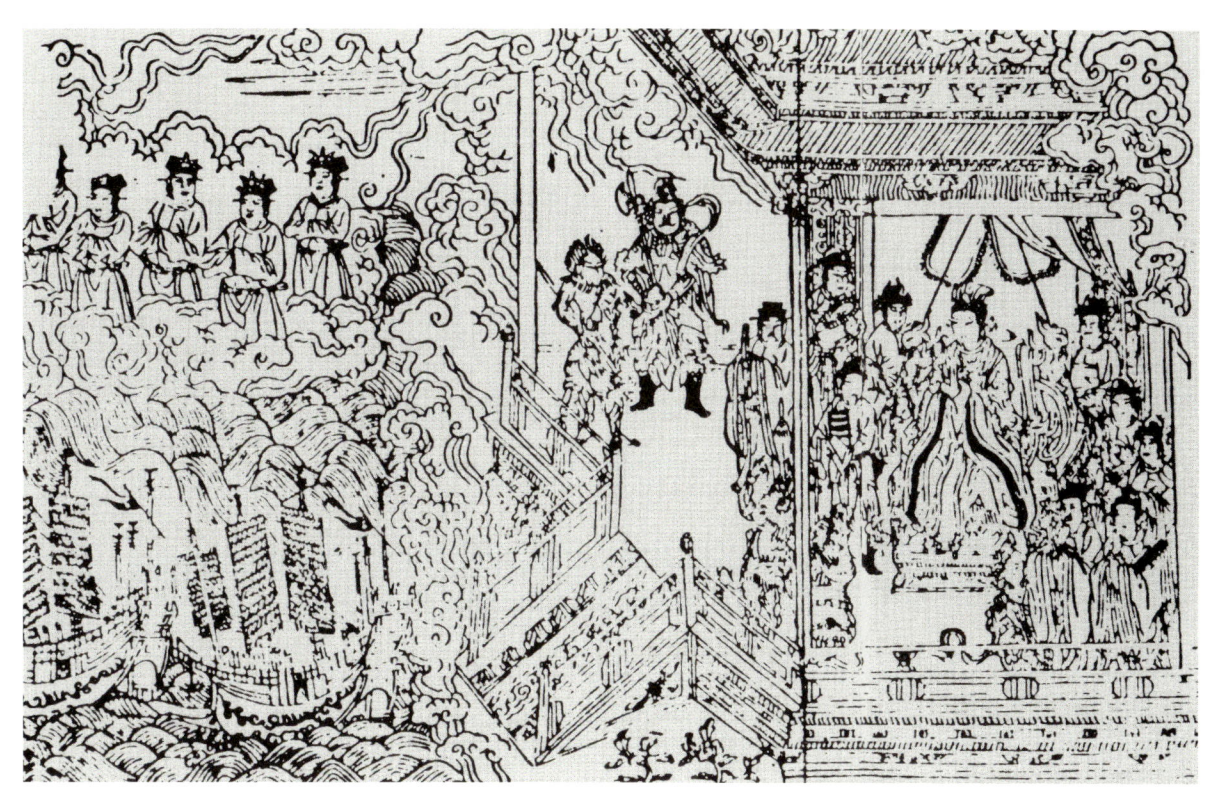

图 2-17 《太上说天妃救苦灵验经》卷首插图天妃像

《三教搜神大全》中的天妃像（图 2-18）。《三教搜神大全》全称《绘图三教源流搜神大全》，共七卷，撰人不详。书的前后有清人叶德辉序和跋各一篇。明版《三教搜神大全》吸收元版《搜神广记》全部内容，又大幅增加条目和画像，全书共收儒、释、道三教诸神画像127幅，各配以文字说明。天妃画像被收录于该书第四卷，画像中天妃头戴梁冠，双手执笏，面目慈祥，足下和身后饰有祥云，身后立一侍者，头戴翘脚幞头，手举宫扇护卫。此幅天妃形象的梁冠深浅两色交替，冠向后倾斜，还有两个卷曲的角，颇有特色。这种梁冠并非此处独有，明版《锲天妃娘妈传》封面的天妃像（图2-19）也戴着与此冠相似的有两个卷曲角的梁冠，总体来看，这种冠较为少见。

图 2-18 《三教搜神大全》中的天妃像

图 2-19 明版《锲天妃娘妈传》封面的天妃像

福建长乐显应宫出土泥塑妈祖像（图 2-20），长乐显应宫始建于南宋绍兴八年（1138 年），明弘治三年（1490 年）后殿被辟为"凤岐书院"，清道光二十一年（1841 年）曾大规模修葺，约在光绪年间，巨大自然灾害将整个庙宇深埋地下而不为人知。1992 年因兴建福州长乐机场，偶然发现了深埋地下百余年的显应宫，出土了五十余尊精美的泥塑彩像，其中一尊就是明代妈祖像。妈祖头戴方形梁冠，双手覆巾执圭，袍服大袖，正襟端坐，是一位面容慈祥的老妇人形象，身上的彩绘已大部分脱落，但造像神态自然，线条简练流畅，具有极高的艺术水平。

综观以上梁冠类妈祖造像，共同特点是头戴风格各异的梁冠，多数双手执笏或圭，有皇家精心制作的精品，也有民间艺人的杰作，这些梁冠形制风格的差异，也是明代以来各地对天妃不同解读的真实反映。

4. 高髻类

明代高髻类妈祖图像中最著名的就是《新刻出像增补搜神记》中的天妃像（图 2-21）。《新刻出

图 2-21 《新刻出像增补搜神记》中的天妃像

图 2-20　福建长乐显应宫出土的泥塑妈祖像

图 2-22 广东省博物馆藏清代德化窑妈祖瓷像

像增补搜神记》,共六卷,今存明万历元年(1573年)唐富春刻插图本。据考证,《新刻出像增补搜神记》是现存最早的金陵派小说版画。[1] 全书共有图160幅,天妃图为第134幅,整体形象是贵妃装束,头挽朝天高髻,类似南宋的三丫髻,天妃威严慈祥,端坐于神案后的太师椅上,案上中间有香炉一个,两边置烛台一对,案前立一侍女,头挽双环髻,躬身欲拜状。天妃左侧墙上绘有"太阴""太阳"二图。"太阴"图中有船只、海涛图案,"太阳"图中有太阳和云彩图案,右上角有"天妃"题记。从此幅天妃像的发髻造型来看,似乎受到了南宋妈祖夫人造型的影响,但整体来看,仍是明代贵妃形象。

虽然从明代文献的记载来看,明代的妈祖信仰无论从皇帝的封赐,还是在国家信仰系统中的影响力都是一个比较低落的时期,特别是明代中后期,更显沉寂。但明代的妈祖图像种类丰富、风格各异、技艺高超,呈现出一个异彩纷呈的繁荣发展局面,这是一个典型的文献与图像不对等的例证,不过从上一节的研究可知,虽然官方对妈祖信仰的重视程度有起伏,但明代妈祖信仰在民间一直稳步发展,再加上明代妈祖故事版本的多样性,出现妈祖图像的繁荣局面也是可以理解的。明代的妈祖图像总体来看,脱离了宋代妈祖图像质朴、写实、清秀的风格,开始向华贵、丰腴发展,但仍保持着简约、干练、线条流畅,避免繁缛的艺术风格,这也是明代妈祖图像普遍具有较高艺术水平的重要保证。

清代,妈祖信仰迎来了一个前所未有的新高峰,在康熙、乾隆年间得到了妈祖的最高封号"天后",妈祖图像也在明代的基础上,呈现出了"一统多元"的发展局面。本书参照明代以冠饰分类的方法,将清代的妈祖图像分为两大类,即冕冠类和其他类。下面将分别举例叙述。

冕冠类,是在明代冕冠类图像的基础上继续发展而来,具体又大致可分为四类,即冠武冕板式、凤冠冕板式、冕冠持物式、冕冠扶椅式。

1. 冠武冕板式

本书所指的冠武冕板式图像是指冠武加上冕板的形制,冠武通常为筒状,以便戴在头上,此类也包括冠武为其他梁冠,上加冕板的形式。清代冠武冕板式图像如广东省博物馆藏清代德化窑妈祖瓷像、湄洲祖庙妈祖像、《天后本传》天后娘娘像、《林氏族谱》天后娘娘像、台湾历史博物馆藏清代金漆木雕妈祖像、台湾"中央图书馆"台湾分馆藏清代彩漆木雕妈祖像、台湾鹿港天后宫藏冕冠妈祖像等。

广东省博物馆藏清代德化窑妈祖瓷像(图2-22),高22厘米,长11厘米,宽10厘米。典型的冠武加冕板式陶瓷像,冕板上可以清晰地看到留有九个挂冕旒的小孔。妈祖面容慈祥、内敛,双手覆巾持圭,莲花云肩,袍服大袖,露出尖尖的脚尖。瓷质温润,栩栩如生。

福建湄洲祖庙妈祖像(图2-23),见于新加坡侨胞朱光地捐赠的湄洲祖庙"文革"以前的老照片,照片上面有"湄洲祖庙,圣母玉照"八字。照片中妈祖端坐在神龛中央,头戴九旒冕冠,双手持圭,着圆领袍服,面容严肃,左右各有一位女侍从,从姿势看应为各执一扇,扇已失。神案前可见香炉、花瓶

---

[1] 汪燕岗:《古代小说插图方式之演变及意义》,《学术研究》2007年第11期,第141~160页。

图 2-23　福建湄洲祖庙妈祖像

图 2-25　《林氏族谱》中的天后娘娘像

等贡器，但香火寥落，整体感觉比较破败，应是清末以来废庙运动开始之后所拍。从此像风格来看，应为清代所造。

《天后本传》天后娘娘像（图 2-24），收于《天后本传》一书，该书共一册，不著撰人，清道光六年（1826年）刻本，现藏于中国国家图书馆。图中天后头戴冕旒，博鬓，朝天持圭，云肩大袖，正襟端坐，衣纹华丽，左右有执扇侍从，前有千里眼、顺风耳二将。

《林氏族谱》天后娘娘像（图 2-25），是清代《林氏族谱》前所附的版画妈祖像，该像为侧面坐姿，颇为独特。头戴七旒冕冠，前后垂旒，朝天持圭，衣饰华丽，面容俊俏，是一位年轻的贵族女子形象，与其族谱所载的妈祖出身于莆田望族九牧林氏相应。

台湾历史博物馆藏清代金漆木雕妈祖像（图 2-26），高 16.6 厘米，冠武加冕板式，无垂旒，无博鬓，双手覆巾，正襟端坐，身形较瘦，下身比例较短，线条简练，少衣纹装饰。

台湾"中央图书馆"台湾分馆藏清代彩漆木雕妈祖像（图 2-27），高 25.5 厘米，冠武加冕板式，无垂旒，无

图 2-26　台湾历史博物馆藏清代金漆木雕妈祖像

图 2-24 中国国家图书馆藏《天后本传》中的天后娘娘像

图 2-27 台湾"中央图书馆"台湾分馆藏清代彩漆木雕妈祖像

图 2-28 台湾鹿港天后宫藏冕冠妈祖像

图 2-30 福建龙岩汀州天后宫镇殿妈祖像

博鬓，冠武后有高出的纳言，帽沿呈弧状。端坐于圈背椅上，一手扶玉带，一手放膝上，坐姿拘谨。脸庞上宽下窄，下巴尖细，神态生动。

台湾鹿港天后宫藏冕冠妈祖像（图2-28），高74厘米，长31厘米，宽23厘米。冠武加冕板式，无垂旒，但可以看出九旒形制。朝天执圭，袍服霞帔，线条流畅，制作精美。此像最大的特色是左右两博鬓张扬下垂，较为少见。

2. 凤冠冕板式

凤冠冕板式是下为凤冠或类似凤冠的簪花装饰，上为冕板，是凤冠与冕冠的组合，是天后走向标准化的代表性冠饰，也是对后世影响最大的一种冠式，尤其对当代闽台一带的妈祖形象产生了极大的影响。凤冠冕板式妈祖图像如台湾台南大天后宫镇殿妈祖像、福建龙岩汀州天后宫镇殿妈祖像、清代设色妈祖像、《天上圣母经》所载天上圣母像、福建湄洲祖庙神符妈祖像等。

图 2-29 台湾台南大天后宫镇殿妈祖像

台湾台南大天后宫镇殿妈祖像（图2-29），高约6米，泥塑贴金，凤冠冕板式，冕垂九旒，冠顶配九龙二凤，朝天持圭，宝像庄严，雍容华贵，是官方妈祖的代表性塑像。

福建龙岩汀州天后宫镇殿妈祖像（图2-30），凤冠冕板式，无博鬓，凤冠为九龙四凤，每只皆口衔挑珠牌，面容慈祥端庄。

清代设色妈祖像（图2-31），纵167厘米，横92厘米，纸本设色，卷轴画，收于《妈祖文献史料汇编》绘画卷上编。凤冠加九旒冕冠，妈祖为老年妇女形象，慈祥和善，朝天持圭，衣饰华贵，后有二执扇侍女，前有千里眼和顺风耳，布局合理，姿态各异。

《天上圣母经》所载天上圣母像（图2-32），原载于1921年台湾新竹苗栗斐成堂刊本。妈祖为凤冠冕板式，有博鬓，面相微圆，朝天持圭，云肩霞帔，衣饰华丽，两侧有千里眼、顺风耳二将相配。

福建湄洲祖庙神符妈祖像（图2-33），木版刻印，上有"湄洲祖庙，祈求平安"字样，神符上还盖有湄洲祖庙的印章。妈祖为凤冠加九旒冕冠，凤冠上还装饰有戏剧头饰上常用的绒球，与当代大多数妈祖庙中的妈祖像类似，只是冕冠比较小。妈祖端坐在龙头大椅上，左右两位持扇侍女侧立。

图 2-31 清代设色妈祖像

图 2-32 《天上圣母经》所载天上圣母像

图 2-33 福建湄洲祖庙神符妈祖像

3. 冕冠持物式

冕冠持物式,是清代常见的妈祖造型,脸型较为圆润,九旒冕冠,腹部微凸,单手持如意或圭,披帛下垂由左右两侧环臂,整体感觉四平八稳。此类造像如福建闽台缘博物馆藏清代彩绘漆线木雕妈祖像、台湾大甲镇澜宫藏右手持圭妈祖像、台湾鹿港天后宫藏右手持如意妈祖像、福建莆田市博物馆藏木雕妈祖像等。

福建闽台缘博物馆藏清代彩绘漆线木雕妈祖像(图 2-34),高约 32 厘米,长 17.5 厘米。九旒冕冠,带博鬓;面部丰满,眼眉低垂,神态生动;着蟒袍大带,饰以花纹,腹部微鼓,右手持如意,左手扶圈椅,姿态优美、自然。

图 2-34　福建闽台缘博物馆藏清代彩绘漆线木雕妈祖像

图 2-35　台湾大甲镇澜宫藏右手持圭妈祖像　　　　　图 2-36　台湾鹿港天后宫藏右手持如意妈祖像

台湾大甲镇澜宫藏右手持圭妈祖像（图 2-35），高 28.5 厘米，长 17 厘米，宽 13.5 厘米。冕冠博鬓，面庞圆润，略带微笑，身体宽胖，腹部微凸，圆领袍服，右手持圭，左手靠在圈椅上，四平八稳。

台湾鹿港天后宫藏右手持如意妈祖像（图 2-36），高 26.5 厘米，长 13 厘米，宽 11 厘米。九旒冕冠，带博鬓，略显夸张；面带微笑，蟒袍大带，身体、面部比例适中，右手持如意，左手靠在圈椅上。该像似受明末风格影响，不像清中期以后圆脸鼓腹、四平八稳的造型。

4. 冕冠扶椅式

冕冠扶椅式，也是清代常见的妈祖造型，冕冠博鬓，腹部微凸，四平八稳，双手自然平放于圈椅扶手上是此类造像的典型特征。此类造像在明末就出现了，如前引台南所奉崇祯妈祖像就是这种造型，清代的造像无疑是明代风格的延续。冕冠扶椅式妈祖像如台湾乐成宫"旱溪妈"木雕妈祖像、台湾鹿港天后宫金漆木雕妈祖像、台湾大甲镇澜宫金漆木雕妈祖像、福建闽台缘博物馆藏木雕妈祖像等。

台湾乐成宫"旱溪妈"木雕妈祖像（图2-37），现供奉于台湾乐成宫，人称"旱溪妈"。头戴冕冠，博鬓比较靠后，面容端庄严肃；端坐于圈椅上，身体粗壮，腹部圆鼓，四平八稳；两手臂靠于圈椅扶手上，双手自然放于胸前，造型简洁、优美。

台湾鹿港天后宫金漆木雕妈祖像（图2-38），高30厘米，长17厘米，宽13厘米。九旒冕冠，是少见的冕旒仍存的妈祖像；带博鬓，做工考究，衣饰精美，四平八稳，双手放于胸前两侧，是典型的清代中期以后的妈祖造型；座下有"鹿港天后宫"五个金漆字，两侧还配以持扇的两位女侍从，均制作精美。

台湾大甲镇澜宫金漆木雕妈祖像（图2-39），高30厘米，长15厘米，宽13.5厘米。冕冠博鬓，带有三个绒球；端坐于圈椅之上，两手臂靠于圈椅扶手上，双手自然放于胸前，纹饰华丽考究，雕刻精美，左右还有千里眼和顺风耳相伴。

福建闽台缘博物馆藏木雕妈祖像（图2-40），冕冠博鬓，端坐于圈椅之上，圈椅扶手较大，妈祖的两臂并没有靠在两侧扶手上，右手放于右胸前，左手放于左膝上部，一手高，一手低，在所见的扶椅式造像中较为少见。

综观以上清代冕冠类妈祖图像，其共同特点是头戴冕冠，在这一共同特点之下，以上四类妈祖图像，无论在时代风格上，还是在官方与民间的区分上，都有各自的独特之处。从时代风格来看，明代延续下来的朝天持圭或笏的妈祖像，仍然是清代各地妈祖庙中的主流神像，尤其是在有官方背景的庙宇中。明

图2-38 台湾鹿港天后宫金漆木雕妈祖像

图 2-37　台湾乐成宫"旱溪妈"木雕妈祖像

图 2-40　福建闽台缘博物馆藏木雕妈祖像

图 2-39　台湾大甲镇澜宫金漆木雕妈祖像

末延续下来,清代中期流行起来的面相丰腴,腹部圆鼓,端坐于圈椅上,四平八稳的妈祖形象也是清代中后期妈祖庙宇中的惯常造型。从官方与民间的区分来看,官方妈祖庙宇的妈祖像多为朝天持圭或笏的造型,而民间妈祖庙宇则较为灵活,一般为右手持如意和圭或笏,也有双手扶椅自然摆放等姿势。

其他类,是指除了上述冕冠类妈祖图像外的一切形态各异的其他妈祖图像。清代以来随着妈祖标准化的逐步加强,妈祖图像也逐步走向了标准化,但在"一统"的表象之下,民间的妈祖图像还是呈现出多元发展的景象。其他类又可大致细分为四类,即梁冠类、夫人类、贵妃类、年画类。下面每类将分别选取两个妈祖图像予以描述。

梁冠类是指除了冕冠类之外的其他梁冠类妈祖图像,如台湾台南大天后宫藏戴冠妈祖木雕像、台湾彰化鹿港旧祖宫版画妈祖像等。

台湾台南大天后宫藏戴冠妈祖木雕像(图2-41),高53.5厘米,长28.5厘米,宽22厘米。头戴形似包巾的梁冠,端坐于圈椅上,云肩蟒袍,腹部微凸,是典型的清代中期的造型。这种梁冠在清代妈祖像中也是常见类型,通常在梁冠上再加戴冕冠装饰。

图 2-41 台湾台南大天后宫藏戴冠妈祖木雕像

图 2-42　台湾彰化鹿港旧祖宫版画妈祖像

台湾彰化鹿港旧祖宫版画妈祖像（图 2-42），该图为台湾彰化鹿港旧祖宫版画《湄洲祖庙天上圣母宝像》，妈祖头戴通天冠，朝天持笏，侧立于香炉前，后有千里眼侍卫。妈祖袍服华贵，神态端庄、威严。

夫人类是指清代妈祖图像中所见的妈祖为夫人的造型图像，如福建闽台缘博物馆藏夫人造型妈祖木雕像、台湾大甲镇澜宫藏夫人造型木雕妈祖像等。

图 2-43 福建闽台缘博物馆藏夫人造型妈祖木雕像

图 2-44 台湾大甲镇澜宫藏夫人造型木雕妈祖像

图 2-45 台湾大甲镇澜宫藏贵妃造型木雕妈祖像

福建闽台缘博物馆藏夫人造型妈祖木雕像（图 2-43），高 28 厘米，长 19 厘米。头梳盘髻，面容慈祥，正襟端坐，袍服大袖，双手覆巾持圭，圭已佚。整像造型匀称，衣纹简练，有明代造像遗风。

台湾大甲镇澜宫藏夫人造型木雕妈祖像（图 2-44），高 40 厘米，长 18 厘米，宽 13 厘米。头梳盘髻，面容写实，圆领袍服，双手并拢于腹前袍袖中。整像造型朴实无华，没有衣纹装饰，有如邻家村妇一般。

贵妃类是指清代妈祖图像中所见的妈祖为贵妃的造型图像，如台湾大甲镇澜宫藏贵妃造型木雕妈祖像、福建晋江民间妈祖版画等。

台湾大甲镇澜宫藏贵妃造型木雕妈祖像（图 2-45），高 69 厘米，长 32 厘米，宽 30 厘米。头戴凤凰形状的发髻，以示其贵妃本色，两眼圆睁，目视前方，衣纹简洁流畅，朴实无华。是一尊能给人留下深刻印象的独特雕像。

图 2-46 福建晋江民间妈祖版画

福建晋江民间妈祖版画（图 2-46），清末套色印刷版画，纵约 60 厘米，横约 30 厘米，画面主色为红色，主要流行于福建晋江沿海渔村。版画中妈祖头戴凤冠，饰有绒球，眉目清秀，云肩蟒袍，正襟端坐，前有金童玉女相伴，俨然人间贵妃形象。

年画类是指各地年画中所见的妈祖头大身小、线条粗犷的图像，如河南朱仙镇天后娘娘木版年画、台湾历史博物馆藏天后圣母木版年画等。

河南朱仙镇天后娘娘木版年画（图 2-47），中国国家博物馆藏，为清代后期作品。图中的天后娘娘为老妇人造型，头部占很大的比例，朝天持圭，人物刻画简练，线条粗犷，民间特色浓郁。

台湾历史博物馆藏天后圣母木版年画（图 2-48），纵 30 厘米，横 21 厘米，为近代流传于台湾民间的套色刷印妈祖版画之一。

图 2-47 中国国家博物馆藏河南朱仙镇天后娘娘木版年画

图中可见三位娘娘，显然居中者为天后圣母，该年画与河南朱仙镇天后娘娘年画风格类似，头部比例很大，线条简练、粗犷，充分体现了民间年画的质朴与纯真。

综观清代的妈祖图像，我们发现总体呈现出"一统多元"的发展局面。"一统"就是随着清王朝封妈祖为"天后"，对妈祖信仰控制的加强，使妈祖信仰逐步走向了标准化，妈祖图像的标准化趋势也日趋明显，出现了冕冠类图像一统天下的局面，尤其是凤冠冕板式妈祖图像，清代以来直至当代都是世界各地妈祖庙宇的主流头饰，更呈现出一统天下的局面。"多元"是指在冕冠类妈祖图像，尤其是凤冠冕板式妈祖图像一统天下的大背景下，清代民间妈祖庙宇中的妈祖图像并没有走向完全统一，仍存在多元发展的迹象，上述梁冠类、夫人类、贵妃类、年画类妈祖图像的存在，就是有力的证明。"一统"和"多元"的同时存在，和谐共处，就是清代妈祖图像发展的总格局。

清代的妈祖图像在艺术水平方面，由于受逐步走向标准化的影响，妈祖图像大多趋于雷同，脸部丰腴圆满，身上大都装饰有细密、丰富的衣纹。清代中期以后，妈祖图像逐步走向萎靡纤巧，因袭模仿之路，鲜见富有创意的优秀作品。在制作工艺方面，清代也过分强调工巧繁缛，过于注重细节的装饰，一定程度上影响了作品的整体气势，显得有些繁琐，这当然与清代社会及其思想意识的影响有很大的关系。

图 2-48　台湾历史博物馆藏天后圣母木版年画

清代以后的妈祖图像，在大陆地区基本上因袭了清代的妈祖形象。改革开放以来，随着传统文化的复兴，各地重修、复建了众多的妈祖庙，妈祖图像也开始出现了多元发展的局面，但总体来看，还没有脱离传统妈祖图像的影响。在台湾地区，妈祖图像的发展比大陆更为兴盛，尤其是妈祖头饰的装饰上更加富丽堂皇、张扬外显。图像发展也更为多元，甚至出现了形态各异的Q版妈祖图像，以适应当代年轻人的需要。无论妈祖的图像如何变化，在笔者看来，目前各地的妈祖图像还是在清代图像传统的脉络下发展的，因此，清代以后的妈祖图像，在本书中不作展开。

第三节　关于妈祖图像变迁的三个问题

上一节我们对宋、元、明、清四代的妈祖图像进行了简要的回顾，基本弄清了妈祖图像的变迁轨迹。本节将重点探讨三个有关妈祖图像变迁的问题。

一、"青圭蔽朱旒"妈祖形象的一以贯之

在以往的学界中一种非常流行的观点认为，清代妈祖被封为"天后"之后，妈祖的形象为了适应这种地位的提升，出现了头戴冕旒的妈祖形象，有的学者甚至认为头戴冕旒的妈祖形象是清代妈祖的断代依据。[1] 经过上一节有关历代妈祖图像的梳理，我们发现，头戴冕冠、手执青圭的妈祖形象，从妈祖在南宋封妃之后就开始出现了，而且这种形象一直得以延续，直至当代的妈祖图像中仍占据主流地位。南宋人刘克庄在《白湖庙》诗中首次提到了"青圭蔽朱旒"的妈祖形象，可知妈祖在封妃之后，随着地位的提升，出现了手执青圭、头戴冕旒的高贵形象。单纯以此诗记载，尚不足以令人信服南宋已出现了头戴冕旒的妈祖形象。好在福建莆田市博物馆收藏有一尊被鉴定为南宋的妈祖木雕神妃像（图2-4），妈祖头戴冕冠，手执玉圭（圭缺失），从头顶的冕板上还可分辨出是九旒冕冠，此像线条流畅，清秀雅致，具有宋代雕塑风格，是目前所知最早的体现"青圭蔽朱旒"妈祖形象的实物例证，是研究早期妈祖形象不可多得的样本。

元代的妈祖文献中也隐约地提到了妈祖头戴冕冠的形象，如前引黄四如《圣墩顺济庙新建蕃厘殿记》所附的诗中有"珠帘玉坐"之句，说明了当时的妈祖仍然沿袭了宋代"青圭蔽朱旒"的形象。又如前引元代周伯琦《台州路重建天妃庙碑》所附的诗中有"广莫兮披披，纷珠盖兮拂虹霓"之句，也说明当时的妈祖是头戴冕旒的形象。可惜的是到目前为止还没有找到一幅真正令人信服的元代妈祖图像，更不用说元代头戴冕冠的妈祖形象了。

---

1. 刘福铸：《元明时代海神天妃画像综考》，《广东海洋大学学报》2011年第5期，第10页。

明代文献中对妈祖形象记述最为详细的当属明永乐年间的《太上老君说天妃救苦灵验经》了,该经以老君封赐的形式,"赐(妈祖)珠冠云履,玉佩宝圭……"妈祖戴珠冠、执宝圭的形象,仍然延续了南宋封妃以来"青圭蔽朱旒"的传统形象。明代冕冠类妈祖图像仍有不少留存,如上节已提到的福建莆田仙游坝垅宫明代金漆木雕妈祖像(图2-8)、现藏于福建博物院的明代德化窑陶瓷妈祖像(图2-9)等,这些图像的共同特点是头戴冕冠,多数已经看不到冕旒,只能找到一些挂冕旒的孔洞的痕迹,双手执圭,正襟端坐,衣纹线条流畅、简洁,具有明代造像的典型特征。可见,明代的妈祖冕冠类图像中大部分仍延续了南宋"青圭蔽朱旒"的传统形象。

清代是冕冠类妈祖图像一统天下的时代,由上节的分析可知,清代冕冠类图像是在明代冕冠类图像的基础上发展而来,具体又大致可分为四类,即冠武冕板式、凤冠冕板式、冕冠持物式、冕冠扶椅式。其中冠武冕板式、凤冠冕板式图像中大多数都是朝天持圭或笏的形象,如广东省博物馆藏清代德化窑妈祖瓷像(图2-22)、福建湄洲祖庙妈祖像(图2-23)、台湾台南大天后宫镇殿妈祖像(图2-29)、福建龙岩汀州天后宫镇殿妈祖像(图2-30)等。冕冠持物式妈祖图像中也有相当部分是一手持圭或笏的形象,如台湾大甲镇澜宫藏右手持圭妈祖像(图2-35)。清代官方庙宇中的妈祖形象一般都为头戴冕旒,手持圭或笏的形象,在民间庙宇中此类妈祖形象也占据着主导地位。可见清代的妈祖图像也延续了南宋"青圭蔽朱旒"的传统形象。

由上可见,南宋封妃之后出现的"青圭蔽朱旒"的妈祖图像,在历代妈祖图像的发展中一直延续了下来,成为肖像式妈祖图像发展的主线,呈现出"一线多元"的发展路径。

二、凤冠冕板式妈祖图像出现的原因分析

前文述及,清代是冕冠类妈祖图像一统天下的时代,尤其是凤冠冕板式妈祖图像,清代以来直至当代都是世界各地妈祖庙宇的主流头饰,更呈现出一统天下的局面。查历代的《舆服志》中都没有皇后和后妃戴冕冠的记录,那么清代妈祖为何会出现影响广泛的凤冠冕板式造型呢?这类造型的出现应该与清代康熙、乾隆年间妈祖被封为"天后"有很大的关系。清代的妈祖被封为"天后"之后,其地位达到了女神的最高地位,凤冠冕板式妈祖图像的出现和流行,就是为了适应这种地位的提升而产生。凤冠冕板式妈祖图像是"后"与"帝"的完美结合。妈祖作为天后,首先要有"后"的特征,而最能体现"皇后"特征的莫过于带着尊贵的凤冠了,关于明代皇后所戴的凤冠,《明史》记载为:"其冠饰翠龙九,金凤四,正中一龙衔大珠一,上有翠盖,下垂珠结,余皆口衔珠滴。珠翠云四十片,大珠花、小珠花如旧。三博鬓,饰以金龙翠云,皆垂珠滴。"[1] 实际上从明代以来可见的妈祖戴凤冠的图像来看,如河北石家

1.《明史》卷六六,北京,中华书局,1974年,第1621页。

庄毗卢寺壁画中的天妃圣母像（图2-11）、山西繁峙公主寺壁画天妃圣母像（图2-12）等，都不是严格按照各朝代《舆服志》的记载来执行，随意性比较大。但凤冠是体现女性神的显著特征之一，头戴凤冠，无疑就是女性神祇了。因此，妈祖图像选择头戴凤冠的造型，一方面体现了妈祖如人间皇后般的尊贵地位，一方面也彰显了妈祖的女性神特征。

妈祖除了上述"后"的特征之外，还有"帝"的特征一面。妈祖在清代成为天后之后，其地位尊贵，与文昌帝君、玄天上帝等著名神祇地位相当，甚至更高。上述这些神祇都以"帝"自居，甚至连喜欢与妈祖斗法的邻居保生大帝也以"帝"自居，形象上也是头戴冕旒，身着龙袍，与人间的帝王无异。妈祖就是因为女性神的身份，与"帝"的称号无缘，妈祖信众为了弥补这个因为几千年的男尊女卑文化传统所造成的缺憾，在妈祖的形象上进行了大胆的创新，将头戴冕旒与凤冠的形象完美地结合起来，从而形成了本书所说的凤冠冕板式妈祖图像，使妈祖既保留了女性最高神的特性，又具有帝王的身份，与男性的封"帝"神祇取得同等的地位。因此，可以说妈祖在清代头戴冕旒形象的出现，实际上是表明妈祖具有"帝"的身份的隐喻。妈祖作为中国海洋文化的代表，自古具有进取、开放、敢于挑战的特质，这种身份隐喻的出现，正是其积极进取、敢于挑战精神的体现。从妈祖所戴冕冠冕旒的数量来看，目前可见的妈祖图像中，宋、明的妈祖像多为九冕旒，清代的官方妈祖庙宇中的妈祖像均为九冕旒。《礼记·礼器》记载："天子之冕，朱绿藻，十有二旒；诸侯九，上大夫七，下大夫五，士三。"可见妈祖官方认可的应该是戴九旒的形象，相当于诸侯王的层次，可是清代以来，尤其是近代以来民间庙宇中的妈祖图像中，早已突破了九旒的限制，十旒、十一旒、十二旒、十三旒，甚至十八旒都有，并无严格的限制。事实上这种对冕旒数量的不严格，并不是妈祖图像所独有，元代永乐宫《朝元图》壁画中的帝王冕旒数就有十旒、十一旒、十二旒等差别，其他神祇图像中的冕旒数也多寡不一。这里想强调的是民间庙宇中妈祖神像冕旒数的突破礼制，正是妈祖具有"帝"的身份隐喻的极好注脚。

事实上妈祖所面临的"后""帝"身份的问题，在历史上执政的女皇帝、女皇后中也真实存在过。如宋真宗驾崩后，皇帝尚小，刘皇后垂帘听政，晚年时，她想穿皇帝的冕服谒太庙，因有大臣坚决反对，最后采取了"少杀其礼"的折中办法："服衮服，十章，减宗彝、藻，去剑，冠仪天，前后垂珠翠十旒。"[1]将十二旒减为十旒，不及皇帝，但又高于诸侯，巧妙地处理了这一棘手的问题。唐代的武则天是中国历史上唯一的女皇帝，其当时所穿的朝服并无留下记载，中国国家博物馆藏有一张武则天像（图2-49），头戴八旒冕冠，着团领五爪龙袍，似乎也是一种折中的处理手法。凤冠冕板式妈祖图像的出现，是否受到了上述传统的影响，不得而知，但采取折中"后""帝"的处理手法则非常相似，充分体现了古代民众的非凡智慧。

1.《宋史》卷二四二，北京，中华书局，1977年，第8614页。

图 2-49 中国国家博物馆藏武则天像

三、妈祖文献与妈祖图像变迁的互动

当我们把本章以文献为主撰写的第一节《文献中的妈祖》与以图像考察为主的第二节《历代肖像式妈祖图像的综合考察》相互对比,就不难发现文献与图像虽可以各自形成相对独立的表述系统,但两者是可以互动、互证,共同促进研究的深入开展的。

宋代是妈祖信仰产生和迅速发展的时期,尤其是南宋,妈祖多次受到朝廷的封赐,文献记载相当丰富,从宋代妈祖的图像资料来看,目前可见的最早可上溯至南宋,如莆田市博物馆藏南宋妈祖木雕夫人像、现供奉于莆田市文峰宫内的南宋妈祖木雕夫人像等。由于时代久远,又是妈祖信仰初创时期,图像较为少见也是可以理解的,总体来看,宋代存世的妈祖图像文献和图像实物之间是大致相匹配的。

元代是妈祖的海神地位进一步确立的重要时期,元初妈祖就被朝廷封为天妃,规格之高超过宋代。元代由于朝廷对海洋漕运的依赖,五次封赐天妃,使其成为元代国家漕运最尊贵的护佑神。为了适应这种朝廷对妈祖的尊崇定位,妈祖出生神话开始逐步转向,从民女出身向官家出身转化。妈祖在元代的民间也具有良好的信仰基础,元代也新建了众多的妈祖庙宇,存世的各类妈祖文献也相当丰富,然而,遗憾的是到目前为止还没有找到一幅真正令人信服的元代妈祖图像。因此,元代的妈祖出现了"史富图稀"的现象,说明文献丰富并不等于图像就丰富。

明代是自宋朝以来妈祖信仰最低落的朝代，整个明代一共才敕封妈祖两次，而且都发生在明初。明朝沿海地区自洪武以来盗贼不断，严重影响了海运的安全，使明朝逐步失去了对海运兴趣，转向河运，朝廷对妈祖的关注也日趋平淡。再加上明朝从永乐皇帝开始就大力尊崇被认为阴助永乐皇帝夺取皇位的著名水神——真武大帝，举全国之力大修真武大帝的重要信仰中心——武当山，使真武大帝成为明皇室的护国家神。在明代举国崇祀真武的大背景下，同为水神的妈祖无疑会被真武大帝的强劲风头所掩盖。因此明代文献中有关妈祖图像的记载非常稀少，但令人惊喜的是，明代存世的妈祖图像种类丰富、风格各异、技艺高超，呈现出一个异彩纷呈的繁荣发展局面。笔者依据冠饰，将明代的妈祖图像分为：冕冠类、凤冠类、梁冠类、高髻类四类，各类均独具特色，普遍具有较高的艺术水平，为清代妈祖图像的繁荣发展打下了坚实的基础。更值得重视的是明代出现了圣迹图式妈祖图像的端倪，如明万历元年（1573年）《天妃娘妈传》版画插图和明末《天妃显圣录》的出现。

综观明代的妈祖文献与图像的关系，与元代正好相反，可以概括为"史稀图富"，当然这里的"史稀"是仅就图像文献而言，如果是整体记载明代妈祖的文献还是比较丰富的。明代的上述情况则说明，文献的稀少或文献记载的信仰衰落，并不等于图像也衰落，图像和文献有时会出现不相适应的情况，明代的妈祖就是一个典型的例子。

清代随着台湾的征服，妈祖在康熙、乾隆年间得到了前所未有的最高封号"天后"，妈祖在国家祀典中的地位也达到了高峰，再加上清代在时间上相对较近，因而清代的妈祖文献是前述几个朝代中最为丰富的。清代的妈祖图像文献虽然也比较少见，但清代的妈祖图像实物非常丰富，也是前述几个朝代中最为丰富的。清代的肖像式妈祖图像，总体呈现出"一统多元"的发展局面，出现了冕冠类妈祖图像，尤其是凤冠冕板式图像一统天下的局面。清代的圣迹图式妈祖图像异军突起，取得了开创性的繁荣发展局面，成为妈祖信仰宣传最成功的手段之一，为清代妈祖信仰的进一步普及做出了突出的贡献。关于圣迹图式妈祖图像，后文还有详细的研究，此处不赘。综观清代的妈祖文献与图像的关系，总体来看是相匹配的，文献和图像均是前述几个朝代中最丰富的，尤其是图像实物的丰富，为我们建构清代妈祖的图像系谱打下了坚实的基础。

综上所述，妈祖文献与妈祖图像的互动、互证是深化妈祖研究的有效途径，很值得我们深入探索。库特·图霍尔斯基（Kurt Tucholsky）说："一帧图像胜过一千个词语。"[1] 图像研究对于宗教研究而言其重要性更为显著，当然我们在处理图像与文献的互动、互证问题时，又应该注意到，"历史与艺术史的合作决非是一种外在的形式，而是一种内在的实践"。[2]

---

1. 转引自王英暎：《闽台妈祖图像研究》，福州，福建师范大学博士论文，2012年，第3页。
2. 曹意强：《艺术与历史》，杭州，中国美术学院出版社，2001年，第97页。

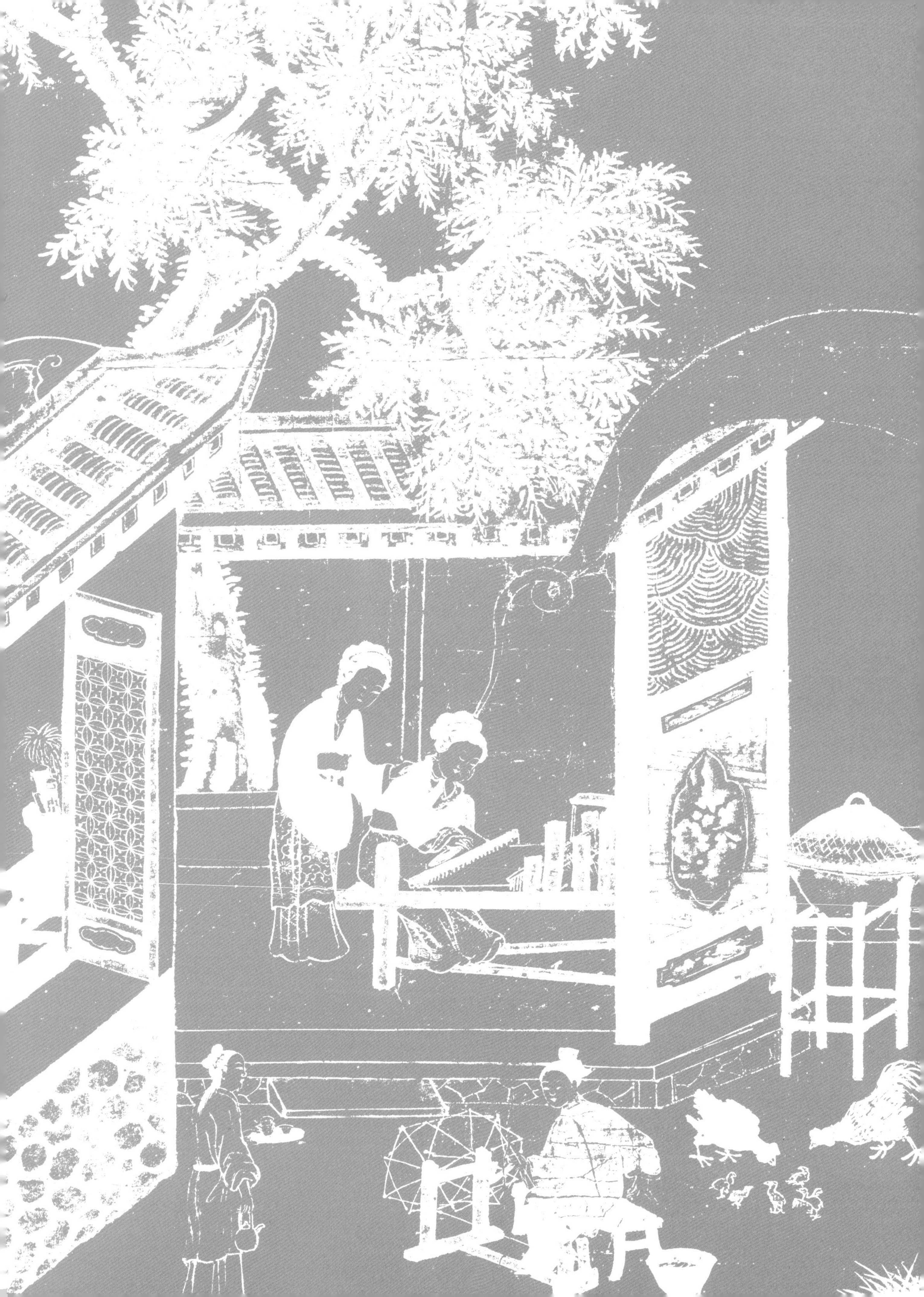

第三章

【圣迹图式妈祖绘画研究】

上一章我们对历代肖像式妈祖图像进行了梳理和研究，从本章开始将对圣迹图式妈祖绘画、版画、民间图画分别进行研究。本章以福建仙游枫塘宫藏清代《天后显圣图轴》、中国国家博物馆藏清代《天后圣母事迹图志》、福建莆田市博物馆藏清代《天后圣迹图轴》、荷兰阿姆斯特丹国立博物院藏清代《天后圣迹图》四套著名的妈祖绘画为研究对象，运用跨图像比较的研究方法，对这些圣迹图式妈祖绘画进行综合研究。

第一节　清代仙游枫塘宫《天后显圣图轴》研究

一、仙游枫塘宫和《天后显圣图轴》简况

仙游枫塘宫位于福建省莆田市仙游县鲤城街道白塔村，始建于清代，"文革"期间遭毁坏，1986年当地信众在原址重建，2005年进行了重修。该庙主祀大小两尊天后像，还配祀中军、孩儿妈等。虽然枫塘宫作为一个乡村小庙名气不大，但庙中所藏的一套清代工笔彩绘《天后显圣图轴》则相当著名。2000年妈祖1040周年诞辰，中国国家邮政局曾发行了一套6枚，首次具有港、澳、台邮资的TP13《妈祖传说》特种邮资明信片，明信片的6幅画就是选自该套图。枫塘宫《天后显圣图轴》现收藏于仙游枫塘宫，无作者名款，纸本设色，共四大轴，每轴绘12幅妈祖故事图画，共48幅。每幅纵61厘米，横38厘米。整套图描绘了妈祖生平事迹，妈祖成神后的灵应故事，历代褒封故事等，每幅画的上部都有简短的墨书题记，除少量题记漫漶不清外，基本保存完整。《天后显圣图轴》原为仙游枫塘宫庙内所挂之物，"文革"期间经由白塔村村民林栋成冒险机智地抢救保存了下来。[1]关于《天后显圣图轴》的年代，因无作者名款，我们只能从题记线索和绘画风格等方面来判断。从整套图题记所记最晚的故事发生年代是康熙二十三年（1684年），题记为"康熙念（廿）三年，总督姚、将军侯施奉命征剿台湾，屯澎湖，是日大战，恍见天后中军神助，一鼓克捷，径取台湾，奏请敕封御祭"。据《清史稿》列传四七"施琅"载，施琅收复台湾是康熙二十二年（1683年）。此外，图轴中还有三幅图题记分别记载故事发生的年代为康熙二十二年六月、七月、九月。可见，此图轴的产生时间上限应在康熙二十二年、康熙二十三年之后。从建筑、人物、装饰等绘画风格来看，具有清代前期风格。从清朝收复台湾后，妈祖受到特殊的褒崇这一大背景来看，枫塘宫《天后显圣图轴》应是在清朝收复台湾后不久，为适应妈祖地位陡升、由天妃升格为天后这一历史氛围下，由当地的画师参照康熙重修版《天妃显圣录》故事精心绘制的。48幅图中就有7幅集中描绘康熙十九年到康熙二十二年的妈祖故事，也从侧面证明了上述对此图轴产生年代的判断。

二、《天后显圣图轴》的内容和分类

《天后显圣图轴》共48幅图，前20幅描绘的是天后飞升前的凡间故事，后28幅图描绘的是天后脱凡入圣后的灵应故事。前20幅图又可分为四类，后28幅图可分为五类，下面分别选出各类一些代表性的图画，结合《天妃显圣录》[2]和图画的题记进行图像记述与解释。

---

1. http://www.ptwhw.com/?post=6292 学圃：《枫塘宫传奇》。
2. 此处所说的《天妃显圣录》是指清代释照乘刊布，徒弟普日、徒孙通峻重修的版本。

天妃其六乳也
男一女六
天妃降誕 妃父惟愨生
宋太祖元年三月二十三日

图 3-1 枫塘宫《天后显圣图轴》"天妃降诞"图

(一)天后凡间故事

天后凡间故事主要描述了天后从出生到在湄洲岛飞升前的各类显灵故事,共有20则,分别为"求佛赐子""天妃降诞""窥井得符""化草救商""菜甲天成""挂席泛槎""机上救亲""舫海寻兄""铁马渡江""祷雨济民""降伏二神""龙王来朝""收伏晏公""灵符回生""伏高里鬼""奉旨锁龙""断桥观风""收伏二怪(1)""收伏二怪(2)""湄屿飞升"。[1]按内容又可分为四类,即"降诞飞升""收伏部将""凡物显圣""除患救护"。下面从上述四类中每类选取两篇进行图像记述与解释。

1. 降诞飞升故事

《天后显圣图轴》中共有4幅,即"求佛赐子""天妃降诞""窥井得符""湄屿飞升"。主要描述了天后飞升前的四个重要生平故事。本书选取了"天妃降诞""湄屿飞升"两幅分别介绍如下:

"天妃降诞"图(图3-1)描绘的是天后出生时的场景。图画左下部的屋内床上,坐着天后的母亲,刚刚出生的婴儿天后正在接受护理,右上部图中出现了白衣观音的形象,表明天后是观音所赐。该图题记为:

[1] 宋太祖元年三月二十三日
[2] 天妃降诞,妃父惟愨,生
[3] 男一女六
[4] 天妃其六乳也。

图 3-2 枫塘宫《天后显圣图轴》"湄屿飞升"图

"湄屿飞升"图(图3-2)描绘的是天后升天时的场景。图画左下部身着红衣的天后,拱手立于湄洲的山巅,右上部的云端,一众仙班手捧凤冠、鲜花等正准备迎接天后升天。湄洲岛上至今还有清初的"升

1.《天后显圣图轴》各幅画本身没有榜题文字,榜题为笔者为了叙述的方便,根据《天妃显圣录》等书所加;另外,所引各篇题记的行号和标点为本书作者所加。

图 3-3 枫塘宫《天后显圣图轴》"降伏二神"图

图 3-4 枫塘宫《天后显圣图轴》"收伏晏公"图

天古迹"摩崖石刻。该图题记为：

[1] 宋太宗雍熙四年
[2] 丁亥，时重阳
[3] 天后托言登高远
[4] 游，是日在湄洲
[5] 飞升。

2. 收伏部将故事

《天后显圣图轴》中共有6幅，即"降伏二神""收伏晏公""收伏二怪（1）""收伏二怪（2）""龙王来朝""断桥观风"。主要描述了天后收伏部将的故事。本书选取了"降伏二神""收伏晏公"两幅分别介绍如下：

"降伏二神"图（图3-3）描绘的是天后收伏千里眼、顺风耳两位大将的场景。图画左上部天后手执拂尘似在作法，右下角千里眼、顺风耳跪地求饶，甘愿被收伏。该图题记为：

[1] 西北方有金水二精
[2] 作祟，村民苦甚，求
[3] 治于
[4] 天后，后收伏
[5] 之为
[6] 将。

"收伏晏公"图（图3-4）描绘的是天后收伏晏公的场景。图画中部的船头上天后正在施展法力，水中作乱的晏公显现出了原形被天后收伏。右上部晏公所变的神龙也显示出了黔驴技穷之态。该图题记为：

[1] 天后游至东溟，时有负海
[2] 为怪曰晏公，
[3] 天后收伏之，为部
[4] 下总管。

图 3-5　枫塘宫《天后显圣图轴》"挂席泛槎"图　　　　图 3-6　枫塘宫《天后显圣图轴》"铁马渡江"图

3. 凡物显圣故事

《天后显圣图轴》中共有3幅，即"菜甲天成""挂席泛槎""铁马渡江"。主要描述了天后利用铁马、草席等凡间之物显示圣迹的故事。本书选取了"挂席泛槎""铁马渡江"两幅分别介绍如下：

"挂席泛槎"图（图3-5）描绘的是天后挂草席在舟槎上渡海的场景。图画左半部船上天后正挂席而行，右下方岸上的众人面露惊异之色。该图题记为：

[1] 后时渡海无楫，挂席
[2] 泛舟槎渡之。

"铁马渡江"图（图3-6）描绘的是天后骑着铁马渡江的场景。图画左上部天后正骑着铁马在大江中飞奔，右下角岸上的男女老幼面露惊异之色。该图题记为：

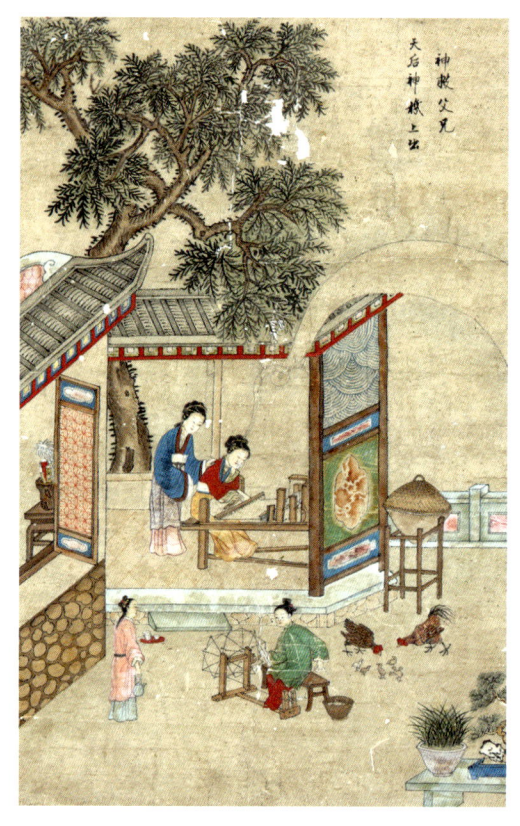

图3-7 枫塘宫《天后显圣图轴》"机上救亲"图

图3-8 枫塘宫《天后显圣图轴》"舫海寻兄"图

[1] 后尝渡江，取檐前铁
[2] 马，跨江飞渡。

4. 除患救护故事

《天后显圣图轴》中共有7幅，即"化草救商""机上救亲""舫海寻兄""祷雨济民""灵符回生""伏高里鬼""奉旨锁龙"。主要描述了天后除患救民的故事。本书选取了"机上救亲""伏高里鬼"两幅分别介绍如下：

"机上救亲"图（图3-7）描绘的是天后在纺织机上出元神救亲人的场景。画面中红衣天后在纺织机前织布时作假寐状，身后的母亲正在拍醒她。此图与"舫海寻兄"图（图3-8）反映的是同一个故事，详见《天妃显圣录》"机上救亲"条故事。该图题记为：

[1] 天后神机上出
[2] 神救父兄。

"伏高里鬼"图（图3-9）描绘的是天后收伏高里乡一鬼怪的场景。画面中红衣天后正在作法洒出符水，高里鬼先后变为小鸟、枯发，最后现出原形，为一个小鬼。该图题记为：

[1] 高里乡有蜮
[2] 怪，能含沙射
[3] 人，
[4] 天后收除之。

（二）天后灵应故事

天后灵应故事描述了天后在湄洲岛飞升之后的各类显灵故事，共有28则，分别为"显梦辟地""祷神起椗""枯槎显圣""铜炉溯流""朱衣著灵""圣泉救疫""托梦建庙""瓯闽救潦""一家荣封""紫金山助战""助擒周六四""钱塘助堤""拯兴泉饥""火烧陈长五""神

图 3-9 枫塘宫《天后显圣图轴》"伏高里鬼"图

图 3-10　枫塘宫《天后显圣图轴》"显梦辟地"图　　　　图 3-11　枫塘宫《天后显圣图轴》"枯楂显圣"图

助漕运""拥浪济师""药救吕德""广州救太监郑和""救柴山""庇太监杨洪使诸番八国""托梦除奸""助风退寇""助顺加封""涌泉济师""澎湖助战""阴护册使""大辟宫殿""托梦护舟"。按内容又可分为五类,即"托梦显迹""阴佑助战""护使庇官""除患退寇""助漕荣封"。下面从上述五类中每类选取两篇进行图像记述与解释。

1. 托梦显迹故事

《天后显圣图轴》中共有6幅,即"显梦辟地""祷神起桩""枯楂显圣""铜炉溯流""托梦建庙""托梦除奸"。主要描述了天后飞升后的托梦显迹故事。本书选取了"显梦辟地""枯楂显圣"两幅分别介绍如下:

"显梦辟地"图(图3-10)描绘的是天后在湄洲岛飞升后,托梦乡人辟地建庙的场景。图画左侧建庙的大梁已经搭起,右下角海中的鱼、虾、蟹等众水族纷纷运来木料,一派热火朝天的建庙场面。该图题记为:

[1] 天后托梦乡
[2] 人，辟地建
[3] 庙。

"枯楂显圣"图（图3-11）描绘的是天后显现出一个枯楂，夜现光气，并托梦乡人为其建庙的场景。画面有一座桥，桥下水中显现出一个带火焰的枯楂。桥上众人露出惊异之状，云端的天后似扮演着导演者的角色。该图题记为：

[1] 宋元祐元年，莆东
[2] 有宁海，漂一枯
[3] 楂，光气
[4] 夜现。当
[5] 夕我
[6] 天后托梦乡人，方
[7] 知
[8] 神后当年显圣
[9] 一楂也，遂建塑像
[10] 崇祀。

2. 阴佑助战故事

《天后显圣图轴》中共有5幅，即"紫金山助战""助风退寇""助顺加封""涌泉济师""澎湖助战"。主要描述了天后阴佑助战的故事。本书选取了"紫金山助战""涌泉济师"两幅分别介绍如下：

"紫金山助战"图（图3-12）描绘的是天后帮助大宋军队打败入侵金兵的场景。画面中落荒而逃的为金兵，举着令旗，随后追击的是大宋军队，云端中的天后和千里眼、顺风耳两员大将正在暗助宋军。该图题记为：

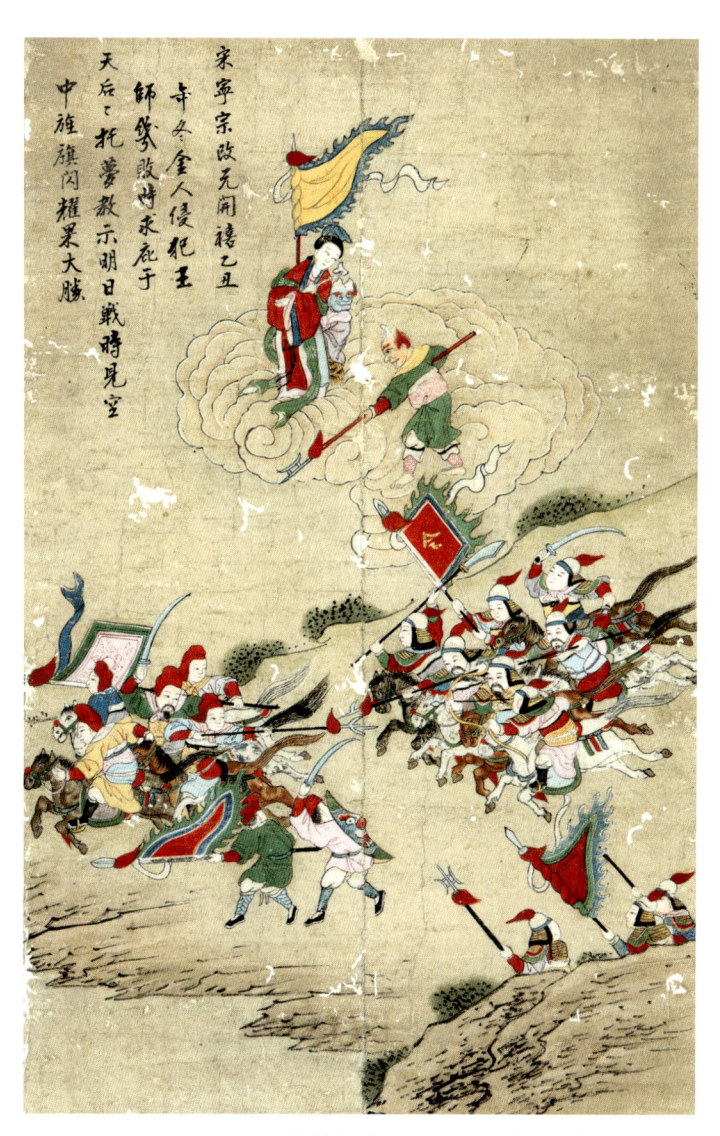

图3-12 枫塘宫《天后显圣图轴》"紫金山助战"图

图 3-13 枫塘宫《天后显圣图轴》"涌泉济师"图

图 3-14 枫塘宫《天后显圣图轴》"朱衣著灵"图

[1] 宋宁宗改元开禧乙丑
[2] 年冬，金人侵犯，王
[3] 师几败，时求庇于
[4] 天后，后托梦教示，明日战时，见空
[5] 中旌旗闪耀，果大胜。

"涌泉济师"图（图 3-13）描绘的是天后帮助施琅征剿台湾的大军解决饮水困难的场景。画面中坐着的将军就是施琅，面前的师泉井，就是显圣出水之井。故事详见《天妃显圣录》"涌泉给师"条。该图题记为：

[1] 康熙二十一年冬，将
[2] 军侯施（琅）
[3] 奉
[4] 命征剿台湾，大师
[5] 屯于平海，取水维
[6] 难，有神宫前一井，频
[7] 年枯竭，将军侯乃祝于天后，倏忽清
[8] 泉沸溢，可汲数万军不竭。爰勒石，额之曰师
泉井。

3. 护使庇官故事

《天后显圣图轴》中共有 8 幅，即"朱衣著灵""拥浪济师""广州救太监郑和""救柴山""庇太监杨洪使诸番八国""阴护册使""大辟宫殿""托梦护舟"。主要描述了天后保护册使、庇佑官员的故事。本书选取了"朱衣著灵""阴护册使"两幅分别介绍如下：

"朱衣著灵"图（图 3-14）描绘的是天后保护在出使高丽的途中遇到飓风的给事中路允迪的场景。画面中天后坐于遇险船只的桅杆上，路允迪及随行官员一起跪拜于船上，船即刻平稳了下来。该图题记为：

[1] 宋徽宗四年，允迪路公

[2] 奉命使高丽，遇飓
[3] 危荡，见一神女坐于
[4] 樯上，风即止。复
[5] 命于朝，赐额至
[6] 庙。

"阴护册使"图（图3-15）描绘的是天后保护册封琉球使汪辑、林麟焻一行平安渡海的场景。画面中汪辑、林麟焻站在船的中心位置，船上"钦差""钦命"的牌子尤为醒目。船将靠岸，琉球的欢迎乐队正在演奏，场面热烈。该图题记为：

[1] 康熙二十二年六月，钦
[2] 差汪（辑）、林（麟焻）册封琉球，祷
[3] 祐水途平安，赫赫
[4] 有应，复命奏请
[5] 春秋祀典。

4. 除患退寇故事

《天后显圣图轴》中共有7幅，即"圣泉救疫""瓯闽救潦""助擒周六四""钱塘助堤""拯兴泉饥""火烧陈长五""药救吕德"。主要描述了天后除患退寇的故事。本书选取了"圣泉救疫""火烧陈长五"两幅分别介绍如下：

"圣泉救疫"图（图3-16）描绘的是天后显圣，在白湖旁边突现甘泉，去除当地瘟疫的场景。画面中救疫的甘泉汩汩而流，民众争相取水饮用，云中的天后暗施法力。该图题记为：

[1] 宋高宗二十五年，兴
[2] 郡瘟气流行，时白

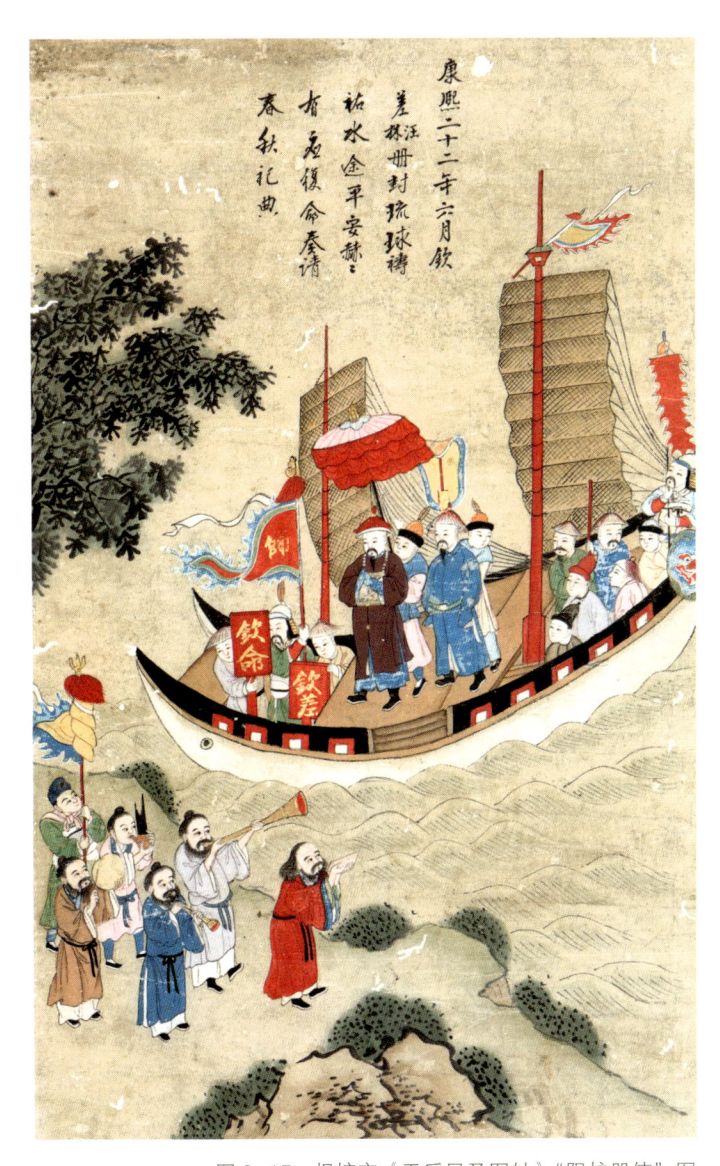

图3-15 枫塘宫《天后显圣图轴》"阴护册使"图

宋高宗二十五年興郡癘氣流行時白湖旁忽湧甘泉朝飲夕瘳始知天后救藥之功官奏聞封崇德夫人

图 3-16　枫塘宫《天后显圣图轴》"圣泉救疫"图

[3] 湖旁忽涌甘泉，朝
[4] 饮夕瘥，始知
[5] 天后救药之功。官奏
[6] 闻，
[7] 封崇德夫人。

"火烧陈长五"图（图3-17）描绘的是天后显圣，在庙中火焚海盗陈长五兄弟的场景。画面中天后端坐于神位上，庙中神火正在焚烧陈长五等海盗，千里眼和顺风耳为具体实施者。该图题记为：

[1] 宋开庆元年，有
[2] 陈长五兄弟
[3] 纵横于海上，
[4] 时入庙，赤身偃
[5] 卧廊庑下，被
[6] 神火焚之。

5. 助漕荣封故事

《天后显圣图轴》中共有2幅，即"神助漕运""一家荣封"。主要描述天后神助漕运、一家荣封的故事。分别介绍如下：

"神助漕运"图（图3-18）描绘的是天后显圣，保护漕运中遇险粮船的场景。画面中众漕运船遭遇大风，天后在空中出现，停在船前，船队转危为安。该图题记为：

[1] 元至顺元年，粮船遇风，桅樯
[2] 风荡，时官吏恳祷
[3] 天后，言未已，恍见空中有朱
[4] 衣翠盖，伫立舟前，遂风
[5] 平浪息。

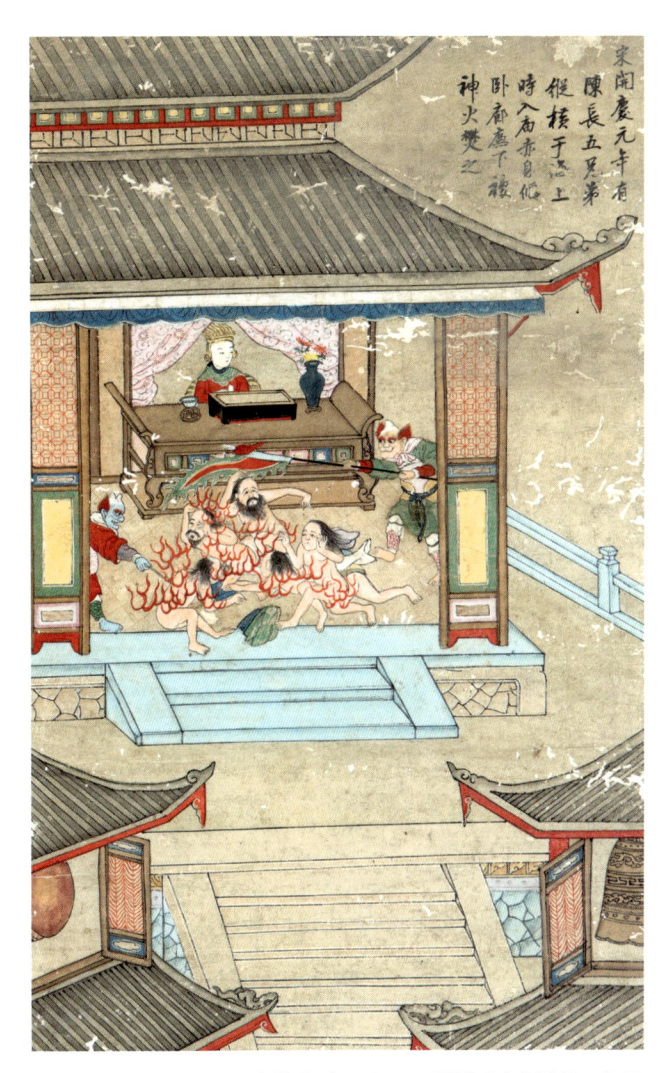

图 3-17　枫塘宫《天后显圣图轴》"火烧陈长五"图

图 3-18　枫塘宫《天后显圣图轴》"神助漕运"图

图 3-19　枫塘宫《天后显圣图轴》"一家荣封"图

"一家荣封"图（图 3-19）描绘的是南宋庆元六年（1200 年），朝廷诏封天后全家的场景。画面中上部云端的是天后的父母、兄姊等家庭成员，天后头戴凤冠，接受诏封。下部红衣戴幞头者为颁诏的官员，整体气氛隆重庄严。该图题记为：

[1] 宋宁宗庆元六年，以
[2] 神妃护国庇民有功
[3] 诏封一家。

三、《天后显圣图轴》的排序和神话结构

《天后显圣图轴》共 48 幅图，装裱成四大幅，它们是如何排序的呢？为了便于研究，我们将各图在四大幅上的位置和榜题文字列表如下：

第一幅（图 3-20）

求佛赐子	菜甲天成	铁马渡江
天妃降诞	挂席泛槎	祷雨济民
窥井得符	机上救亲	降伏二神
化草救商	舫海寻兄	龙王来朝

第二幅（图 3-21）

收伏晏公	断桥观风	显梦辟地
灵符回生	收伏二怪（1）	祷神起椗
伏高里鬼	收伏二怪（2）	枯楂显圣
奉旨锁龙	湄屿飞升	铜炉溯流

第三幅（图 3-22）

拯兴泉饥	一家荣封	朱衣著灵
火烧陈长五	紫金山助战	圣泉救疫
神助漕运	助擒周六四	托梦建庙
拥浪济师	钱塘助堤	瓯闽救潦

第四幅（图 3-23）

澎湖助战	托梦除奸	药救吕德
阴护册使	助风退寇	广州救太监郑和
大辟宫殿	助顺加封	救柴山
托梦护舟	涌泉济师	庇太监杨洪使诸番八国

从 48 幅图的顺序来看，与《天妃显圣录》中的故事顺序基本一致，是以故事发生的时间先后为序。总体来看，第一、第二大幅主要描绘的是天后凡间故事，即天后从出生到在湄洲岛飞升前的各类显灵故

图 3-20 《天后显圣图轴》第一幅

图 3-21 《天后显圣图轴》第二幅

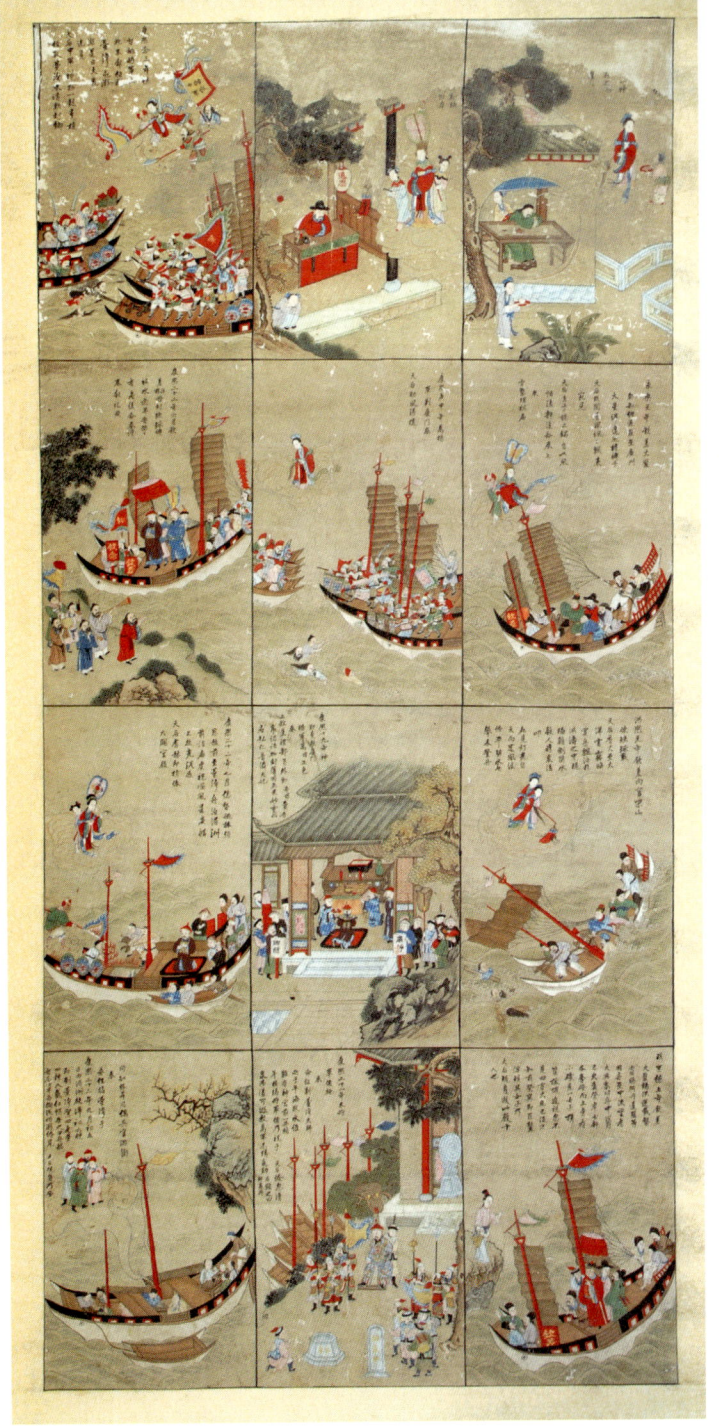

图 3-22 《天后显圣图轴》第三幅

图 3-23 《天后显圣图轴》第四幅

事；第三、第四大幅主要描绘的是天后灵应故事，即天后在湄洲岛飞升之后的各类显灵故事。第一大幅的排列顺序是从"求佛赐子"开始，由上往下排列，三列的排列方式相同，都是由上往下排列，各列之间是从左到右排列，最后到"龙王来朝"结束。用一个形象的图标表示为"⋀⋀⋀"。第二大幅从"收伏晏公"开始，到"铜炉溯流"结束，排列方式与第一大幅完全相同，用图标表示也为"⋀⋀⋀"。第三大幅从"朱衣著灵"开始，由上往下排列，三列的排列方式相同，都是由上往下排列，各列之间是从右到左排列，最后到"拥浪济师"结束。用一个形象的图标表示为"⋁⋁⋁"。第四大幅从"药救吕德"开始，到"托梦护舟"结束，排列方式与第三大幅完全相同，用图标表示也为"⋁⋁⋁"。将四大幅的排序图标放到一起来看，如右："⋀⋀⋀ ⋀⋀⋀ ⋁⋁⋁ ⋁⋁⋁"，我们发现第一、二两大幅（前两大幅）与第三、四两大幅（后两大幅）各列的排列顺序正好相反。明显有逐步向中心聚拢的趋势，这个中心当然就是主神天后所在的位置。由此推断，前两大幅与后两大幅必定挂在主神像天后的左右两侧，或庙宇的左右两壁上，形成一个左右拱卫主神天后的神圣空间。这种推断也得到了48幅小图题记书写顺序的证实，前两大幅的题记书写顺序是竖排从左至右排列，而后两大幅则是竖排从右至左排列。按照中国古代的书写顺序，一般都是竖排从右至左排列，而前两大幅的这种从左至右排列的反常安排，正反映了画家刻意形成左右拱卫主神这种神圣空间格局的努力。我们在田野调查期间访问当地的知情老人，也说是前两大幅和后两大幅分别挂在主神像所在殿宇的左右两壁上。

上文已提及，前两大幅主要描绘天后升天前在凡间的故事，后两大幅描绘的是天后升天后的灵应故事。一"凡"、一"圣"似乎左右对立，但把"凡"和"圣"联系起来看，又是一个前后联系的整体。这正好反映了中国宗教"凡""圣"既对立又统一的实际情况，而不像西方宗教学界流行的"凡""圣"二元对立观念。《天后显圣图轴》48幅图中"凡""圣"之间的分界线是第20幅"湄屿飞升"图，第1~19幅代表的是天后"凡"的阶段，第21~48幅代表的是天后"圣"的阶段。天后在"凡"的阶段经过收伏部将、除患救护等一系列的准备，在湄洲岛飞升，脱凡入圣；入圣成神之后，又在凡间广显灵应。从而形成了由凡→圣，再由圣→凡的对立统一的神话结构。

四、《天后显圣图轴》的故事来源、图像风格和功能

关于《天后显圣图轴》的故事来源，比较几部有关妈祖生平和灵应故事的文献，如明代万历的《天妃娘妈传》、清初的《天妃显圣录》、清乾隆的《敕封天后志》等书可知，《天后显圣图轴》的故事内容来源于清初的《天妃显圣录》。《天后显圣图轴》的48幅故事，全部可以在《天妃显圣录》相应故事中找到，甚至连故事的排列顺序也基本一致，是从《天妃显圣录》故事中择选而来。其中有三处将《天妃显圣录》一则故事拆分为两幅图：将"天妃降诞本传"故事拆分为"求佛赐子""天妃降诞"两幅，将"机上救亲"故事拆分为"机上救亲""舫海寻兄"两幅，将"收伏嘉应、嘉佑"拆分为两幅收伏嘉应、嘉佑二怪的故事。我们知道《天妃显圣录》一书中的故事是没有配插图的，因此可以说《天后显圣图轴》是目前所发现的最早的图像化《天妃显圣录》故事的绘画作品，具有重要的研究和欣赏价值。至

于《天妃显圣录》的故事从何而来，从目前存世的清初僧照乘初刊，其徒弟普日、徒孙通峻重修的《天妃显圣录》林尧俞《序》："余自京师归，偶于案头得《显圣录》一篇……"以及僧照乘对林兰友说："昔大宗伯林公（林尧俞）手授一编"[1]的记载来看，最早的《天妃显圣录》稿本是明末人林尧俞提供的，他之前该稿本又是从哪里来的没有说明。这些故事一定是宋代以来随着妈祖信仰的发展而逐步产生的，著名妈祖研究专家李献璋在《妈祖信仰的研究》一书中对部分妈祖故事的来源进行了考辨，如"机上救亲""降伏二神""铁马渡江""龙王来朝""枯槎显圣"等，[2]其中一些故事来源很早，如"枯槎显圣"中的"槎"，在前秦王嘉《拾遗记》卷一《唐尧》条记为："尧登位三十年，有巨查浮于西海，查上有光，夜明昼灭，常浮游四海，海人望其光，乍大乍小，若星月之出入矣。"又如铁马渡江故事也似乎受到了宋高宗泥马渡江故事的影响。至于许多有具体年代的妈祖灵应故事，大都由真实历史事件神化而来。

《天后显圣图轴》中的妈祖形象总体来说变化不大，都是身着朱衣的年轻女子形象，或手握拂尘、如意，或手握其他与圣迹故事情境相适应的物件，在升天前和升天后的服饰形象上也没有明显的变化。不像圣迹图式真武图像，如河北蔚县北极宫真武故事壁画、陕西佳县白云观《真武修行图》壁画等以服饰的变化来表现真武凡、圣之间的变化。[3]但仔细观察，神圣和凡俗两类图像还是有一些不同的表现。最明显的表现首先是在"湄屿飞升"之后的图像中有五幅图画出现了天后头戴凤冠的形象，而在飞升之前的图画中一幅也没有，这表明升天后的天后才有资格佩戴象征高贵身份的凤冠。其次，在天后手握拂尘和如意的数量上，《天后显圣图轴》中升天前分别是三次和一次，升天后则分别为七次和四次，明显较为增多，在中国传统文化中，拂尘和如意都是仙佛人物喜用之物，数量的增多，也暗示着对天后神圣的强调。再次，从视觉观看的角度而言，正如王英暎在其博士论文《闽台妈祖图像研究》中所说，妈祖在未升天前，画面上妈祖与人群的视看关系是对接的，在升天之后的妈祖图像中，故意采取人间群体视线回避的方式，强调云端上妈祖图像的不在场性，是个"幻像"，与妈祖升天前的真实图像形成对比。这应该是画师在创作中总结出来的对"天界""凡间"的另一种描述方式。[4]

《天后显圣图轴》是为庙宇绘制的宗教艺术品，但它的作用与水陆画等仪式用绘画不同，主要的功能是宗教宣传、信仰教化、烘托宗教氛围等方面。据访问当地故老可知，仙游枫塘宫《天后显圣图轴》在传统社会中主要的用途是在每年的天后诞辰期间，拿出来悬挂在正殿的左右两壁上，用于增强信众对妈祖生平和灵应故事的了解，同时起到了烘托节日气氛、增强神圣氛围的作用。徐晓望对松山天后宫妈

---

1. 林兰友：《天后显圣录·序》，蒋维锬、周金琰辑纂《妈祖文献史料汇编》第二辑《著录卷》上，北京，中国档案出版社，2009年，第112页。
2. 李献璋：《妈祖信仰研究》，郑彭年译，澳门海事博物馆出版，1995年，第49～53页，第143～146页。
3. 肖海明：《河北省蔚县北极宫真武壁画研究》，《道教美术新论：第一届道教美术史国际研讨会论文集》，山东美术出版社，2008年；肖海明：《陕西佳县白云观"真武修行图"研究》，香港，《弘道》2013年第3期。
4. 王英暎：《闽台妈祖图像研究》，福州，福建师范大学2012年博士论文，第117页。

祖挂图的研究中也提到："当地渔民祖辈相传：他们每年都要将挂图展出三次，第一次是从正月初一挂到正月十五；第二次是从三月二十三挂到三月二十九日；第三次是从九月初九挂到九月十六日。"[1] 可见，在妈祖庙宇里的一定节日期间悬挂妈祖挂图，是福建一带妈祖庙宇的传统。此外，在莆田、仙游一带的妈祖庙宇还喜欢将妈祖故事以壁画的形式绘制在庙宇正殿的左右两壁上，同样发挥着宗教教化的作用。类似的庙宇壁画在全国各地，尤其是山西、河北、陕西等地的庙宇中非常普遍，所发挥的功能也以宗教教化为主。

五、《天后显圣图轴》的选材特色

《天后显圣图轴》的选材与《天妃显圣录》基本相似，在其描绘天后升天后的 28 幅灵应故事中，就有 24 幅与国家和官方有关。按照本节第二部分的分类，这 24 幅画是：（1）托梦显迹故事："托梦建庙""托梦除奸"；（2）阴助助战故事："紫金山助战""助风退寇""助顺加封""涌泉济师""澎湖助战"；（3）护使庇官故事："朱衣著灵""拥浪济师""广州救太监郑和""救柴山""庇太监杨洪使诸番八国""阴护册使""大辟宫殿""托梦护舟"；（4）除患退寇故事："圣泉救疫""瓯闽救潦""助擒周六四""钱塘助堤""拯兴泉饥""火烧陈长五""药救吕德"；（5）助漕荣封故事："神助漕运""一家荣封"。上述 24 幅画正好就是《天后显圣图轴》后两大幅的所有 24 幅画。可见，《天后显圣图轴》的选录者一定是站在官方的立场上来选编这些故事的。这正如乾隆《敕封天后志》的作者林清标在该志《图说弁言》中所说："天后事迹，非图说若干足以尽之，第就旧本所载，升天以后事实，非关为国为民者不录，有附会其事而非真者不录，有乡里传言凿凿而无从核实者不录，故所录者少而不录者多。"《天后显圣图轴》的选录者虽然选录的标准与林清标不完全一致，但显然在"非关为国为民者不录"，"所录者少而不录者多"等方面是完全一致的。正因为他们都站在官方的立场上，当然将"乡里传言凿凿"的许多反映民间真实状况的故事删去不录。使天后越来越成为持官方立场的标准化的天后。

美国学者詹姆斯·沃森（James Watson）在《神的标准化：在中国南方沿海地区对天后的鼓励（960—1960 年）》一文中指出，在天后的标准化过程中，"国家既引导大众又对民众的压力做出反应；既鼓励神灵信仰，又把它们吸收进来"。[2] 国家通过这种方式巧妙地控制普通百姓的宗教生活，让地方精英感到鼓励对帝国神谱中神灵的信仰对他们"有利"，可以给他们的社区带来所有适当的东西：开化、秩序和对国家的忠诚。[3] 有文化的精英人物在文化标准化的过程中起了重要的作用，他们确保宗教信仰合乎

---

1. 徐晓望：《从福建霞浦县松山天后宫挂图看闽东妈祖信仰的文化心态》，林美容等编《妈祖信仰的发展与变迁》，台湾宗教学会、财团法人北港朝天宫出版，2003 年，第 243 页。
2. [美] 詹姆斯·沃森（James Watson）：《神的标准化：在中国南方沿海地区对天后的鼓励（960—1960 年）》，[美] 韦思谛编《中国的大众宗教》，陈仲丹译，南京，江苏人民出版社，2006 年，第 82 页。
3. 同 2，第 83 页。

全国公认的模式。[1] 显然，《天后显圣图轴》《天妃显圣录》《敕封天后志》《天后圣母圣迹图志》等图画和书籍的编著者或选录者就是上述地方精英的典型代表。由于地方精英在天后的标准化方面卓有成效的工作，使得天后的官方信仰已经渗透到像仙游枫塘宫这样的乡村庙宇。地方精英们还别出心裁，通过绘画、版画、壁画等各种生动活泼的艺术形式，将枯燥的文字故事形象化，以达到更好的教化效果。事实上，图像化的宣传方式在当时文盲或半文盲占多数的传统社会中所发挥的作用更为显著，尤其是清乾隆《敕封天后志》首刊版画天后图说故事以来，版画的宣传作用巨大，全国各地众多《天后圣母圣迹图志》版本的流行就是明证。可见，绘画、版画、壁画等各类天后故事艺术形式在天后的标准化过程中曾扮演过重要角色，这是天后比诸如文昌帝君、玄天上帝等标准化的神明更为突出的特色之一。

当然，在天后的这种标准化话语之下，社会的各个阶层对天后的故事的选择和解释是不相同的，这正如詹姆斯·沃森所说："在社会等级上层的人认为这个神话的标准文字文本是'真实的'或'正确的'，而位于低等级的人，尤其是水手和不识字的妇女，除了口头传说外不注意其他东西。"[2] 可见，天后故事除了官方传统之外，还流行着一个民间传统，这些民间传统的故事多数以口头传说的形式流传着，有些民间传统故事还在乡村的壁画或其他艺术形式上体现了出来，如仙游枫亭灵慈庙妈祖故事壁画、霞浦松山天后宫妈祖故事挂图等。

第二节　中国国家博物馆藏清代《天后圣母事迹图志》

一、《天后圣母事迹图志》的来历和简况

《天后圣母事迹图志》（以下简称《事迹图》），纸本设色，分上下两册，每册24幅图和24条题记，共48幅图和48条题记，各图纵31.4厘米，横32.4厘米，封面楷书"天后圣母事迹图志"。上册册前载天后本传和宋代以来历朝对她的褒封，册内24幅图主要描绘了天后从出生到升天的传说故事，下册也有24幅图，主要描绘了天后升天之后的灵应故事。册后有《事迹图》的文字补录者许叶珍的跋语。该图册现藏于中国国家博物馆，是20世纪60年代该馆从北京琉璃厂购得。从《事迹图》末顺天宛平人许叶珍于清光绪十八年（1892年）所写的《跋》可知，该图册原为其姑父山西夏县人贾筱樵所藏，有图而无题记。许幼年曾在姑父贾筱樵家读书，贾筱樵常在课余时间给他讲解此图故事，深以有图而无说明文字为憾事。光绪十七年（1891年）七月许赴京应试，住在内城天后宫，偶然看到宫中有天后生平

---

1. [美] 詹姆斯·沃森（James Watson）:《神的标准化：在中国南方沿海地区对天后的鼓励（960—1960年）》，[美] 韦思谛编《中国的大众宗教》，陈仲丹译，南京，江苏人民出版社，2006年，第82页。
2. 同1，第61页。

事迹两册，捧读狂喜，于是将此书借回，后又在"厂肆"购得《敕封天后志》一书，将两书互校，于光绪十八年为贾筱樵所藏的48幅图每图都加上了题记。可见贾筱樵所藏的原图是无题记和作者名款的。从许叶珍光绪十八年回忆"……少时习文，斯言骎二十年矣"[1]推断，《事迹图》至少在清同治十一年（1872年）就已经存在了，可见《事迹图》绘图时间的下限应在同治年间，从《事迹图》所载故事内容来看，最晚的是康熙二十二年，其上限必然在康熙二十二年之后。从《事迹图》与上一节所研究的仙游枫塘宫《天后显圣图轴》绘画风格比较来看，《事迹图》当晚于《天后显圣图轴》。

二、《事迹图》与仙游枫塘宫《天后显圣图轴》的微观比较

《事迹图》上册有24幅图，主要描绘了天后从出生到升天的传说故事，只有数幅描绘其逝世一百年左右显灵和为其建庙的故事。24幅图的榜题文字是："感大士赐丸得孕""诞天后瑞霭凝香""窥古井喜得灵符""正织机神游沧海""破惊涛遂救严亲""油成菜资生民食""遇风浪乘榼挂席""草化木垂救商舡""无舟楫铁马渡江""祷苍穹雨济万民""演神咒法降二将""率水族龙子来朝""投法绳晏公归部""莆田尹求符救疫""高里鬼具体现形""奉圣旨锁获双龙""临海津法驱二孛""破魔道二嘉伏地""净魔心乘舟显圣""证仙班九日升天""梦神嘱庙宇倾成""观海潮铜炉溯至""明前迹复现神槎""示白湖凿泉疗疫"。

《事迹图》下册也有24幅图，主要描绘了天后升天之后的灵应故事。24幅图的榜题文字是："逢怪物祷神起桗""助温台破贼安民""止阴潦万姓沾恩""建功勋合家封赠""助阴兵金人碎首""率神将周寇亡身""筑堤岸越水潮平""示米艘兴泉免饥""庙廊下火焚三恶""波涛中默佑漕舡""垂神灯粮船有赖""拥巨浪舟楫无虞""建寝殿杉木自至""授丸药吕德回生""闻鼓吹郑和免险""错游山采螺点悟""救柴山坠海再生""草弹章托梦除奸""解军渴涸井流泉""赖神功澎湖破贼""过䃭碌梦佑王臣""赴琉球阴护册使""感灵佑奉诏加封""平台匪敬答神庥"。

图3-24　中国国家博物馆藏《天后圣母事迹图志》"诞天后瑞霭凝香"图

---

1. 周金琰、蒋晓前辑纂《妈祖文献史料汇编》第三辑《绘画卷》上，福州，海风出版社，2011年，第56页。

图 3-25　中国国家博物馆藏《天后圣母事迹图志》"窥古井喜得灵符"图

图 3-26　枫塘宫《天后显圣图轴》"窥井得符"图

限于篇幅，本书仅随机选取《事迹图》上册的"诞天后瑞霭凝香""窥古井喜得灵符""正织机神游沧海""证仙班九日升天" 4 幅图和下册的"庙廊下火焚三恶""闻鼓吹郑和免险""解军渴涸井流泉""赴琉球阴护册使" 4 幅图，共 8 幅图分别与福建莆田仙游枫塘宫《天后显圣图轴》相对应的"天妃降诞""窥井得符""机上救亲""湄屿飞升""火烧陈长五""广州救太监郑和""涌泉济师""阴护册使" 8 幅图做一比较。

"诞天后瑞霭凝香"图

《事迹图》"诞天后瑞霭凝香"图（图 3-24）与《天后显圣图轴》"天妃降诞"图（图 3-1）相比较故事的构图和人物的数量、姿势等都很近似，显然两图来源于相近的稿本。但也有一些细微的差别，比如《事迹图》的故事展开的背景比《天后显圣图轴》更为简化，画面完全围绕故事主题而绘。设色方面《事迹图》刻意画得较为淡雅，画面也更为飘逸、灵动。这应该是两套图的整体差别，后文将有详论。在具体图画的细节上也有一些差别，如《事迹图》中的观音身着淡雅略带花纹的服饰，而《天后显圣图轴》中的观音则完全是白衣观音。又如在人物服饰颜色、几案上的陈设品等方面都有一些差异。

"窥古井喜得灵符"图

《事迹图》"窥古井喜得灵符"图（图 3-25）与《天后显圣图轴》"窥井得符"图（图 3-26）相比较，

图3-27 中国国家博物馆藏《天后圣母事迹图志》"正织机神游沧海"图

故事的构图和人物的数量、姿势等都很近似,两图最大的差别在背景的选择上,《事迹图》将古井放在一个类似于偏僻的后花园的地方,周围绿树成荫、清静安谧。《天后显圣图轴》该图的背景花园似乎并不偏僻,楼阁花墙、小桥怪石清晰可见。《事迹图》中古井没有名字,神人所举的铜符似一个包裹,而《天后显圣图轴》该图中的古井上有"龙泉井"三字,神人所举的铜符像一个现代的礼品盒,似更为隆重。《事迹图》中人物的服饰也更为淡雅。

"正织机神游沧海"图

《事迹图》"正织机神游沧海"图(图3-27)与《天后显圣图轴》"机上救亲"图(图3-7)相比较,故事的构图、陈设和人物的数量等都很近似,两图除了背景和设色等差异外,还有一些小的差别,比如陪着天后纺织的织女和织机的方位两图正好相反,《事迹图》中织女与天后是同一方向,而《天后显圣图轴》则为相反的方向。图中侍女的姿势,甚至小鸡的数量两图都有差异。《事迹图》还特意在前景中加入了一个摆满盆景的几案,以烘托绿色掩映的自然氛围。

"证仙班九日升天"图

《事迹图》"证仙班九日升天"图(图3-28)与《天后显圣图轴》"湄屿飞升"图(图3-2)相比较,故事的构图和人物的数量、姿势等都很近似,两图最大的不同是天后的姿势,《事迹图》中天后虽然仍在湄屿山岩之上,但与前来迎接的仙班同为面朝湄屿的方向,且脚下也踩有云团,似已属于"仙"的行列。而《天后显圣图轴》中的天后面朝仙班的方向,与仙班相对,脚下也没有云团,还是处于凡人的阶段。两图中用于迎接天后的"銮舆"也有差异,《事迹图》中"銮舆"似表现出北方装饰风格,《天后显圣图轴》中的"銮舆"则表现出清凉的南方风格,这种差异隐含着地域文化的差异。两图在凤冠的形制上也有不同,《事迹图》中的凤冠为明清以来天后绘画中常用的青色凤冠,《天后显圣图轴》中的凤冠则为金色凤冠。此外,两图在仙班的持物、头饰等方面也有一些差别。

"庙廊下火焚三恶"图

《事迹图》"庙廊下火焚三恶"图(图3-29)与《天后显圣图轴》"火烧陈长五"图(图3-17)相比较,故事的构图和人物的数量、姿势等都很近似,两图最大的不同是《事迹图》没有画出画面庙宇中天

图3-28 中国国家博物馆藏《天后圣母事迹图志》"证仙班九日升天"图

图3-29 中国国家博物馆藏《天后圣母事迹图志》"庙廊下火焚三恶"图

图 3-30　中国国家博物馆藏《天后圣母事迹图志》"感灵佑奉诏加封"图

图 3-31 中国国家博物馆藏《天后圣母事迹图志》"闻鼓吹郑和免险"图

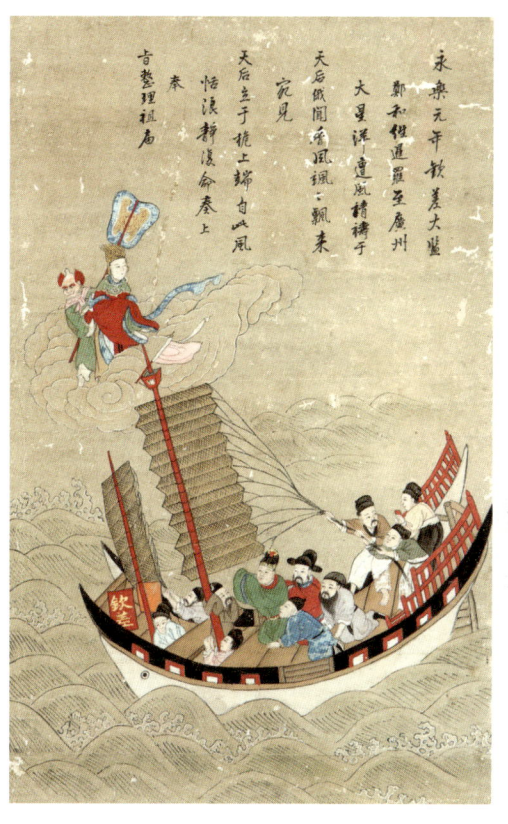

图 3-32 枫塘宫《天后显圣图轴》"广州救太监郑和"图

后的画像，以一个灯笼状的物品来替代，暗示天后的存在，给人以丰富的想象空间。像这样隐藏神像的设计手法，在本套图中还有出现，如"感灵佑奉诏加封"图（图 3-30）。《天后显圣图轴》中的天后则头戴凤冠，身着红衣，端坐案前，似乎在指挥着千里眼、顺风耳二将实施火烧的行动。比较两者的构思，似乎《事迹图》对天后的处理更高明一些，高贵的天后不应当场见证残酷的火烧场面。

"闻鼓吹郑和免险"图

《事迹图》"闻鼓吹郑和免险"图（图 3-31）与《天后显圣图轴》"广州救太监郑和"图（图 3-32）相比较，故事的构图和人物的数量、姿势等都很近似，显然两图来源于相近的稿本。但也有一些差别，《事迹图》比《天后显圣图轴》更明显地表现出天后"立于桅端"的状态，也更明显地表现出了郑和船队遇险的危险程度，几乎为大浪所颠覆。在天后的凤冠、衣饰以及侍从将领所举的护卫物品上[1]都有不同。

1.《事迹图》为旗帜，《天后显圣图轴》为宫扇。

图 3-33　中国国家博物馆藏《天后圣母事迹图志》"解军渴涸井流泉"图

"解军渴涸井流泉"图

《事迹图》"解军渴涸井流泉"图（图 3-33）与《天后显圣图轴》"涌泉济师"图（图 3-13）相比较，故事的画面布局和人物的姿势等都很近似。《事迹图》的画面更为简洁，相比《天后显圣图轴》，画面中没有出现"师泉井"碑，井上也没有出现"师泉"二字，图的右下角也少了四位指指点点似乎在议论此灵应事件的人物。画面的主要人物施琅将军的着装也表现得较为简洁，没有《天后显圣图轴》的金碧辉煌之气。从画面整体人物的着装来看，《事迹图》中的装束较为厚重，似为秋冬季的装束，而不是《天后显圣图轴》的春夏季装束。从这点来看，《事迹图》更贴切地表现了此故事发生在冬季的实际情况。

"赴琉球阴护册使"图

《事迹图》"赴琉球阴护册使"图（图 3-34）与《天后显圣图轴》"阴护册使"图（图 3-15）相比较，故事的构图和人物的数量、姿势等都很近似，两图也有一些细微的差别。如《天后显圣图轴》中迎接汪楫、林麟焻两位册封使的琉球欢迎队伍中的人物大多是浓眉长须，似胡人形象，与《事迹图》中的人物形象有明显的差异。又如《事迹图》中船头的大旗上没有"帅"字，而《天后显圣图轴》则有；《事迹图》中船侧的木牌上都为"钦差"两字，而《天后显圣图轴》则一为"钦差"，一为"钦命"。在人物的服饰方面两图也有比较明显的差别。

图 3-34　中国国家博物馆藏《天后圣母事迹图志》"赴琉球阴护册使"图

三、《事迹图》与仙游枫塘宫《天后显圣图轴》的整体考察

从上一节《事迹图》与仙游枫塘宫《天后显圣图轴》8 幅图的微观比较，再结合两套图的整体来看，我们发现这两套图非常近似，同出一源，应该出于同一个早期的母本。但两图又表现出不少差别，就绘画艺术而言主要有：（1）在构图方面，由于《事迹图》是接近正方形画面，而且画面中没有题记文字，画面十分简洁紧凑，将最主要的故事情节充分表现出来，而不像《天后显圣图轴》将画面的中心放在中下部，上面则展示一些背景画面，同时通过巧妙利用题记文字行数和字数的变化，产生一种韵律美。《事迹图》多以自然山水为背景，将人物和景物和谐融合，浑然一体，刻意营造一种"道法自然"的氛围。《天后显圣图轴》的背景则兼顾了自然和人文环境。（2）在设色方面，《事迹图》与《天后显圣图轴》相比，更趋于文人画的特色，设色清新淡雅。（3）在用笔上，《事迹图》用笔细腻，描绘精致，比《天后显圣图轴》更具飘逸、灵动之气韵。《事迹图》人物造型活泼，尤其是对天后等女性人物的描绘上，线条流畅，面容俏丽，具有清代典型的仕女画风格，颇见功力。

《事迹图》的故事来源与《天后显圣图轴》相同，来源于康熙重修版的《天妃显圣录》。北京附近的宛平人许叶珍于清光绪十八年为《事迹图》加上题记，据他在《事迹图》后所附的《跋》可知，是将内城天后宫所藏"后生平事迹二册"和《敕封天后志》两本互校，"择事迹之与图像符合者摘录于副页之上"而成。将《事迹图》许叶珍的补录文字与《天后圣母圣迹图志》相关文字比较可知，许叶珍所说的"后生平事迹二册"当为清代版刻《天后圣母圣迹图志》一书的某一种版本。许叶珍是将《天后圣母圣迹图志》与《敕封天后志》两书互校的。中国历史博物馆编《〈天后圣母事迹图志〉、〈天津天后宫行会图〉合辑》一书所说的《事迹图》许叶珍的补录文字来自清·佚名编辑的《天上圣母源流因果》一书[1]是不准确的。最明显的证据是许叶珍说见到的是二册，而《天上圣母源流因果》只有一册。当然，据《天上圣母源流因果》卷末所附的同治九年（1870 年）蚊川周巨涟和镇海孙承漠两篇《跋》[2]可知，该书是据同治九年重刊的《天后圣母圣迹图志》改编而成，因此，《事迹图》许叶珍的补录文字与《天上圣母源流因果》一书内容相近也是可以理解的。

据许叶珍《事迹图》后所附《跋》记载："叶珍幼从姑丈筱樵贾公读，公家藏有《天后图》二册"，可见此套《事迹图》是贾筱樵家所藏，考贾筱樵（1826～？年），名瑚，字殷六，号小樵，又作筱樵，山西夏县（翠岩）人，清咸丰九年（1859 年）己未科进士，选翰林院庶吉士，授编修，历任湖北学政、湖广道监察御史、山东登州知府，以道员用，诰授朝议大夫。擅长书法，曾主修光绪增修《登州府志》。[3]许叶

---

1. 中国历史博物馆编《〈天后圣母事迹图志〉、〈天津天后宫行会图〉合辑》，香港，和平图书有限公司，1992 年，第 10 页。
2. 蒋维锬、周金琰辑纂《妈祖文献史料汇编》第二辑《著录卷》下，北京，中国档案出版社，2009 年，第 528 页。
3. 周金琰、蒋晓前辑纂《妈祖文献史料汇编》第三辑《绘画卷》上，福州，海风出版社，2011 年，第 57 页。

珍（1862～？年），顺天宛平县人，光绪十七年（1891年）优贡，光绪二十五年（1899年）由同知衔补山东郓城县知县，光绪三十一年（1905年）任广东仁化县知县，后又改任山东青州安邱县知县，民国二年（1913年）任山东平原县公署知事。也擅长书法。其兄许叶棻（一作芬），字少嵩，光绪十五年（1889年）会元，选翰林院庶吉士，散馆，授翰林院编修，为光绪间著名书画家。[1] 从上述贾筱樵、许叶珍的家庭情况来看，都为当时的官员之家。尽管我们不知道此图册在贾筱樵收藏之前从哪里来，但从当时的官员之家乐于收藏有关天后故事的此图册，本身就说明了该类图册的另一种使用功能：即在当时官员和士大夫之间的欣赏与交流。这与妈祖庙宇所藏的天后故事图是不同的。许叶珍在《跋》中还说："夫以后圣德神功昭然在天壤，南中妇孺类能言之，江以北则人或知之而不能言之详，今得此册则不啻见圣之宫墙，济川之宝筏也，后之览者其敬之哉。"[2] 贾筱樵和许叶珍一为山西人、一为北京附近的宛平人，都是中国北方人，他们对妈祖如此感兴趣，许叶珍甚至还想在北方传播妈祖信仰。这说明了妈祖信仰在清代的兴盛和在京津一带的广泛流行。

从《事迹图》的排序来看，与《天后显圣图轴》的排序类似，《事迹图》上册主要描绘天后升天前在凡间的故事，下册描绘的是天后升天后的灵应故事。《事迹图》48幅图中"凡""圣"之间的分界线是第20幅"证仙班九日升天"图，第1～19幅代表的是天后"凡"的阶段，第21～48幅代表的是天后"圣"的阶段。天后在"凡"的阶段经过收伏部将、除患救护等一系列的准备，在湄洲岛飞升，脱凡入圣；入圣成神之后，又在凡间广显灵应。从而形成了由凡→圣，再由圣→凡的对立统一的神话结构。关于《事迹图》的具体排序，在现在出版的三本著作中略有不同，李露露著《妈祖神韵》一书所附图的顺序是按中国国家博物馆藏本的原始顺序排列，中国历史博物馆编《〈天后圣母事迹图志〉、〈天津天后宫行会图〉合辑》是按照时间顺序排列，周金琰、蒋晓前辑纂《妈祖文献史料汇编·绘画卷上》与《〈天后圣母事迹图志〉、〈天津天后宫行会图〉合辑》相同。笔者认为《事迹图》的排序应该尊重该图的原始排序，后面的出版物如想按照自己的观点给图册重新排序，也要标明图册的原始排序，以便让后面的研究者有一个自己的对比和判断。实际上，宗教作品的排序是隐含着不同的宗教意义和目的的，我们不能以后人的眼光轻易下结论，否则就可能会得出错误的结论。比如，《事迹图》原始顺序把"梦神嘱庙宇倾成"图放在"证仙班九日升天"图之后，作为升天后的第一幅图，而不是《〈天后圣母事迹图志〉、〈天津天后宫行会图〉合辑》与《妈祖文献史料汇编·绘画卷上》两书以时间先后将"逢怪物祷神起椗"作为升天后的第一幅图。笔者认为《事迹图》原始顺序这种不以时间先后排列的方式自有其目的，主要的目的是想强调：升天之后的妈祖最想做的第一件事就是建一个自己的庙宇，能有一个人间的栖身之所或活动基地，适应这种愿望的需要，将"梦神嘱庙宇倾成"图放在如此重要的位置。事实上《天妃显圣录》

---

1. 周金琰、蒋晓前辑纂《妈祖文献史料汇编》第三辑《绘画卷》上，福州，海风出版社，2011年，第57页。
2. 同1，第56页。

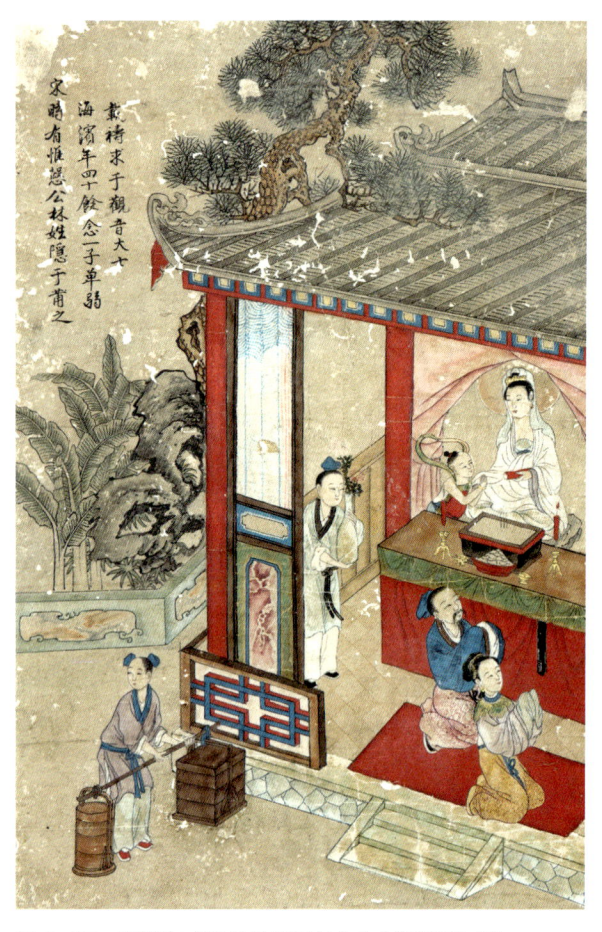

图 3-35　枫塘宫《天后显圣图轴》"求佛赐子"图 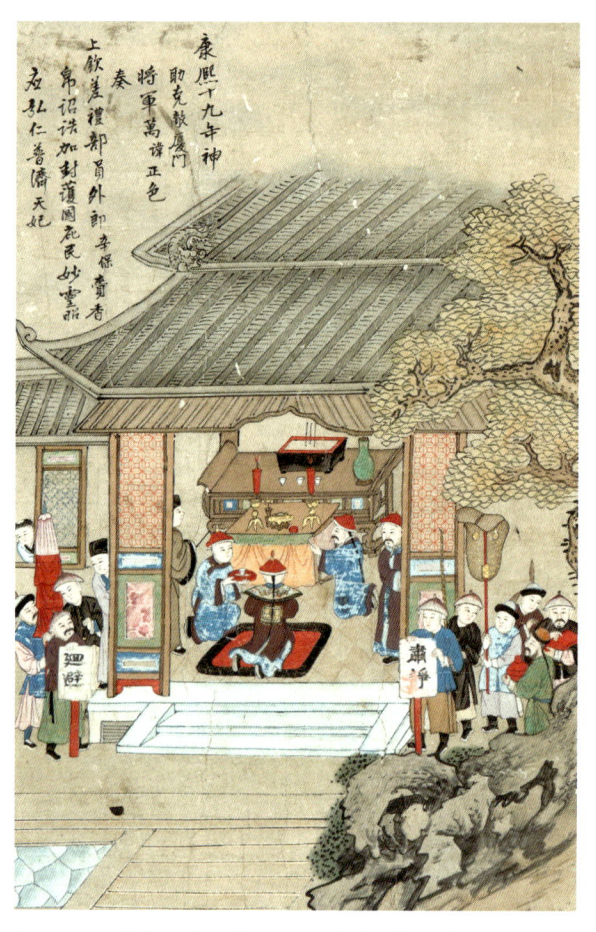　　　　　图 3-36　枫塘宫《天后显圣图轴》"助顺加封"图

和枫塘宫《天后显圣图轴》都将"显梦辟地"故事或图作为升天后的第一个故事或图来处理,也隐含着对这种愿望的强调。可见,处理这种成系列的宗教绘画作品的顺序时,一定要谨慎行事。

从《事迹图》与枫塘宫《天后显圣图轴》的绘画内容比较来看,也体现出了两套图的地域化特色。首先比较两套图上所绘的建筑屋顶,《天后显圣图轴》的大部分屋顶瓦面形制,如"求佛赐子"图(图3-35)、"助顺加封"图(图3-36)等与莆仙一带民间庙宇的瓦面形制非常相似。《事迹图》的屋顶瓦面形制,如"诞天后瑞霭凝香"图(图3-24)、"莆田尹求符救疫"图(图3-37)等与京津一带北方民间庙宇的瓦面形制非常相似。可见当地的画师作画时不可能不受到当地地域文化的影响。其次,从前述《事迹图》"证仙班九日升天"图与《天后显圣图轴》"湄屿飞升"图对比可见,两图中用于迎接天后的"銮舆"也有差异,《事迹图》中的"銮舆"似表现出北方装饰风格,《天后显圣图轴》中的"銮舆"则表现出清凉的南方风格,这种差异也隐含着背后地域文化的差异。最后,从前述《事迹图》"解军渴涸井流泉"图与《天后显圣图轴》"涌泉济师"图相比较,从画面整体人物的着装来看,《事迹图》中的装束较为厚重,似为秋冬季的装束,而不是《天后显圣图轴》的春夏季装束。这说明《事迹图》更贴切地表现了此故事发生在冬季的实际情况,也从侧面反映了北方地区比南方地区对冬天服饰的变化更为敏感。由上可见,《事迹图》与枫塘宫《天后显圣图轴》虽然有着共同的母本,但枫塘宫《天后显圣图轴》确定是福建莆田、仙游一带当地画师的作品,《事迹图》在北京发现,虽然不知此图最初出于何处,但从上面的分析可知,《事迹图》当为北方京津一带的画师所绘,在一定程度上反映出了北方的地域文化特色。

图 3-37 中国国家博物馆藏《天后圣母事迹图志》"莆田尹求符救疫"图

由前文可知，《事迹图》48幅图原本没有文字题记，题记是光绪十八年由顺天宛平人许叶珍根据《天后圣母圣迹图志》与《敕封天后志》两书互校而补录上去的。将《事迹图》与枫塘宫《天后显圣图轴》图文比较后发现，许叶珍的补录文字有四处出现了错误：（1）将与枫塘宫《天后显圣图轴》相似的描绘北宋徽宗宣和四年（1122年）路允迪出使高丽的"朱衣著灵"图，错配了元代天历元年（1328年）天后护佑漕运的故事题记。该题记为"波涛中默佑漕舡：天历元年，运漕入海，遇风七昼夜不息。舟人哀祷，见神灵陟降。少顷，怒涛顿平，运艘无失。都省奏闻，奉旨遣官致祭浙、闽等一十五所。"[1]（2）将"助阴兵金人碎首"和"率神将周寇亡身"两图的题记弄反了。（3）将与枫塘宫《天后显圣图轴》相似的描绘康熙十九年（1680年）万正色攻克厦门故事的"助顺加封"图，放到了整套《事迹图》的倒数第二图的位置，题记改为"感灵佑奉诏加封：康熙五十八年己亥，册封琉球使海宝、徐葆光等一路神示，得达琉球。及回，遇险不一，皆获平安。次年复命，疏准春秋祀典。"[2]（4）将与枫塘宫《天后显圣图轴》相似的描绘康熙二十二年（1683年）福建总督姚启圣赴湄洲庙祈求天后保佑平安赴台故事的"大辟宫殿"图，作为整套《事迹图》的最后一图，题记改为"平台匪敬答神庥：康熙六十年（1721年），台匪朱一贵乱，提督蓝六月兴师，十六日攻鹿耳门，克服安平镇，及潮退之际，海水加涨六尺，各舟直入，贼惊骇奔逃，台地悉平，奏请赐赠匾联并追封先代。"[3]

　　我们将《事迹图》许叶珍补录文字的四处错误指出，并不是苛求古人，主要目的是还原历史真实，以免继续以讹传讹。上述四处错误，前两个错误也许是许叶珍受资料和对天后研究不深所限，解读图像时发生的错误。后两个错误，将发生在康熙十九年和康熙二十二年的两个故事，分别改为发生在康熙五十八年和康熙六十年，并与台湾朱一贵起义联系起来，是解读错误还是这样的安排另有目的，仍需继续研究。

第三节　福建莆田市博物馆藏清代《天后圣迹图轴》

一、涵江霞徐天妃宫和欧峡《天后圣迹图轴》简况

　　涵江霞徐天妃宫，俗称旧宫，位于福建莆田市涵江霞徐社区。创建于南宋，明成化十八年（1482年）重建，清康熙四十八年（1709年）和乾隆四年（1739年）都进行了较大规模的修缮。霞徐天妃宫最盛时期共有殿宇五座，面积达一千多平方米；主殿一座，殿前有拜亭，两侧有钟鼓楼，围墙两侧设有"海晏""河清"两宫门。民国时，天妃宫曾一度遭到破坏。民国三十三年（1944年），乡人在霞徐天妃宫

---

1. 周金琰、蒋晓前辑纂《妈祖文献史料汇编》第三辑《绘画卷》上，福州，海风出版社，2011年，第41页。
2. 同1，第54页。
3. 同1，第55页。

内创办"霞徐保国民学校"(今霞徐小学前身),天妃宫的拜亭、钟鼓楼、正殿等建筑都被改为教学、办公用房。1994年,霞徐小学另行迁建,天妃宫得以重修。

现在的天妃宫坐东朝西,由宫埕、拜亭、正殿、观音殿组成,是一组规模庞大、气势恢弘的建筑群。整座宫殿砖墙环绕,庄严的南门重檐翘角,大门上方正中悬挂蟠龙环绕的"天妃宫"匾额。大门内是一个宽阔雅洁的宫埕,正中立有一尊妈祖石像。进去则是一座约100平方米的四角拜亭,正中悬挂"慈航普渡"匾额。拜亭后面便是供奉妈祖的正殿,面阔七间,门楣上悬挂着"灵显九圣"匾额。殿内雕梁画栋,金碧辉煌,梁、檩等上面还保留着历代乐捐人士的芳名。左右墙壁上彩绘《天后圣迹图》。正殿的神龛上方高悬一块红底黑字的"海不扬波"匾额,神龛正中供奉着妈祖神像,正前方还有一尊软身妈祖神像端坐在神轿中。神龛两侧供奉着晏公、四海龙王等。殿内左右则站立着千里眼和顺风耳。偏殿里供奉妈祖父母公、圣母,殿后是一座双层观音楼,供奉观音。宫埕中的妈祖石像、拜亭、正殿和观音殿呈轴线分布,错落有致。

霞徐天妃宫是涵江最古老和最具代表性的天妃宫,宫内藏有碑刻、古画等珍贵文物。如明代彩绘星象图、清乾隆年间欧峡所绘《天后圣迹图轴》、[1] 乾隆二十八年(1763年)《兴安会馆香灯会碑记》碑、上刻"道光壬午年(1822年)花朝,海关虞朝标手植荔枝四本香灯用"的方石柱等。本节所研究的欧峡所绘《天后圣迹图轴》就是霞徐天妃宫的原物。

欧峡《天后圣迹图轴》,纸本设色,原图共四幅,现存三幅,尺寸分别为,第一幅残纵190厘米,横126.5厘米;第二幅残纵198厘米,横126.5厘米;第三幅残纵168厘米,横126.5厘米。图轴原藏于福建莆田涵江霞徐天妃宫,现为莆田市博物馆收藏。图轴中描绘了妈祖生平和灵应故事数十个,本图轴的特色是不同故事画面之间不用界框分隔,而是把不同时代和内容的故事巧妙地组合在一起,颇具匠心。另一个特色是一改此类绘画作品不署名的传统,在每幅画上都有画家欧峡的印鉴。欧峡,字元泰,福建莆田人,清代乾隆年间画家,擅画人物、花鸟,尚有多幅作品传世。他在存世作品《六将》中署款"泗华欧峡",泗华为福建莆田地名,有唐代的著名水利设施泗华陂,今属莆田城厢区龙桥街道泗华村。[2] 从欧峡的署款和欧峡的生活时代,我们可以判断此套《天后圣迹图轴》为清乾隆年间的作品。

二、欧峡《天后圣迹图轴》的内容辨析

欧峡《天后圣迹图轴》原有四幅画轴,因第四幅遗失,其他三幅在长度上都有不同程度的缺损,再加上该图轴没有榜题文字或题记,不同故事画面之间也不用界框分隔,给画幅内容的辨认造成了一定的困难。现根据莆田市博物馆现藏的原图,结合妈祖相关的图像文献资料,尝试对现存的三幅画轴进行释读。

---

1. 明代彩绘星象图、清乾隆年间欧峡所绘的《天后圣迹图轴》现藏于莆田市博物馆。
2. 周金琰、蒋晓前辑纂《妈祖文献史料汇编》第三辑《绘画卷》上,福州,海风出版社,2011年,第112页。

图 3-38 欧峡《天后圣迹图轴》第一幅图

第一幅图（图 3-38）中可见的妈祖故事有 11 则："求佛赐子""天妃降诞""窥井得符""化草救商""菜甲天成""机上救亲""舫海寻兄""祷雨济民""降伏二神""龙王来朝""灵符回生"。[1]下面分别予以释读：

1. 求佛赐子

画面位于整幅画轴的中间偏上，是画面最显眼的位置之一。画中有一个四角亭子，亭子中央放着一张八仙桌，桌上小椅子上放着一尊白衣观音像，前有香炉、花瓶等拜祭物，一中年妇人正在作点香烛状，桌前一位中年男子虔诚跪拜观音，似在祈求着什么。联系《天妃显圣录》故事可知，他们是妈祖的父母，正在祈求观音赐子。

2. 天妃降诞

画面位于整幅画轴的左侧中部，画中可见一个普通民房建筑，床上坐着一位已经分娩的母亲，床边有一个赤裸的婴儿和一个接生的妇女，旁边还有侍女、红盆等物，画面反映的是天后出生时的情景。

3. 窥井得符

画面位于整幅画轴的中上部右侧，画面人物达九人之多，与中国国家博物馆藏《事迹图》和仙游枫塘宫《天后显圣图轴》最大的不同是捧符的神人跳出了井外，一副尊贵的道教仙官模样，还有两位武士护卫。天后和侍女们都仰头观看，体现出了赐符神人的尊贵身份。

4. 化草救商

画面位于整幅画轴的上部，在汹涌的大海中，一艘帆船遇险，船上的人正在虔诚祈祷，船下的水中露出几根大木。从《天妃显圣录》"化草救商"条故事可知，此图描绘的是天后化草救商故事，大木即为草所化。

5. 菜甲天成

画面位于整幅画轴的左侧下部，与中国国家博物馆藏《事迹图》和仙游枫塘宫《天后显圣图轴》的画面布局差别较大，但从山坡上清晰的菜苗可以判断出，此图描绘的是《天妃显圣录》所述"菜甲天成"故事。

6. 机上救亲

画面位于整幅画轴的上部左侧，民房内的天后坐在织机前"闭睫游神"，母亲正准备拍她，一缕白气延伸向天后出元神救父兄的大海方向。此图因空间有限，比中国国家博物馆藏《事迹图》和仙游枫塘宫《天后显圣图轴》"机上救亲"图更为简化。

7. 舫海寻兄

画面位于整幅画轴的上部中间的大海中，天后在波涛滚滚的大海中左手抓着一位老者，当为父亲，前面水中还有一个年轻男子正在拼命抓着木头，当为遇险的天后之兄。天后的右手无力地下垂着，暗示救兄的失败结局。

---

1. 欧峡《天后圣迹图轴》原图没有榜题文字，此处的榜题文字为笔者参照前述清代仙游枫塘宫《天后显圣图轴》所加。

图 3-39 欧峡《天后圣迹图轴》第二幅图

8. 祷雨济民

画面位于整幅画轴的右上角，画中众人抬着一座神舆，神舆里坐着一位仗剑披发，类似真武大帝的神灵。神舆前有敲锣打鼓的队伍，有两人，一个为敲木鱼的僧人模样，一个为摇法铃的道士模样，跟在妈祖的身后，一齐带领着游行祈雨的队伍。此图有意识地将佛道人物融合起来，妈祖也以凡人身份出现，而不像中国国家博物馆藏《事迹图》和仙游枫塘宫《天后显圣图轴》"祷雨济民"图中妈祖显现在云端。

9. 降伏二神

画面位于整幅画轴的左下角。图中可见千里眼和顺风耳放下手中的武器，跪倒在天后的面前，表示"愿皈正教"，[1]遂成为天后的二将。

10. 龙王来朝

画面位于整幅画轴的底部。图中的四海龙王都盛装执圭，在旌幡队伍的护卫下，一齐来虔诚朝拜天后。画面风幡飞动，场面热烈。此图四海龙王齐朝拜的场面与中国国家博物馆藏《事迹图》和仙游枫塘宫《天后显圣图轴》的一个龙王或龙子来朝拜场景明显不同。为了节省空间，此图和"降伏二神"图共用一个天后形象，体现了画家的巧妙构思。

11. 灵符回生

画面位于整幅画轴的右侧中下部。画面在一个房屋内展开，莆田尹坐在主位上，妈祖侧坐于桌子的对面。一位侍者端来了应为九节菖蒲的物件。此画与中国国家博物馆藏《事迹图》和仙游枫塘宫《天后显圣图轴》"灵符回生"图最大的不同是天后地位的不同，此图中莆田尹居于主位，俨然以主人自居，天后反倒成为次要的人物。而上两图中天后居于主导地位，莆田尹则处于求拜的身份。从《天妃显圣录》故事来看，此图的描绘更为真实，因故事发生在天后升天之前。

第二幅图（图3-39）中可见的妈祖故事有九则："收伏晏公""伏高里鬼""断桥观风""收伏二怪""湄屿飞升""托梦建庙""枯楂显圣""铜炉溯流""圣泉救疫"。下面分别予以释读：

1. 收伏晏公

画面位于整幅画轴的左侧上部。图中天后在一个圆形香几前掐诀作法，对面晏公和其所变的神龙都浮出水面，准备接受天后的收伏，千里眼和顺风耳二将在协助天后的收伏工作。此图与中国国家博物馆藏《事迹图》和仙游枫塘宫《天后显圣图轴》"收伏晏公"图中天后在船上收伏晏公的画面不同，应该属于不同的图像传统。

2. 伏高里鬼

画面位于整幅画轴的右侧上部。图中天后手握拂尘立于庭院中作法，现出原形的高里小鬼抱头躲在一棵大松树后，前有一个小鸟，天后的二将之一正挥舞着大刀。

---

1. 蒋维锬、周金琰辑纂《妈祖文献史料汇编》第二辑《著录卷》上，北京，中国档案出版社，2009年，第89页。

3. 断桥观风

画面位于整幅画轴的左侧上部。图中一座大石桥从中间坍塌在水中，桥下水中有两条张牙舞爪的巨龙，从《天妃显圣录》"断桥观风"故事可知，此二龙即为兴风作怪的二字。此图与中国国家博物馆藏《事迹图》和仙游枫塘宫《天后显圣图轴》"断桥观风"图最大的不同是此图描绘的石桥真为断桥，更贴近文献所记的断桥事实。

4. 收伏二怪

画面位于整幅画轴的右侧顶部。天后手握拂尘立于一船的尾部，前面一位绿衣将军模样的人正在向天后作揖行礼。船头的水面上有一位红衣将军模样的人。从《天妃显圣录》"收伏嘉应、嘉佑"故事可知，绿衣将军为嘉应，红衣将军为嘉佑。此图在中国国家博物馆藏《事迹图》和仙游枫塘宫《天后显圣图轴》中都是用两幅图来反映，这里为了节约空间，将两船、两天后合并为一只船、一位天后，由于构思巧妙，画面和谐完整，并无局促之感。

5. 湄屿飞升

画面位于整幅画轴的左侧顶部。画面中有四位身着各色衣服的女子作遮手仰头观看状，由于上面的画面缺损，无法看到，但我们从《敕封天后志》《天后圣母圣迹图志》版画图像中可知，这些女子为天后的好姐妹们，他们正在目送天后的白日飞升。

6. 托梦建庙

画面位于整幅画轴的中部显眼位置。画面描绘了一幅生动紧张的建庙劳动场景，木工们有的用弯锯锯木，有的用刨子刨木，有的正在度量着木料；泥瓦工们有的在和泥，有的在运砖，有的在砌墙；还有人用锤子敲打着凿子正在凿着什么。这些劳动者中有老人，更多的是壮年劳力，人物衣着简朴，表情生动自然，充分表现了画家对生活的细致观察能力和高超的艺术表现力。

7. 枯楂显圣

画面位于整幅画轴的右侧下部。画面可见水中漂浮着一个发光的枯楂，一渔夫正在用一个带"十字"长杆试探，渔夫后面站着一位官员模样的人物，应为《天妃显圣录》"枯楂显圣"故事中所记的带头营建天后庙宇的"制干李公"。

8. 铜炉溯流

画面位于整幅画轴的右下角。画中可见两个乡民正在将一个漂流而至的铜香炉搬到岸边，岸边一个乡民作招手状。此图与中国国家博物馆藏《事迹图》和仙游枫塘宫《天后显圣图轴》相比图像极其简略，只是将最具特征的故事情节描绘了出来，延续了中国圣迹图像的传统。在真武大帝的灵应故事中，常有水涌洪钟的传说，与此故事类似。

9. 圣泉救疫

画面位于整幅画轴的左下角。画面在一个民居前展开，在水边的一口井旁，有人在打水，有人在担水，有人在抱着罐子装水，也有小孩子正在井边用碗喝水，一派繁忙的取圣水的场面。民居前的一老一少正在好奇地探头观看，为妈祖赐圣泉而惊异。中国国家博物馆藏《事迹图》中没有绘出井和泉，仙游枫塘

图 3-40　欧峡《天后圣迹图轴》第三幅图

宫《天后显圣图轴》则画了一条小溪，内容表现大同小异。

第三幅图（图 3-40）中可见的妈祖故事有四则："祷神起椗""一家荣封""紫金山助战""助擒周六四"。下面分别予以释读：

1. 祷神起椗

画面位于整幅画轴的顶部左侧。画面可见大海中的一艘船上，船工们在紧张地忙碌着准备起锚。船下的水中天后坐在船椗（锚）上，沿着拴锚的绳子，有一个船工正在水下看个究竟。此图与中国国家博物馆藏《事迹图》和仙游枫塘宫《天后显圣图轴》较为相似，《天后圣母圣迹图志》中坐在椗上的是一个妖怪，而不是天后。

2. 一家荣封

画面位于整幅画轴的中部右侧显要位置。画面在一个庄严的殿宇前展开，天后头戴金冠，双手执圭，与盛装的父母、哥哥和五个姐姐立于殿前，均作拱手答谢状。他们对面的宫扇下，有一位官员模样的人物似捧着皇帝的诏书，倚栏还有两位见证人物，其一为道士打扮。画面中虽然所有人物都在殿前，但天后一家在浮云之上，暗示着凡圣之间的明确区分。

3. 紫金山助战

画面位于整幅画轴的下部，几乎占据了整幅画的一半空间。画面在山间展开，大宋军队处于追击的态势，士气高昂，"宋"字大旗高扬，还有两位全身虎皮的战士在奋勇杀敌，旁边的千里眼和顺风耳二将也在为宋军助战。金兵且战且退，难以招架。"金"字大旗也黯然无光。此图与中国国家博物馆藏《事迹图》和仙游枫塘宫《天后显圣图轴》"紫金山助战"图类似，不同的是上两图中天后亲自出现助战，而此图中只是二将助战。

4. 助擒周六四

画面位于整幅画轴的右上角。画面中一位骑马的将军率领着一队全副武装的军士，押解着一批囚犯，领头的囚犯关押在木栅囚车内，其余的捆绑双手拴在一起。此图仅从画面擒寇的内容来看，难于分辨，因"温台剿寇""平大奚寇""助擒周六四"等故事都可以用此图表示，但结合仙游枫塘宫《天后显圣图轴》、中国国家博物馆藏《事迹图》和清道光十二年（1832年）苏州版《天后圣母圣迹图志》版画等相关图像资料来看，此图应为"助擒周六四"图。

三、欧峡《天后圣迹图轴》的综合考察

从上节可知，欧峡《天后圣迹图轴》现存的三大幅图中共包含24个故事，这些故事基本上与《天妃显圣录》一致，以时间的先后排列。但由于不同故事之间没有用界框分隔，此图的排序根据画面的需要做了适当的调整，具有自己的特色。可以看出，《天后圣迹图轴》是在画家的统一构思下完成的，每一大幅图轴都分前景、中景和后景三个部分：前景主要安排一些动作幅度比较大，需要充分展开来展示的内容如"紫金山助战""龙王来朝"等；中景主要安排亭台楼阁，需要重点展示，故事内容比较平和的画面，如"一家荣封""灵符回生"等；后景主要表现在大海中与海难、救助等有关的内容，如"化草救商""祷神起椗"等，缥缈的大海伸向远方，也增加了整幅图的悠远之感。由于照顾到整个画幅布局的错落有致、和谐美观，不可避免地影响到故事顺序的调整，使各幅图的故事排列顺序看起来较为混乱。再加上图中没有榜题文字或题记，给本图的释读造成了一定的困难，这是本套图的缺点所在。但此图把不同时代和内容的故事组合在一起，各节故事之间衔接巧妙，自然得体，又体现了画家欧峡高超的艺术表现和构图能力。从使用功能来看，此图与仙游枫塘宫《天后显圣图轴》的功能相同，作为庙宇收藏的画轴，在妈祖庙宇里的一定节日期间悬挂，主要的功能是宗教宣传、信仰教化、烘托宗教氛围等方面。

欧峡《天后圣迹图轴》与仙游枫塘宫《天后显圣图轴》和中国国家博物馆藏《事迹图》相比有同有异。相同的方面有：（1）故事来源相同。从《天后圣迹图轴》的故事来源看，也源于《天妃显圣录》系统的故事，与上述两套图同出一源。（2）画面构图有许多相似之处。比较上述三套图可知，三套图中有许多故事画面构图近似，如"机上救亲""紫金山助战""一家荣封""祷神起椗""伏高里鬼"等，相互应该有渊源关系。（3）《天后圣迹图轴》中的建筑、船舶与《天后显圣图轴》相似。《天后圣迹图轴》中的建筑和建筑装饰风格与《天后显圣图轴》中的极为相似，如建筑屋顶的瓦面形制、建筑物屋檐下的装饰风格，亭台楼阁角下的红色封檐板等；《天后圣迹图轴》中船舶的形状与《天后显圣图轴》中的也比较相似，如船舷的装饰风格、草席制作的风帆等。从前文可知，欧峡是莆田人，莆田仙游枫塘宫《天后显圣图轴》的作者也是莆田、仙游当地人，受相同地域文化的影响，两图表现出一些相同的地域化特色也是符合逻辑的。

从本节第二部分有关天后故事内容的分析可知，欧峡《天后圣迹图轴》与仙游枫塘宫《天后显圣图轴》和中国国家博物馆藏《事迹图》亦有许多不同之处：

（1）强调天后的凡间身份。《天后圣迹图轴》在描绘天后升天前的凡间故事时，更强调天后当时的凡人身份，如"祷雨济民"图（图3-38）中，天后以凡人的身份带领着整个游行祈雨的队伍到庙求雨。而不像《事迹图》和《天后显圣图轴》"祷雨济民"图（图3-41、3-42）中妈祖和雷公显现在云端，求

图3-41　中国国家博物馆藏《天后圣母事迹图志》"祷苍穹雨济万民"图　　图3-42　枫塘宫《天后显圣图轴》"祷雨济民"图

雨队伍似乎是在向妈祖神求雨，显然是已经把妈祖作为神圣来看待了。又如"湄屿飞升"残图（图3-39）中可见到妈祖的四位好姐妹在依依不舍地目送妈祖白日飞升，表明妈祖与凡间的紧密联系。而《事迹图》和《天后显圣图轴》"湄屿飞升"图（图3-28、3-2）中，妈祖孤身一人，并无姐妹陪伴，尤其在《事迹图》中，妈祖更是在云朵之上，表明已经与凡间划清了界限。再如"灵符回生"图（图3-38）中莆田尹居于主位，俨然以主人自居，天后反倒成为次要的人物。而《天后显圣图轴》和《事迹图》"灵符回生"图（图3-43、3-37）中，天后居于主导地位，莆田尹则处于求拜的身份。从故事发生在妈祖升天前的事实来看，欧峡《天后圣迹图轴》的描绘更符合当时天后的真实情况，也反映了该图对妈祖凡间身份的强调。

（2）擅长描绘劳动场景。《天后圣迹图轴》中有多幅描绘普通民众劳动的生动场面，如"托梦建庙"图（图3-39），画面被安排在整幅画轴的中部最显眼位置，画面中无论描绘木工锯木、刨木、量木，还是描绘泥瓦工和泥、运砖、砌墙等都细致入微，生动传神。又如"圣泉救疫"图（图3-39），画面在一个民居前展开，在水边的一口井旁，有人在打水，有人在担水，有人在抱着罐子装水，也有小孩子正在井边用碗喝水……动作到位传神。这些画面都充分表现了画家欧峡对生活的细致观察能力和对这些普通劳动场面的熟悉。

（3）更忠实于《天妃显圣录》的故事原文。《天后圣迹图轴》与《天后显圣图轴》和《事迹图》相比，多个故事画面的描绘更忠实于《天妃显圣录》的故事原文。如"断桥观风"图（图3-39），图中一座大石桥从中间坍塌在水中，桥下水中有两条张牙舞爪的巨龙。而《天后显圣图轴》和《事迹图》中石桥都没有塌下来，从《天妃显圣录》"断桥观风"条 "一日，忽怪风扫地，霹雳如雷，桥柱尽折，人病涉水"[1]的记载可知，《天后圣迹图轴》的描绘更忠实于原文。又如"一家荣封"图（图3-40），天后头戴金冠，双手执圭，与盛装的父母、哥哥和五个姐姐立于殿前，均作拱手答谢状。这里特意将天后的五个姐姐都描绘了出来，而在《天后显圣图轴》（图3-19）和《事迹图》中，天后姐姐的数量分别为象征性的两个和三个。从《天妃显圣录》"天妃诞降本传"条记载妃父"娶王氏，生男一，名洪毅，女六，妃其第六乳也"[2]可知，欧峡《天后圣迹图轴》的描绘更忠实于原文。

（4）更强调佛道人物的在场。《天后圣迹图轴》与《天后显圣图轴》和《事迹图》相比，在一些故事图画中，有意安排佛道人物的在场。如"祷雨济民"图（图3-38），画中众人抬着一座神舆，神舆前有敲锣打鼓的队伍，有两人，一个为敲木鱼的僧人模样，一个为摇法铃的道士模样，跟在妈祖的身后，一齐带领着游行祈雨的队伍。又如"一家荣封"图（图3-40），画面描绘的是天后一家受皇帝敕封的场面，其中倚着石雕栏杆的两位见证这一"荣封"盛典的人物，均为仙道人物打扮，其中一位红衣者还头戴道冠。这种有意安排佛道人物在场的图像，主要的目的应为利用佛道的强大影响力，增强画面的宗教氛围。

---

1. 蒋维锬、周金琰辑纂《妈祖文献史料汇编》第二辑《著录卷》上，北京，中国档案出版社，2009年，第90～91页。
2. 同1，第87页。

菖蒲回生

天后用靈符並九節菖陽縣月病昏

图 3-43 枫塘宫《天后显圣图轴》"灵符回生"图

从一个侧面也说明了佛道教对妈祖信仰的影响。

（5）"一神两用"的构图特色。《天后圣迹图轴》与《天后显圣图轴》和《事迹图》相比，由于所有的故事画面没有界框分隔，画轴的空间又十分有限，因而有时候两个故事画面共用一个天后形象。如"降伏二神"图和"龙王来朝"图（图3-38）就共用一位身着黑衣，手持飘带的天后形象。又如"收伏二怪"图（图3-39），将在《天后显圣图轴》和《事迹图》中都是用两幅图来反映的"天后收伏嘉应、嘉佑"的故事合二为一，将两船、两天后合并为一船、一天后，由于构思巧妙，画面和谐完整，并无局促之感。

（6）其他特色。《天后圣迹图轴》还有一些图画与《天后显圣图轴》和《事迹图》相比具有自己的特色。如"龙王来朝"图（图3-38），图中的龙王共有四位，显然是指东西南北四海龙王，四海龙王带着旌幡护卫来朝，场面盛大，而不像《天后显圣图轴》和《事迹图》中只有东海龙王带众水族来朝的场面。笔者田野调查时发现，福建涵江霞徐天妃宫里所供奉的也是四海龙王，可见此图明显受到了当地文化传统的影响。又如"窥井得符"图（图3-38），画面中捧符的神人跳出了井外，一副尊贵的道教仙官模样，还有两位武士护卫。天后和侍女们都仰头观看，体现出了赐符神人的尊贵身份。这与《天后显圣图轴》《事迹图》《敕封天后志》、道光十二年苏州版《天后圣母圣迹图志》等绘画、版画中描绘的捧符神人半身露出井外的惯常形象颇为不同。但此图与刊刻于道光六年（1826年）的《天后本传》一书中的"窥井得符"图（图4-44）就较为相似，《天后本传》图中的捧符神人为身披铠甲的将军形象，也有两位武士持旌幡护卫。可见绘画和版画之间存在着相互影响的关系。再如"助擒周六四"图（图3-40），画面中一位骑马的将军率领着一队全副武装的军士，押解着一批囚犯，领头的囚犯关押在木栅囚车内，其余的捆绑双手拴在一起。用囚车来运送主要犯人，在《天后显圣图轴》《事迹图》等类似图像中为仅见。

总之，经过上述跨图像比较后，我们发现：虽然欧峡《天后圣迹图轴》与仙游枫塘宫《天后显圣图轴》和中国国家博物馆藏《事迹图》相比在故事来源、画面构图等方面有许多相似之处，但从它们上述六个方面的不同之处可知，《天后圣迹图轴》与《天后显圣图轴》和《事迹图》显然不是来源于一个母本，有着自己独特的发展脉络。

第四节 荷兰阿姆斯特丹国立博物院藏清代《天后圣迹图》

一、荷兰阿姆斯特丹国立博物院藏清代《天后圣迹图》的来历及简况

荷兰阿姆斯特丹国立博物院藏清代《天后圣迹图》（以下简称荷兰藏《天后圣迹图》）共7幅，纸本设色，画幅纵54厘米，横86厘米。画面没有榜题文字和题记。荷兰藏《天后圣迹图》为国内妈祖学界所知源于1995年在"澳门妈祖信俗历史文化国际学术研讨会"上，慕尼黑大学研究员鲁克思（Dr. Klaas Ruitenbeek）提交的论文《绘画和木版画中的海上保护神妈祖》，文后附此7幅图画。此文后收

图 3-44　荷兰阿姆斯特丹国立博物院藏《天后圣迹图》"朱衣著灵"图

入 1998 年澳门海事博物馆、澳门文化研究会联合出版的《妈祖信俗历史文化研讨会论文集》，是研究此 7 幅图画的第一个重要成果。荷兰藏《天后圣迹图》据说是 1948 至 1949 年初北平解放前夕，由当时的荷兰驻华使馆工作人员 Dissevelt 收购于北平，1987 年曾借给荷兰阿姆斯特丹国立博物院办展览，1991 年 Dissevelt-Van Vloten 夫妇将此七幅图捐赠给荷兰阿姆斯特丹国立博物院收藏。[1] 鲁克思认为荷兰藏《天后圣迹图》是 1800 年间的作品，[2] 笔者也认同此种观点。

二、荷兰藏《天后圣迹图》的内容

荷兰藏《天后圣迹图》共 7 幅，画面没有榜题文字或题记，本书根据鲁克思（Dr. Klaas Ruitenbeek）的命名来逐一研究，7 幅图分别为："朱衣著灵""助擒周六四""涌泉济师""起盖钟鼓楼及山门""托梦护舟""澎湖神助得捷""琉球阴护册使"。

1. "朱衣著灵"图（图 3-44）

描绘了洪水滔天，无边无际的大海上，一艘装饰考究的豪华官船显然是遇到了风浪的威胁，船上众多的官员和船员处于混乱之中，其中一位身着红色宋代官服的尊贵官员带领着大家一起朝天跪拜祈求。在官船巨型桅杆和风帆的顶端，坐着一位道姑打扮，身着红衣的女子，镇定自若。据《天妃显圣录》"朱衣著灵"条载：

> 宋徽宗宣和四年壬寅，给事中允迪路公奉命使高丽，道东海，值大风震动，八舟溺七，独公舟危荡未覆。急祝天庇护，见一神女现桅竿，朱衣端坐。公叩头求庇。仓皇间风波骤息，舟

---

1. 鲁克思：《绘画和木版画中的海上保护神妈祖》，澳门海事博物馆、澳门文化研究会合编《妈祖信俗历史文化研讨会论文集》，1998 年，第 230 页。
2. 同 1。

图 3-45　中国国家博物馆藏《天后圣母事迹图志》"朱衣著灵"图

图 3-46　荷兰阿姆斯特丹国立博物院藏《天后圣迹图》"助擒周六四"图

藉以安。及自高丽归，语于众，保义郎李振，素及墩人备述神妃显应。路公曰：世间惟生我者恩罔极，我等漂泊大江，身濒于死，虽父母爱育至情，莫或助之，而神姑呼吸可通，则此日实再生之赐也。复命于朝，奏神显应，奉旨赐"顺济"为庙额，蠲祭田税，立庙祀于江口。[1]

可见图中红衣道姑为妈祖，红衣官员为路允迪。因为这是妈祖首次得到帝王的褒封，此图在妈祖的官方信仰中占有重要地位。此图与《天后显圣图轴》和《事迹图》"朱衣著灵"图（图3-14、3-45）相比，后两图画面十分简洁，妈祖站在桅杆上，船舶行进的方向与此图正好相反，总体来看还是比较相似的。

2. "助擒周六四"图（图3-46）

描绘了洪水滔天的大海上发生的一次激烈的海战，左下角的战船当为海寇周六四的舰队，似乎已经搁浅，正在仓促应战，右边有"帅"字大旗、气势浩荡、杀气腾腾的舰队当为尉司的追击舰队，天空中出现了剑戟旗帜之形，是妈祖阴助的征兆。据《天妃显圣录》"助擒周六四"条载：

嘉定改元戊辰秋，草寇周六四哨聚犯境，舟舰不可胜计。时久旱后，人穷，无赖者多，既困赤地，遂入绿林，乘乱劫掠，庐舍寥落。阖邑哀祷于神。神示之梦曰："六四罪已贯盈，特釜中游鱼耳！当为尔歼之。"越四日入境，喊声动地，忽望空中有剑戟旗帜之形，各相惊疑，退下舟，遽冲礁阁浅。尉司驾艇追之，获其首，余凶悉就俘。寇平，境内悉安。奏上天子，奉旨加封"护国助顺嘉应英烈妃"。[2]

此图与《天后显圣图轴》和《事迹图》"助擒周六四"图（图3-47、图3-48）相比，差异很大，此图

图3-47 枫塘宫《天后显圣图轴》"助擒周六四"图

---

1. 蒋维锬、周金琰辑纂《妈祖文献史料汇编》第二辑《著录卷》上，北京，中国档案出版社，2009年，第92～93页。
2. 同1，第95页。

图 3-48　中国国家博物馆藏《天后圣母事迹图志》"率神将周寇亡身"图　　图 3-49　苏州版《天后圣母圣迹图志》"率神将周寇亡身"图

描绘的是海战的场景,而上两图描绘的是陆上俘寇的场景。但此图与清道光十二年(1832年)苏州版《天后圣母圣迹图志》"率神将周寇亡身"图(图 3-49)构图颇为相似,相互应该有渊源关系。关于"助擒周六四"故事的图像表现,目前所见基本上形成了如上所述的海战和陆战两种题材。

3. "涌泉济师"图(图 3-50)

描绘了在一个庙宇建筑前,一群清朝的官员围着一口海边庙前的水井似在聆听一个跪着的官员讲述此井的灵应之事。据《天妃显圣录》"涌泉给师"条载:

> 靖海将军侯施于康熙二十一年十月奉命征剿,大师云屯于平海。此地斥卤,樵汲维艰。只有神宫前小井一口,甚浅,当炎天旱候,尤为枯竭,数万军取给炊爨弗继。将军侯乃祝诸神,以大师札住,愿藉神力,俾源源可足军需。祷毕,而泉水涌溢,真不异耿恭拜井之奇。因是千万军取用不竭。爰额之曰"师泉",并作《师泉志》,以著神庥。[1]

---

[1] 蒋维锬、周金琰辑纂《妈祖文献史料汇编》第二辑《著录卷》上,北京,中国档案出版社,2009年,第101页。

从上述记载中可知，人群中唯一坐在传统木椅上的尊贵人物就是施琅将军，他面前的水井就是著名的"师泉井"。此图与《天后显圣图轴》和《事迹图》"涌泉济师"图（图3-13、3-33）相比，基本构图较为相似，最大的不同是施琅将军及其所有部下都是身着袍服的文官打扮，与上两图，以及道光十二年苏州版《天后圣母圣迹图志》等书中描绘的除施琅将军身着袍服外，其余部将都是身披铠甲的武将打扮形成了鲜明的对比。我们对宋元明以来真武大帝图像的研究可知，随着真武大帝神格地位的上升，尤其是明代，作为战神的真武大帝，常常以文官的形象出现，以显示其尊贵的地位。[1] 本图的这种文官打扮，正是这种文官化现象的生动实例。

图3-50　荷兰阿姆斯特丹国立博物院藏《天后圣迹图》"涌泉济师"图

---

1. 肖海明：《真武图像研究》，北京，文物出版社，2007年，第63页。

图 3-51　荷兰阿姆斯特丹国立博物院藏《天后圣迹图》"起盖钟鼓楼及山门"图

4. "起盖钟鼓楼及山门"图（图 3-51）

描绘了总督姚启圣在清康熙二十二年（1683年）三月派人在湄洲妈祖祖庙修盖钟鼓楼及山门，以祈求妈祖阴助收复台湾的故事。据《天妃显圣录》"起盖钟鼓楼及山门"条载：

> 大总督姚奉命征剿，以海道艰虞，风波险阻，不易报效，中心恳挚，极力图维，素信神灵赫濯，祷应如响，恳祈阴光默佑，协顺破逆。于康熙二十一年差官到湄洲祖庙，就神前致祝许愿，俾不负征剿上命，即重修宫殿，答谢鸿庥。乃于二十二年三月二十三日天妃悦旦，特委兴化府正堂苏到湄庙设醮致祭，随带各匠估置木料，择吉起盖钟鼓二楼及山门一座，宫宇由是壮观。[1]

可见图中正在搭架施工的应是山门，工程似乎已经接近尾声，工人们正在进行一些装饰性施工。门

---

[1] 蒋维锬、周金琰辑纂《妈祖文献史料汇编》第二辑《著录卷》上，北京，中国档案出版社，2009年，第100页。

前站着一群身着清朝官服的官员，其中黑衣长髯者应为受总督姚启圣委托修庙的兴化府苏正堂，似正在查看修建工程的进度。此图画面生动细腻，具有很高的艺术水平。在《天后显圣图轴》《事迹图》《敕封天后志》《天后圣母圣迹图志》等图像资料中都找不到与该图相似之图，鲁克思认为是该套图画家的一幅原作，[1] 应是有道理的。

5. "托梦护舟"图（图3-52）

描绘了在波涛汹涌的大洋上，一艘大船正在破浪前行，人们似乎都在睡梦之中，船的楼阁中有一位红顶官员也在做梦，一缕云气升向天空，云端站立着四位戴红帽的人物。据《天妃显圣录》"托梦护舟"条载：

> 随征同知林升同总兵官游澎奉委往抚台湾，于康熙二十二年九月初五日由湄洲放洋，初六

图3-52 荷兰阿姆斯特丹国立博物院藏《天后圣迹图》"托梦护舟"图

---

1. 鲁克思：《绘画和木版画中的海上保护神妈祖》，澳门海事博物馆、澳门文化研究会合编《妈祖信俗历史文化研讨会论文集》，1998年，第231页。

图 3-53　荷兰阿姆斯特丹国立博物院藏《天后圣迹图》"澎湖神助得捷"图

晚至台湾。十五日自彼开驾，而十八夜梦天妃在船，有四人戴红帽从水仙门而上，问其所来，答曰："舟船有厄，将为尔护。"十九早，舟过柑桔屿，舟次搁浅，舵折四尺，将溺，众惊惧，投拜神前，恳求庇佑。倏见天妃现身降灵保护，乃得平稳。十九晚收进八罩，报复成功。总督慰甚，同知林升到家虔诚答谢。[1]

此图与《天后显圣图轴》《事迹图》《敕封天后志》《天后圣母圣迹图志》等图像资料中的"托梦护舟"图构图基本相似。四个戴红帽的人物是此故事图像中最显著的特征。

6."澎湖神助得捷"图（图 3-53）

描绘了妈祖在阴助一场激烈海战的场景。据《天妃显圣录》"澎湖神助得捷"条载：

康熙二十二年六月内，将军侯奉命征剿台湾。洋洋大海，澎湖系台湾中道之冲，崔符窃踞，出没要津，难以径渡。侯于是整奋大师，严饬号令。士卒舟中，咸谓恍见神妃如在左右，遂皆

---

1. 蒋维锬、周金琰辑纂《妈祖文献史料汇编》第二辑《著录卷》上，北京，中国档案出版社，2009年，第101页。

贾勇前进。敌大发火炮，我舟中亦发大炮，喊声震天，烟雾迷海。战舰衔尾而进，左冲右突，凛凛神威震慑，一战而杀伤彼众，并淹没者不计其数。其头目尚踞别屿，我舟放炮攻击，遂伏小舟而遁。澎湖自是肃清。先是，未克澎湖之时，署左营千总刘春梦天妃告之曰："二十一日必得澎湖，七月可得台湾。"果于二十二日澎湖克捷，其应如响。又是日方进战之顷，平海乡人入天妃宫，咸见天妃衣袍透湿，其左右二神将两手起泡，观者如市。及报是日澎湖得捷，方知此时即神灵阴中默助之功。将军侯因大感神力默相，奏请敕封，并议加封。奉旨：神妃已经敕封，即差礼部郎中雅虎等赍御香、御帛到湄，诣庙致祭。时将军侯到湄陪祭，见佛殿、僧房尚未克竣，随即捐金二百两凑建。[1]

结合上述记载可知，图中右侧的三艘战舰为施琅的攻台军队，左边的一艘战舰为澎湖守军，妈祖和众将在空中为清军助战。巨浪滔天、枪炮齐鸣、战斗激烈。台湾船上人物的装束与清军的船有很大差异，鲁克思认为船上画的是欧洲人，[2] 其实仔细辨认，除个别人有欧洲人特征外，大多数并无欧洲人的典型特征，类似于中国古代的"胡人"。此图与《天后显圣图轴》《事迹图》《天后圣母圣迹图志》等图中的"澎湖助战"图构图基本相似，但场面宏大震撼，具有较高的艺术水平。

7. "琉球阴护册使"图（图3-54）

描绘了一艘装饰豪华的官船即将靠岸，为首的三位官员在拱手行礼，岸上以一栋宏伟的西式建筑为背景，前面有一队负责欢迎的人员正在奏乐欢迎。据《天妃显圣录》"琉球阴护册使"条载：

康熙二十二年，钦差册封琉球，赐蟒玉正一品汪、林等官时在福省，于六月二十日谕祭天妃于怡山院。是时东风正猛，不意行礼甫毕，旗帜忽皆北向，遂解缆而行。所有应历水程，悉若飞渡而下，才二昼夜即到马齿山，遽至那霸港，直达迎恩亭前。琉球之人皆谓从来封驾未有若此飞渡而来。迄夫典礼告竣，开驾而回，狂涛震撼，巨浪滔天。舟中人皆颠覆，烟灶等物尽委逝波，茫无彼岸，诚万难获全。天使官肃将简命，共吁神妃求佑："返节无恙，当为奏请春秋祀典，永荷神庥！"虔祷方终，神应如响。黑夜中漂泊，众见舟竿上有二灯笼光焰在前。时束桅铁箍已断十三，桅应散而尚全，系篷之顶绳断不可续，篷宜堕而犹悬，桅拴裂逾尺，桅应倒而仍柱。船不及坏，因急驶往归闽海港。中[使官深叨神功]，复命奏请春秋[祀典，钦奉差官捧敕到湄致祭答谢]。[3]

---

1. 蒋维锬、周金琰辑纂《妈祖文献史料汇编》第二辑《著录卷》上，北京，中国档案出版社，2009年，第102页。
2. 鲁克思：《绘画和木版画中的海上保护神妈祖》，澳门海事博物馆、澳门文化研究会合编《妈祖信俗历史文化研讨会论文集》，1998年，第232页。
3. 同1，第103页。

结合上述记载可知,图中的官船是康熙二十二年册封琉球的使船。三位官员当为钦差册封琉球的大臣汪楫、林麟焻等,欢迎的队伍为琉球的迎宾官员、乐队等,此图描绘的是册封船抵达那霸港时的情景。图中的琉球欢迎队伍中的人物形象与"澎湖神助得捷"图一样,似"胡人"风格。此图与《天后显圣图轴》《事迹图》《天后圣母圣迹图志》等图中的"澎湖助战"图构图基本相似,表明此图流传着固定的程式。图中出现的类似"胡人"形象和西式风格建筑,应是有意识地对藩属国琉球异文化的强调。

三、荷兰藏《天后圣迹图》的综合考察

荷兰阿姆斯特丹国立博物院藏《天后圣迹图》共7幅,分别为:"朱衣著灵""助擒周六四""涌泉济师""起盖钟鼓楼及山门""托梦护舟""澎湖神助得捷""琉球阴护册使"。按故事发生的时代来分类,宋代有2幅,分别为北宋的"朱衣著灵"和南宋的"助擒周六四",剩下的5幅为清代,都集中在康熙二十一年(1682年)至康熙二十二年之间。按故事的类别来分,可分为护使、助战、退寇三类,其中护使三个("朱衣著灵""托梦护舟""琉球阴护册使"),助战三个("涌泉济师""起盖钟鼓楼及山门""澎湖神助得捷"),退寇一个("助擒周六四")。鲁克思通过与仙游枫塘宫《天后显圣图轴》和中国国家博物馆藏《事迹图》比较后认为:"荷兰国立博物院的七幅藏画早先是比较大的一套

图3-54 荷兰阿姆斯特丹国立博物院藏《天后圣迹图》"琉球阴护册使"图

描述妈祖奇迹的画集的一部分",而且很可能"曾是圆明园皇家妈祖庙一大套画中的一部分以及它们曾在朝廷祭祀中起过作用"。[1] 笔者认为这种可能性是存在的,但也有其他的可能性。从选题来看,此7幅图只选择护使、助战、退寇的内容,即非与国防、外交有关者不选。从时代来看,只选妈祖受敕封最多的宋代和清代的故事,而且主要集中在康熙二十二年清朝收复台湾这一年。可见此7幅图的最初收藏者是按照自己的意图和喜好精心挑选的。从此7幅图的使用功能来看,由于每幅图都比较大,纵54厘米,横86厘米,如果全套有48幅的话,不可能像枫塘宫48幅《天后显圣图轴》那样被装裱为四大幅,在天后诞等重要节日中展出。很可能像中国国家博物馆藏《事迹图》一样,作为与朝廷关系密切的皇室成员或高级官员的私人收藏欣赏与交流之用。

荷兰藏《天后圣迹图》与仙游枫塘宫《天后显圣图轴》、中国国家博物馆藏《事迹图》和欧峡《天后圣迹图轴》相比,在艺术表现上善于利用大海波涛营造宏大的场面、激烈浓郁的气氛。画面人物众多,表情刻画细腻、生动,具有强烈的艺术感染力,无疑是目前所见四套妈祖故事绘画中艺术水平最高的作品。

荷兰藏《天后圣迹图》7幅图中有5幅描绘了大海和豪华巨舰为主角的场面,这正如鲁克思所言,在中国画中是非常少见的,但我们把荷兰藏《天后圣迹图》与清道光十二年(1832年)苏州版《天后圣母圣迹图志》相关图画比较可知,两图有许多相似之处,尤其是舰船的形状,两图颇为近似,而与仙游枫塘宫《天后显圣图轴》、中国国家博物馆藏《事迹图》和欧峡《天后圣迹图轴》图中的船形不同。可见,荷兰藏《天后圣迹图》的构图受到了《天后圣母圣迹图志》一类的木刻版画的影响,与传统的中国画产生了差异。这种差异产生了独特的艺术效果,可以说是开拓了一个新天地。

从荷兰藏《天后圣迹图》"起盖钟鼓楼及山门"图(图3-51)和"涌泉济师"图(图3-50)中所见的屋顶瓦面形制来看,和前述中国国家博物馆藏《事迹图》一样,与京津一带北方民间庙宇的瓦面形制非常相似,而与仙游枫塘宫《天后显圣图轴》、欧峡《天后圣迹图轴》等所代表的福建莆仙一带民间庙宇的瓦面形制有很大的差异。从"起盖钟鼓楼及山门"图中官员所戴的凉帽和"涌泉济师"图中官员所戴的暖帽可知,荷兰藏《天后圣迹图》的作者很真实地描绘了上述两故事发生时的实际着装状况。这与前述《事迹图》一样,一定程度上表明了北方画师对季节变化的敏感。另外,荷兰藏《天后圣迹图》是从北平的收藏者购买而来,虽然我们不知道此图最初出于何处,但上述信息已经表明,此图当为北方京津一带的画师所绘,在一定程度上反映出了北方的地域文化特色。

---

1. 鲁克思:《绘画和木版画中的海上保护神妈祖》,澳门海事博物馆、澳门文化研究会合编《妈祖信俗历史文化研讨会论文集》,1998年,第233页。

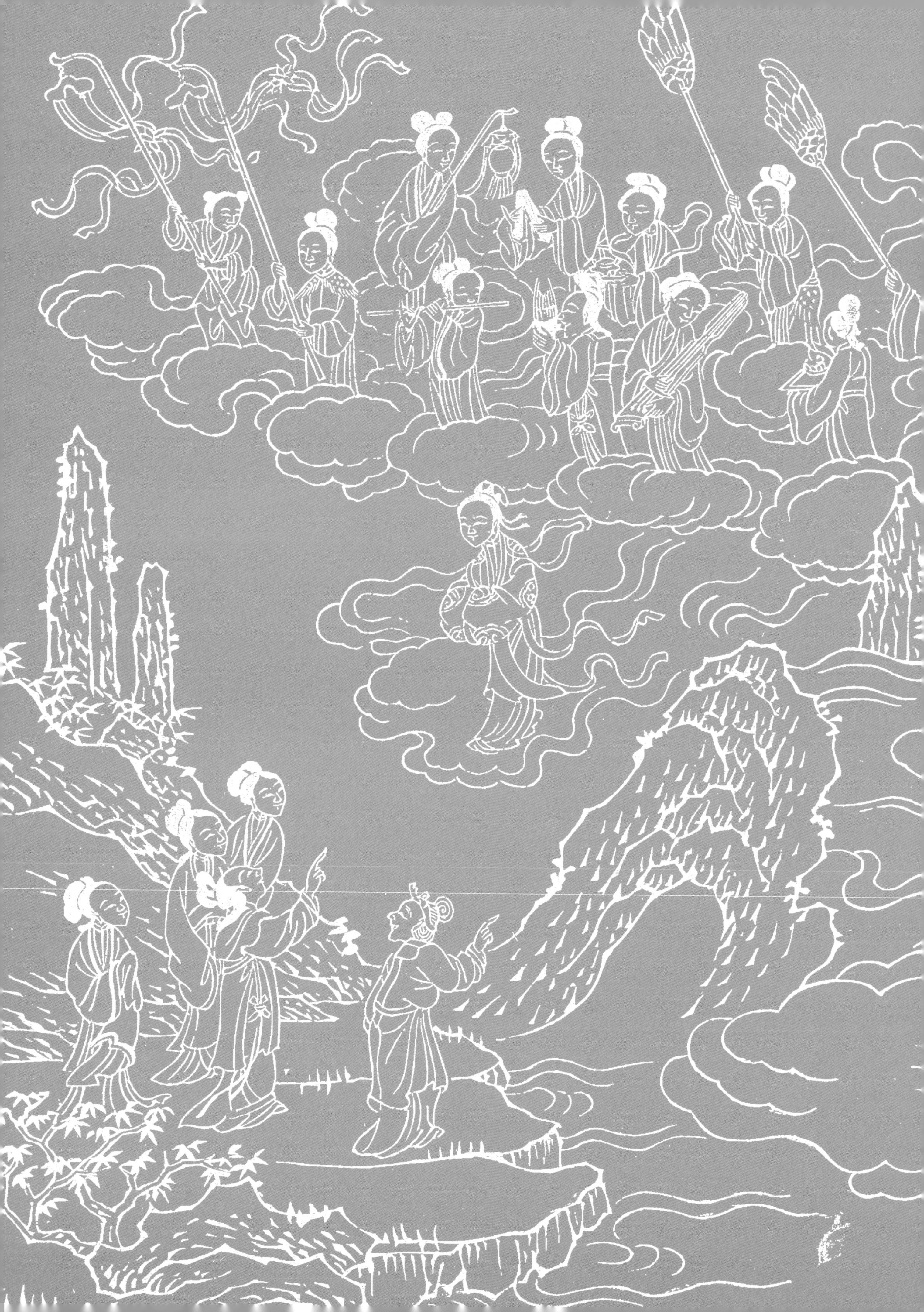

第四章

【圣迹图式妈祖版画研究】

本章以清代各版《天后圣母圣迹图志》《敕封天后志》《天后本传》,明代《天妃娘妈传》和民国《林妈祖志全图宝像》等重要妈祖版画为研究对象,对圣迹图式妈祖版画进行系统的梳理与综合比较研究。

第一节 《天后圣母圣迹图志》版画

一、苏州版《天后圣母圣迹图志》版画

（一）苏州版《天后圣母圣迹图志》简况

《天后圣母圣迹图志》（以下简称《图志》）是清代以来面世的妈祖图志[1]中，重刻次数最多、影响最大的一部。原编者及初刊年代均不详。据《图志》清道光二十五年（1845年）严显跋语云："《天后圣迹图志》二册，盖林姓某广文所编次而刻于吴门者，序述详瞻，绘镂精审。"[2] 有关林广文的资料至今未找到，但刻于吴门（苏州），则可从今藏于中国国家图书馆的两部《天后圣母圣迹图志全集》得到证实。两书都为二册，木刻本。一部卷首书名页有明确的"道光十二年壬辰重镌"字样，我们称为《图志》道光十二年（1832年）重镌本，另外一部没有写明刻印年代，书中多处有郑振铎先生的藏书印，我们称为《图志》郑氏藏本。《图志》道光十二年重镌本版框纵24厘米，横32厘米，双边，版心单鱼尾，上刻"天后圣母圣迹图志全集"，下刻篇目和页码。封面用古朴、精美的棕色丝绢制作，书名为《天后圣母圣迹图志全集》，下书："敬神如在，沐手展开。全，函。"扉页竖刻三组文字，用竖线分隔，中间为书名《天后圣母圣迹图志全集》，右上款是"道光十二年壬辰重镌"，左下款为"上洋寿恩堂藏板"。而在上下款之间又用双行小字连接附注："苏州阊门内大街都亭□□周亚子巷中三槐堂刻字□，倘要刷印，向问天后宫内道□寄印可也。"《图志》郑氏藏本封面比较简陋，封面有"天后圣母圣迹图志全集卷一"字样。比较两书后发现两者的内容几乎完全一致，两书中两套妈祖版画的刻印水平也大致相当，都由寿恩堂刻印。但仔细对比后发现两书也有一些差别：《图志》道光十二年重镌本每页的下边都有一片水渍，而《图志》郑氏藏本则无水渍；《图志》道光十二年重镌本纸质稍厚，纸较黄，个别图画有墨痕，《图志》郑氏藏本纸质较薄，纸较白，图画无墨痕；《图志》道光十二年重镌本的最后一页有关印刷信息的内容较多，而《图志》郑氏藏本有关印刷内容的信息只有一句"天字号寿恩堂虔印一百部"。由上可见，这两部书都是《天后圣母圣迹图志》的重刻本，两书的刻印年代同年或年代相近，都是目前存世的苏州版《天后圣母圣迹图志》的代表性版本。上两书卷末所附寿恩堂跋语云："原本《敕封天后志》、《显应录》、《昭应录》刻板俱在福建兴化，而江浙二省未见善板，况原本亦属少见。今虔诚绘像并里居古迹绘图敬刻，又灵笤圣签及道光六年海运加封事实一并补刻，名之曰《天后圣母圣迹图志》。"可见，初刻本和重刻本都是由寿恩堂主持刊印的，初刻本收录道光六年的故事图画，表明其当刻于道光六年之后。

---

1. 蒋维锬：《清代〈天后圣母圣迹图志〉版系探佚》，刘福铸、周金琰、郑丽航主编《纪念蒋维锬文集》，福州，海风出版社，2014年，第303页。
2. 蒋维锬、周金琰辑纂《妈祖文献史料汇编》第二辑《著录卷》下，北京，中国档案出版社，2009年，第455页。

(二) 苏州版《天后圣母圣迹图志》版画内容和分类

由于苏州版《天后圣母圣迹图志》版画在《图志》道光十二年重镌本和《图志》郑氏藏本两书中的内容几乎一致，因此本书选取有确切纪年的《图志》道光十二年重镌本妈祖圣迹图式版画为研究对象。《图志》道光十二年重镌本圣迹图式版画共49幅，每幅都有相应的一段题记文字，右图左文。前21幅描绘的是天后飞升前的凡间故事，后28幅图描绘的是天后脱凡入圣后的灵应故事。[1] 前21幅图又可大致分为四类，后28幅图可大致分为五类，下面分别选出各类一些代表性的图画进行图像记述与解释。

1. 天后凡间故事

天后凡间故事主要描述了天后从出生到在湄洲岛飞升前的各类显灵故事，共有21则，分别为"感大士赐丸得孕""诞天后瑞霭凝香""遇道人秘传玄诀""窥古井喜得灵符""正织机神游沧海""破惊涛遂救严亲""油成菜资生民食""遇风涛乘槎挂席""草化木垂救商舡""祷苍穹雨济万民""无舟楫铁马渡江""演神咒法降二将""率水族龙子来朝""投法绳晏公归部""莆田尹求符救疫""高里鬼具体现形""奉圣旨锁获双龙""临海津法驱二孛""破魔道二嘉伏地""净魔心乘舟显圣""证仙班九日升天"。按内容又可分为四类，即"降诞飞升""收伏部将""凡物显圣""除患救护"。下面从上述四类中每类仅选取两篇进行图像记述与解释。

（1）降诞飞升故事

《天后圣母圣迹图志》中共有5幅，即"感大士赐丸得孕""诞天后瑞霭凝香""遇道人秘传玄诀""窥古井喜得灵符""证仙班九日升天"。主要描述了天后飞升前的五个重要生平故事。本书选取了"诞天后瑞霭凝香""证仙班九日升天"两幅分别介绍。

"诞天后瑞霭凝香"图（图4-1）描绘的是天后出生时的场景。图中天后出生场景并没有画出，从院内外所有人物焦急地等待的表情中，可以判断出天后即将出生。图上部出现了观音的形象，表明天后是观音所赐。该图题记为：

[1] 诞天后瑞霭凝香
[2] 宋太祖建隆元年庚申
[3] 三月二十三日，方夕，红光射室，异香氤氲，乃诞天后，
[4] 为惟愨公第六女也。

"证仙班九日升天"图（图4-2）描绘的是天后升天时的场景。图左下部天后的姐姐们等正在目送天后飞升，上部的云端，一众仙班正准备迎接天后升天。天后也立于云端，作拱手道别状。该图题记为：

---

[1]. 由于苏州版《天后圣母圣迹图志》道光十二年重镌本将本应属于天后凡间故事的"净魔心乘舟显圣"图错放在了天后灵应故事中，为了便于叙述，本书将此图调回到天后凡间故事部分叙述。

图4-1 苏州版《天后圣母圣迹图志》版画"诞天后瑞霭凝香"图

图4-2 苏州版《天后圣母圣迹图志》版画"证仙班九日升天"图

[1] 证仙班九日升天
[2] 宋太宗雍熙四年丁亥重九日,同诸姊登高于湄峰之
[3] 巅,恍闻空中丝管韵叶,八音齐奏,仰见銮舆翠盖,仪仗
[4] 幢幡,杂沓而至。后乃跨云而上,众咸唏嘘惊异。俄而
[5] 彩云布合,不复见矣。嗣后屡呈灵异,相率立祠,号曰"通
[6] 贤灵女"。

(2) 收伏部将故事

《天后圣母圣迹图志》中共有5幅,即"演神咒法降二将""率水族龙子来朝""投法绳晏公归部""破魔道二嘉伏地""净魔心乘舟显圣"。主要描述了天后收伏部将的故事。本书选取了"演神咒法降二将""投

法绳晏公归部"两幅分别介绍。

"演神咒法降二将"图（图4-3）描绘的是天后收伏千里眼、顺风耳两位大将的场景。图中天后立于右侧，左侧的千里眼和顺风耳，放下武器，跪地求饶。该图题记为：

[1] 演神咒法降二将

[2] 后年二十三，收顺风耳、千里眼为将。先二神为祟西北，

[3] 民间苦之，求治于后。后曰：此金水之精，乘旺所钟，我

[4] 当以火土克之。乃演咒施法。各无逃遁，输心投服皈依。

"投法绳晏公归部"图（图4-4）描绘的是天后收伏晏公的场景。图偏左边的船头上空天后正在施

图4-3 苏州版《天后圣母圣迹图志》版画"演神咒法降二将"图

图4-4 苏州版《天后圣母圣迹图志》版画"投法绳晏公归部"图

展法力，水中作乱的晏公被一条绳索绞在了船前。该图题记为：

[1] 投法绳晏公归部

[2] 有晏公者，浮海为怪，后先施法力制之。虽伏神威，未

[3] 能诚服。后又假逞色变龙，兴涛滚浪，来犯后舟。后

[4] 投下绺绳，随摄随粘，牢固难解，始惧而伏罪。后嘱曰：

[5] 东溟险阻，尔当护民，收为部下总管。

（3）凡物显圣故事

《天后圣母圣迹图志》中共有3幅，即"油成菜资生民食""遇风涛乘槎挂席""无舟楫铁马渡江"。主要描述了天后利用铁马、草席等凡间之物显示圣迹的故事。本书选取了"遇风涛乘槎挂席""无舟楫铁马渡江"两幅分别介绍。

"遇风涛乘槎挂席"图（图4-5）描绘的是天后挂草席在舟槎上渡海的场景。图左上角天后正挂席而行，右边岸上和船上的众人面露惊异之色。该图题记为：

[1] 遇风涛乘槎挂席

[2] 一日，后欲渡海，舟楫不正，舟人难之。后曰：无妨。指草

[3] 席曰：即此可凭矣。悬之竿，若凫鸥之出没，追狂飙而鼓

[4] 棹，破巨浪而旋槎，观者惊为飞渡。

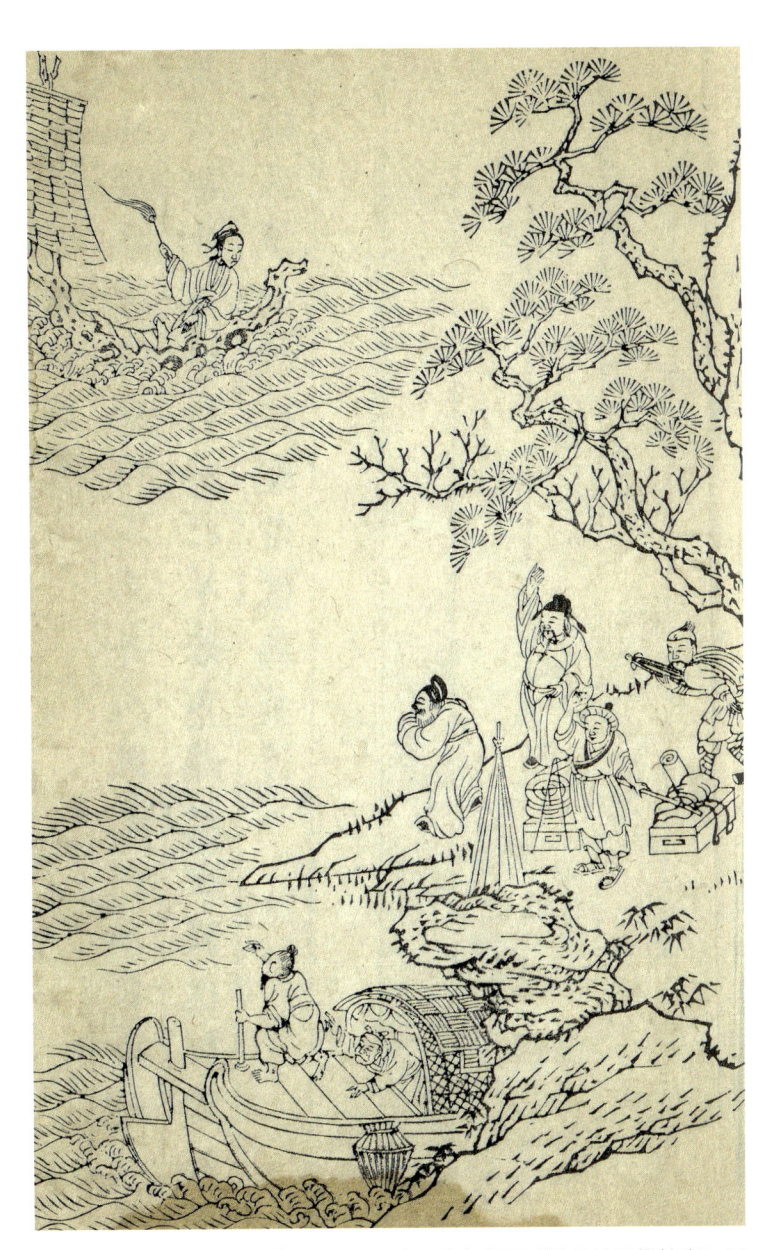

图4-5 苏州版《天后圣母圣迹图志》版画"遇风涛乘槎挂席"图

图 4-6　苏州版《天后圣母圣迹图志》版画"无舟楫铁马渡江"图

图 4-7　苏州版《天后圣母圣迹图志》版画"正织机神游沧海"图

"无舟楫铁马渡江"图（图 4-6）描绘的是天后骑着铁马渡江的场景。图右上角天后正骑着铁马在大江中飞奔，下部岸上的男女老幼面露惊异之色。该图题记为：

[1] 无舟楫铁马渡江

[2] 一日，渡江无楫，遂策檐前铁马，快若奔腾，人骇为青骢。

[3] 行水上天，马骤空中，只不见其解鞍嘶秣耳。

（4）除患救护故事

《天后圣母圣迹图志》中共有 8 幅，即"正织机神游沧海""破惊涛遂救严亲""草化木垂救商舡""祷苍穹雨济万民""莆田尹求符救疫""高里鬼具体现形""奉圣旨锁获双龙""临海津法驱二字"。主要描述了天后除患救民的故事。本书选取了"正织机神游沧海""高里鬼具体现形"两幅分别介绍。

"正织机神游沧海"图（图 4-7）描绘的是天后在纺织机上出元神救亲人的场景。画面中天后在纺织机前织布时似假寐状，身后的母亲正在拍醒她。此图与"破惊涛遂救严亲"图（图 4-8）反映的是同一个故事，详见《天妃显圣录》"机上救亲"条故事。该图题记为：

图 4-8 苏州版《天后圣母圣迹图志》版画"破惊涛遂救严亲"图

图 4-9 苏州版《天后圣母圣迹图志》版画"高里鬼具体现形"图

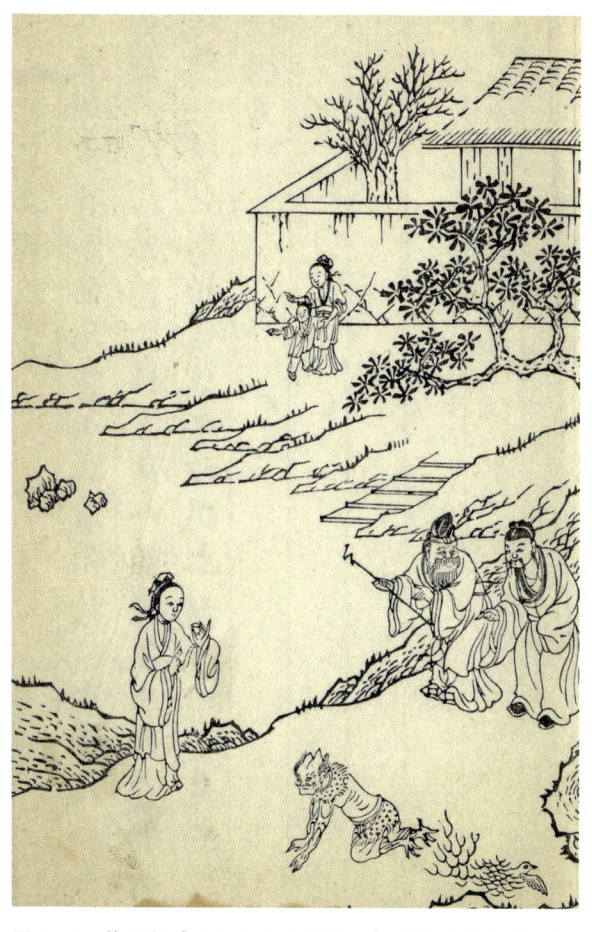

[1] 正织机神游沧海
[2] 时值九秋，后父兄两舟济海，西风正急，波涛震奔。
[3] 后方织，忽心动，遂闭睫神驰，手持梭，足踏机轴，若有
[4] 所挟而恐失之之意。

"高里鬼具体现形"图（图 4-9）描绘的是天后收伏高里乡一鬼怪的场景。画面中天后正在作法洒出符水，高里鬼先后变为小鸟、枯发，最后现出原形，为一个小鬼。该图题记为：

[1] 高里鬼具体现形
[2] 高里乡突有阴怪为祟，人咸求治于后。符咒贴处，如
[3] 鸟飞遁。后迹其穴扫除，见一团黑气中，惟鹞鹩小鸟
[4] 踏空而坠，化为枯发。焚之，即现本相，乃一小鬼也，叩拜
[5] 投服焉。

2. 天后灵应故事

天后灵应故事描述了天后在湄洲岛飞升之后的各类显灵故事，共有28则，分别为"梦神嘱庙宇倾成""逢怪物祷神起桯""泛枯槎重新圣像""观海潮铜炉溯至""垂神灯粮船有赖""示白湖凿泉疗疫""答神庥钦颁祀典""助温台破贼安民""止阴潦万姓沾恩""明前迹复现神槎""建功勋合家封赠""助阴兵金人碎首""率神将周寇亡身""筑堤岸越水潮平""示米艘兴泉免饥""庙廊下火焚三恶""波涛中默佑漕舡""拥巨浪舟楫无虞""授丸药吕德回生""闻鼓吹郑和免险""错游山采螺点悟""草弹章托梦除奸""解军渴涸井流泉""赖神功澎湖破贼""过硎砝梦佑王臣""赴琉球阴护册使""感灵佑奉诏加封""佑漕船利运天津"。

按内容又可分为五类，即"托梦显迹""阴佑助战""护使庇官""除患退寇""助漕荣封"。下面从上述五类中每类选取两篇进行图像记述与解释。

（1）托梦显迹故事

《天后圣母圣迹图志》中共有6幅，即"梦神嘱庙宇倾成""逢怪物祷神起桯""泛枯槎重新圣像""观海潮铜炉溯至""明前迹复现神槎""草弹章托梦除奸"。主要描述了天后飞升后的托梦显迹故事。本书选取了"梦神嘱庙宇倾成""泛枯槎重新圣像"两幅分别介绍。

"梦神嘱庙宇倾成"图（图4-10）描绘的是南宋绍兴二十六年（1156年）天后托梦在白湖建庙的场景。图左侧建庙的梁架已经搭起，一些工人正在夯土、挖泥，右侧的两位官员当为丞相陈俊卿等。该图题记为：

[1] 梦神嘱庙宇倾成
[2] 宋绍兴二十六年丙子，以郊典特封"灵惠夫人"。次年秋，
[3] 神来相宅，取莆城东之水市，民曰白湖，梦示章、邵二族。
[4] 丞相陈俊卿闻之，验地果吉，兴工创建，庙宇顷成。

"泛枯槎重新圣像"图（图4-11）描绘的是天后显现出一个枯槎，并托梦乡人为其建庙的场景。画面中岸边的水中显现出一个枯槎，岸边众人露出惊异之状，云端的天后和枯槎之间以一缕云气连接，暗示两者的密切关系。该图题记为：

[1] 泛枯槎重新圣像
[2] 宋哲宗元祐元年丙寅，莆东有墩常现光，迹之，一枯槎
[3] 也。渔人拾之归，槎自还故处，再试亦然。乡人获梦，知槎
[4] 为神所凭言传。制干李公闻之，募建庙，号为"圣墩"。

（2）阴佑助战故事

《天后圣母圣迹图志》中共有3幅，即"助阴兵金人碎首""解军渴涸井流泉""赖神功澎湖破贼"。

图 4-10　苏州版《天后圣母圣迹图志》版画"梦神嘱庙宇倾成"图

图 4-11　苏州版《天后圣母圣迹图志》版画"泛枯楂重新圣像"图

主要描述了天后阴佑助战的故事。本书选取了"解军渴涸井流泉""赖神功澎湖破贼"两幅分别介绍。

"解军渴涸井流泉"图（图 4-12）描绘的是天后帮助施琅征剿台湾的大军解决饮水困难的场景。画面中坐着的将军就是施琅，面前的师泉井，就是显圣出水之井。故事详见《天妃显圣录》"涌泉给师"条。该图题记为：

[1] 解军渴涸井流泉
[2] 康熙二十一年十月，靖海将军侯施奉命征剿，师屯平
[3] 海，地多斥卤，樵汲维艰。惟神宫前一小井，炊爨弗继。将
[4] 军求祷之，而清泉泛溢，不异耿恭拜井之奇。爰勒曰"师
[5] 泉"作志，以著灵显。

图 4-12 苏州版《天后圣母圣迹图志》版画"解军渴涸井流泉"图

图 4-13 苏州版《天后圣母圣迹图志》版画"赖神功澎湖破贼"图

"赖神功澎湖破贼"图（图4-13）描绘的是清康熙二十二年（1683年）天后阴助施琅将军攻台的场景。画面中清军和台湾军队正在激烈交战，云端的天后率领着千里眼、顺风耳两员大将正在暗助着清军。该图题记为：

[1]赖神功澎湖破贼
[2]康熙二十二年六月，内将军侯奉命征台，路过澎湖。崔
[3]符窃踞要津，难以经渡。于是整奋大师，连发火炮。恍见
[4]神摩旗率将助战，遂克其众。钦差赍御香、帛致祭。

（3）护使庇官故事

《天后圣母圣迹图志》中共有6幅，即"拥巨浪舟楫无虞""闻鼓吹郑和免险""错游山采螺点悟""过䃼磋梦佑王臣""赴琉球阴护册使""感灵佑奉诏加封"。主要描述了天后保护册使、庇佑官员的故事。本书选取了"闻鼓吹郑和免险""赴琉球阴护册使"两幅分别介绍。

"闻鼓吹郑和免险"图（图4-14）描绘的是明永乐元年（1403年）天后保护出使暹罗遇险的钦差

太监郑和的场景。画面中天后立于遇险的郑和船只的桅杆上端，钦差太监郑和跪拜于船上，船即刻平稳了下来。该图题记为：

[1] 闻鼓吹郑和免险
[2] 永乐元年，钦差太监郑和等往暹罗，经大星洋，舟将覆，
[3] 祷之。俄闻天乐浮空，异香缥缈，宛见神立桅左，返风灭
[4] 浪，乃得挂帆。奏请迁官致祭。

"赴琉球阴护册使"图（图4-15）描绘的是天后保护册封琉球使汪辑、林麟焻一行平安渡海的场景。画面中汪辑、林麟焻站在船的中心位置，船上"钦差""册封琉球"的牌子颇为醒目。船将靠岸，琉球的欢迎乐队正在演奏，场面热烈。该图题记为：

图4-14 苏州版《天后圣母圣迹图志》版画"闻鼓吹郑和免险"图

图4-15 苏州版《天后圣母圣迹图志》版画"赴琉球阴护册使"图

[1] 赴琉球阴护册使

[2] 康熙二十二年，钦差汪辑、林麟焻等册封琉球。正东风

[3] 甚猛，祭祝于怡山院甫毕，而南风三昼夜，直达迎恩亭，

[4] 琉球骇为飞渡。复命，奏请春秋祀典。

（4）除患退寇故事

《天后圣母圣迹图志》中共有9幅，即"示白湖凿泉疗疫""答神庥钦颁祀典""助温台破贼安民""止阴潦万姓沾恩""筑堤岸越水潮平""示米艘兴泉免饥""率神将周寇亡身""庙廊下火焚三恶""授丸药吕德回生"。主要描述了天后除患退寇的故事。本书选取了"示白湖凿泉疗疫""庙廊下火焚三恶"两幅分别介绍。

"示白湖凿泉疗疫"图（图4-16）描绘的是天后显圣，在白湖旁边突现甘泉，去除当地瘟疫的场景。

图4-16 苏州版《天后圣母圣迹图志》版画"示白湖凿泉疗疫"图

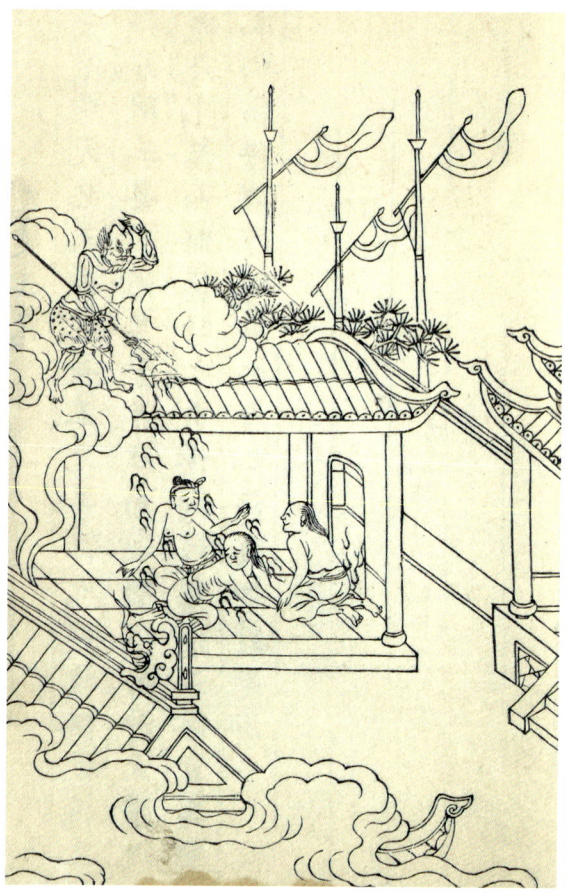

图4-17 苏州版《天后圣母圣迹图志》版画"庙廊下火焚三恶"图

画面中救疫的甘泉汩汩而流，民众争相取水饮用，云中的天后暗施法力。该图题记为：

[1] 示白湖凿泉疗疫
[2] 宋孝宗乾道二年春，大疫。神降于民李本家言曰：白湖
[3] 旁可凿泉得饮，以除疫疾。果然泉味清洌，饮如甘露，朝
[4] 吸而夕瘥焉。人感回生之功，甃为井，号曰：圣泉。

"庙廊下火焚三恶"图（图4-17）描绘的是天后显圣，在庙中火焚海盗陈长五三兄弟的场景。画面中不见天后，火焚之事由屋顶云端的千里眼实施，庙中神火正在焚烧陈长五等海盗。该图题记为：

[1] 庙廊下火焚三恶
[2] 开庆改元己未，贼陈长五兄弟三人杀掠兴、泉、漳三郡。
[3] 八月，贼三舟入湄岛，登岸据庙裸体偃卧。神火烧之，退
[4] 遁舟中。忽而晦冥，诱之出港搁浅。宪使王鎔会兵击之，
[5] 至福清俘磔，乃神助之力也。诏复加封"显济"。

图4-18 苏州版《天后圣母圣迹图志》版画"垂神灯粮船有赖"图

（5）助漕荣封故事

《天后圣母圣迹图志》中共有4幅，即"垂神灯粮船有赖""波涛中默佑漕舡""佑漕船利运天津""建功勋合家封赠"。主要描述天后神助漕运、一家荣封的故事。本书选取了"垂神灯粮船有赖""建功勋合家封赠"两幅分别介绍。

"垂神灯粮船有赖"图（图4-18）描绘的是天后显圣，保护漕运中遇险粮船的场景。画面中漕运船遭遇大风，天后和手执神灯的侍从在空中显现，停在船前，船队转危为安。该图题记为：

[1] 垂神灯粮船有赖

[2] 至顺元年庚午春，粮船开洋遇风，桅樯漂荡，战栗哀号。

[3] 忽祥云霭霭，见空中朱衣拥盖，灯火垂光。既而风息，得

[4] 获全安。奉旨赐额曰"灵惠"。

"建功勋合家封赠"图（图 4-19）描绘的是朝廷诏封天后全家的场景。画面中屋顶云端的是天后和父母、兄长等家庭成员，天后头戴凤冠，接受诏封。下部官员模样的人物为颁诏的官员。该图题记为：

[1] 建功勋合家封赠

[2] 大奚口（寇）作乱，闽师讨之。贼势甚锐，众请香火以行，得藉

[3] 神威，返风旋波，擒其渠魁，扫荡无遗。具奏阴佑大勋，

[4] 诏议加封，合家荣赠。

[5] 庆元六年，朝廷以神妃护国庇民，功参玄造，人本乎亲，

[6] 庆自先贻。于是颁昭封妃父为"积庆侯"，又改封"威灵侯"，

[7] 又以显赫有神民社，加封为"灵感嘉祐侯"。母王氏封"显

[8] 庆夫人"，兄封"灵应仙官"，神姊封为"慈惠夫人"，佐神。

（三）苏州版《天后圣母圣迹图志》版画的综合考察

从前引《图志》道光十二年重镌本和《图志》郑氏藏本两书卷末所附寿恩堂跋语："原本《敕封志》、《显应录》、《昭应录》刻板俱存福建兴化，而江浙二省未见善板，况原本亦属少见。今虔诚绘像并里居古迹，绘图敬刻，又灵笤圣签及道光六年海运加封事实一并补刻，名之曰《天后圣母圣迹图志》。"可见《天后圣母圣迹图志》的来源主要是《敕封天后志》《显应录》《天后昭应录》等书。从苏州版《图志》的目录可以看出，苏州版《图志》上卷内容与乾隆版《敕封天后志》基本相同，仅在蓝廷珍谢恩奏疏下再插入道光六年江苏巡抚陶澍主持海上漕运的六篇相关文件。但苏州版《图志》下卷"圣迹图"的版画和文字说明则完全抛开《敕封天后志》图说，另起炉灶，重新创作，而且直接从《天后显圣录》取材改编。如为《天后志》所删去的"挂席泛槎""铁马渡江""龙王来朝""奉旨锁龙""托梦除奸"等被全部吸收改编于《图志》中。特别是为《天后显圣录》所独有的"圣槎示现"一则，亦被改写为"明前迹复现神槎"入编；而"敕封天后志"中之"航海寻兄""救旱""示陈指挥""破倭寇""救张元""救柴山""历庇封舟""崔苻改革""助风退寇""引舟入澳""海岸清泉""潮退加涨"等却未被采用。[1] 蒋维锬的上述观点认为苏州版《图志》下卷"圣迹图"的图说直接从《天后显圣录》取材改编。但因《天

---

1. 蒋维锬、周金琰辑纂《妈祖文献史料汇编》第二辑《著录卷》下，北京，中国档案出版社，2009 年，第 457 页。

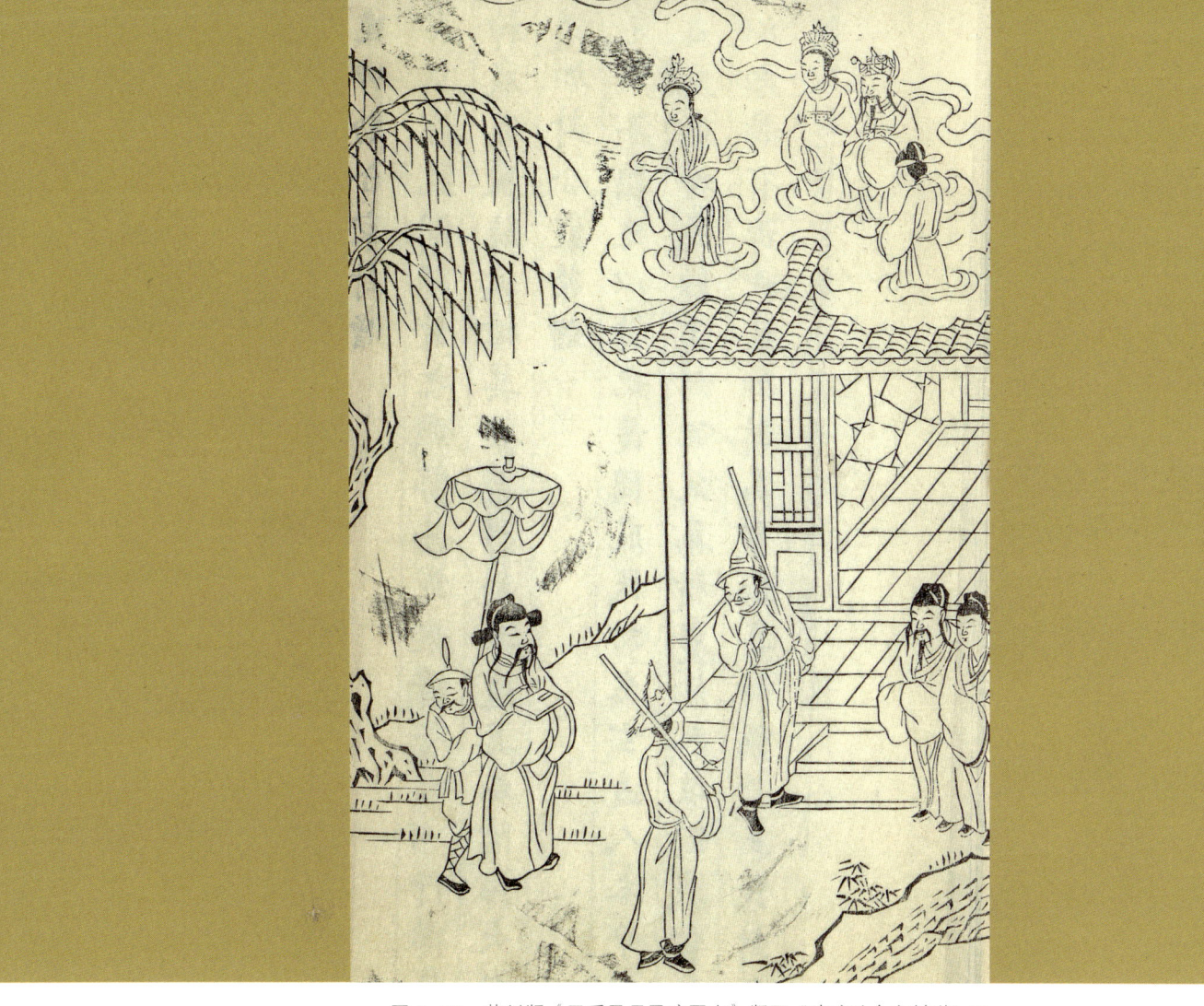

图4-19　苏州版《天后圣母圣迹图志》版画"建功勋合家封赠"图

后显圣录》只有文字而没有图画，当时可以参考的类似版画只有《敕封天后志》圣迹图式版画，却未被苏州版《图志》的作者所采用。将苏州版《图志》版画与前面已研究过的福建仙游枫塘宫《天后显圣图轴》、中国国家博物馆藏《事迹图》等比较后发现，苏州版《图志》版画在弃用《敕封天后志》圣迹图式版画后，应当受到了当时已经开始流行的天后圣迹图式绘画作品，如仙游枫塘宫《天后显圣图轴》、中国国家博物馆藏《事迹图》等类似绘画作品的影响。正是由于苏州版《图志》版画作者善于借鉴当时流行的天后绘画作品，把绘画和版画作品的长处共融于一炉，才创作出了清代流传最广、影响最大的圣迹图式妈祖版画精品《天后圣母圣迹图志》，可见圣迹图式妈祖绘画和版画的相互借鉴与提升。

　　苏州版《图志》版画虽然受到了仙游枫塘宫《天后显圣图轴》、中国国家博物馆藏《事迹图》等类似绘画作品的影响，但从其作品的内容和风格来看，均有自己的鲜明特色，是精心创作的产物。在内容方面：（1）增加了"感灵佑奉诏加封""佑漕船利运天津"两篇图文。"感灵佑奉诏加封"故事发生在康熙五十八年（1719年），"佑漕船利运天津"故事发生在道光六年（1826年），显然是后来增加的内容。（2）增加了"遇道人秘传玄诀"图（图4-20）和题记，描绘天后十三岁时遇老道士传授"玄微秘法"[1]的情景。刻意强调天后受道教的影响。（3）对"海运"题材的强调。苏州版《图志》版画中

---

1. 蒋维锬、周金琰辑纂《妈祖文献史料汇编》第二辑《著录卷》下，北京，中国档案出版社，2009年，第351页。

图4-20 苏州版《天后圣母圣迹图志》版画"遇道人秘传玄诀"图

图4-21 苏州版《天后圣母圣迹图志》版画"答神麻钦颁祀典"图

出现了三幅有关"海运"的图:"波涛中默佑漕舡""垂神灯粮船有赖""佑漕船利运天津",反映了清代道光年间对"海运"的重视。从清代中国漕运发展历史来看,确实在道光年间因为黄河改道,影响了漕运的畅通,不得不改为海运粮食,此种历史背景,在苏州版《图志》版画的图像中也反映了出来。(4)"答神麻钦颁祀典"图文的特殊性。苏州版《图志》版画在妈祖升天后的故事中有一幅"答神麻钦颁祀典"图(图4-21),放在南宋孝宗时的故事"示白湖凿泉疗疫"之后。从画面整体构图来看,与仙游枫塘宫《天后显圣图轴》"助顺加封"图(图3-36)有相似之处,都是一位官员模样的人物跪在天后庙前祈祷。但枫塘宫《天后显圣图轴》"助顺加封"图讲的是清朝康熙年间妈祖阴助万正色将军攻克厦门的故事。而苏州版《图志》版画"答神麻钦颁祀典"图题记为:

海邦履险,临于不测之机;神灵呵护,应于非常之际。或化蝴蝶、蜻蜓绕桅樯而垂引,或令瑞禽、燕雀示舟楫以无虞。至于明灯璀璨，慈悲灵济于若隐若现之间；瑞气氤氲，显赫神通乎可望可即之下。总在一诚可格，未可思议名言者也。[1]

此题记没有具体时间和地点，从宏观上论述妈祖海上救助的种种神示和功德，与通常的圣迹图式妈祖故事图画的题记风格迥异，当为苏州版《图志》版画的新创。

此外，在内容的排序方面，苏州版《图志》版画整体上也遵循着仙游枫塘宫《天后显圣图轴》、中国国家博物馆藏《事迹图》等绘画作品由凡→圣，再由圣→凡的对立统一结构，大致按照故事发生的时间先后排序。但在具体的排序方面，出现了一些次序错乱的情况，如元至顺的"垂神灯粮船有赖"被排在了南宋的"示白湖凿泉疗疫"之前，又如把本应属于天后升天前的收伏部将故事"净魔心乘舟显圣"放到了天后升天后的发生在南宋庆元四年（1198 年）的"止阴潦万姓沾恩"故事之后。至于"梦神嘱庙宇倾成"故事排序的特殊安排，前文已有论述，此处不赘。

苏州版《图志》版画秉承吴门版画的传统，"绘镂精审"，画面清晰简洁、雕工精细，人物表情活泼生动，艺术水平明显高于清乾隆《敕封天后志》、清道光《天后本传》等版画作品，是清代圣迹图式妈祖故事版画中最精美的作品。

苏州版《图志》版画在使用功能上也有自己的特色。据《图志》清道光十二年重镌本和《图志》郑氏藏本两书卷末所附寿恩堂跋语云："幸望贵商船主发心许愿敬印《天后圣母圣迹图志》布送各省，传流广大，功实无量。但船在海洋许愿只知敬戏，而敬戏一日之诚，敬送是书显彰圣迹，绵传百世之功，较之敬戏胜万倍也。信心高明善士必以为然者也。"[2] 可见，苏州寿恩堂刊刻《图志》的主要目的是传教布道，弘扬妈祖信仰，希望此书能在各省流传，并与当时比较流行的为妈祖敬戏进行比较，认为敬书是"百世之功"，比敬戏"胜万倍也"。从后世的流传情况来看，苏州版《图志》确实达到了广为流传的目的，形成了苏州版、广东版和闽浙版三大体系，刻本众多，影响广泛，是清代以来面世的妈祖图志中影响最大的一部，对在沿海各省传播妈祖信仰起到了重要的作用。

二、广东版《天后圣母圣迹图志》版画

广东版《图志》版画目前可见的只有两种版本，都刻于佛山，一为佛山庆云楼，一为佛山翰宝楼。广东版《图志》的流传历史是：清道光二十四年（1844 年）佛山林丹年从苏州带回苏州版《图志》道光十二年重镌本，道光二十五年（1845 年）与同志醵金由佛镇会文堂重刊，此本卷末附有道光二十五年南海李可琼、黄元章、马颂清和顺德罗家政、潘楷、严显六篇跋文。其中李可琼跋："友人林丹年自苏携来《圣

---

1. 蒋维锬、周金琰辑纂《妈祖文献史料汇编》第二辑《著录卷》下，北京，中国档案出版社，2009 年，第 399 页。
2. 同 1，第 453 页。

母灵迹图志全集》，拟醵金付梓，俾家有其书，庶众人知所考据晓然于慈怀，福善呼吸即应，赫赫在人耳目间，信而有征，良不诬也。"[1] 马颂清跋云："去春余得睹《天后圣母圣迹图志全集》，其中所载世系源流，有条不紊，而神功圣德，利济群生者，广大无外，且久而弥彰，尤为至详且悉。披览之余，诚肃之怀，不禁勃然兴起，因为往复流连，不能释手，非徒以其绘图之巧，叙述之奇，如登委宛而探琅函，入瑯□而窥秘册，惊喜生平未见而先睹为快也。是编也，林君丹年得自姑苏，偶出以示人，传观者殆无虚日。今岁因与诸同志醵金付梓人重刊，以广其传，剞劂将竣，而嘱余志其缘起。"[2] 最后的佛山会文堂识语云："林君丹年自苏携来上洋寿恩堂所辑《天后图志》二卷，左图右史，纪事甚精。黎君镇广、梁君逸山谓粤不可无是书也，议醵金重梓，适又得闽来一本，莆田藏板也；比而观之，大同不无小异，绘事之工不及上洋焉。爰取上洋本付诸剞劂，间或上洋所无，莆田所有，概为增入。"[3] 上述是广东版《图志》道光二十五年版的基本来历。但可惜这个版本的原版在清咸丰四年（1854年）爆发的红巾军起义中毁于战火。直至咸丰十年（1860年）方由佛镇庆云楼收集遗编，进行重刻。庆云楼本现藏于广东省立中山图书馆，卷末有鹤山刘觉亨跋云："《天后圣迹图志》自丹年林君捧归粤东，锓板盛行……咸丰甲寅六月，红巾肆扰，咸阳炬火，殃及枣梨，宝笈已劫余灰，宝录仅存一线，顺德石泉张君，纠同志捐资重镌寿世，嘱余跋语其后。"[4] 又最后的佛镇庆云楼识语云：

> 《湄洲天妃圣母著验灵迹图志》二卷，自当历久弥彰，垂诸不朽，但旧板所藏，不料甲寅之岁火毁于兵燹，泯没无传，悚然深惜。敬念天妃圣母功德彰彰，确有可凭者备载编内，遂令千载下披图览志，惕然于神之为灵昭昭，然后知古人以神道设教，诚非迂远而难稽也。故本楼复取遗编付梓重刊，以广为传布，俾家有其书，咸晓然于为善者之必获俾神佑焉云尔。[5]

关于庆云楼本的年代，蒋维锬先生根据刘觉亨咸丰九年的跋语认为此本重刻于咸丰九年（1859年），[6] 但庆云楼本书名页上中间有"顺德梁九图敬题"的篆刻书名"天后圣迹图志"，右上款为"咸丰庚申孟冬重镌"，左下款为"佛镇十七间庆云楼藏板"。可见，虽然刘觉亨的跋写于咸丰九年，但重刊应是咸丰十年。

---

1. 蒋维锬、周金琰辑纂《妈祖文献史料汇编》第二辑《著录卷》下，北京，中国档案出版社，2009年，第453页。
2. 同1，第454页。
3. 同1，第455页。
4. 同3。
5. 同1，第456页。
6. 蒋维锬：《清代〈天后圣母圣迹图志〉版系探佚》，刘福铸、周金琰、郑丽航主编《纪念蒋维锬文集》，福州，海风出版社，2014年，第306页。

广东版《图志》还有一个版本就是佛山翰宝楼刻本。该版本现藏于荷兰阿姆斯特丹国立博物院。笔者所见的是曾在该博物院任研究员的鲁克思（Dr.Klaas Ruitenbeek）的复印本。该本封面题签"天后元君圣迹图志"。第一页有"民之慈母／黄家龙拜题"的题字，字体类似石印而非木刻，应是后来的题字。书名页（第二页）中间有"顺德梁九图敬题"的篆刻书名"天后圣迹图志"，右上款为"咸丰庚申孟冬重镌"，左下款为"福禄里翰宝楼藏板"。可见，翰宝楼版也重刊于咸丰十年。仔细比较上两个版本的书名页可知，除了左下款的刊刻机构不同外，其余几乎完全相同，再对比两个版本的文字和版画内容，也基本相同，可见两个版本的密切关系。从两个版本的对比可知，鲁克思复印的翰宝楼版本明显没有复印齐全，也见不到跋语，给此本的研究带来了一定的困难，但由于两个版本内容完全一致，可以作为广东版《图志》的典型代表来研究。

广东在咸丰之后是否还有重刻本，没有看到实物，但1929年广州中山大学教授容肇祖曾在广州购得一部《天后圣母圣迹图志》，他在《天后》一文中提到："柯秉珪《圣迹图志》说：湄人则共呼之曰姑婆，闽人则统称之曰娘妈。"[1] 蒋维锬研究认为："柯氏之名未见于道咸本之序跋，他所说两句考语亦未见于道咸本载录，故这个本子很有可能是咸丰以后由柯氏序跋之重刻本。"[2]

清代后期以来，广东版画水平有了快速的发展，像梁廷枏的《小四梦》插图、[3] 郑绩的《梦幻居画学简明》都代表了广东木刻版画的出色成就。佛山又是明清时期的中国四大名镇之一，素以手工业发达而闻名，在这样的背景下，广东版《图志》版画一诞生，就具有较高的刊刻水平。总体来看，庆云楼版线条细劲、图像清晰、人物表情生动，比翰宝楼版刊刻水平更高，几乎接近于苏州版《图志》的水平。

就广东版《图志》版画的内容来看，与苏州版相同的49幅图，即从第1图"感大士赐丸得孕"到第49图"佑漕船利运天津"，内容完全相同，只是刊刻水平稍逊。广东版最大的不同是在49图之后把苏州版《图志》所删去的，原属于乾隆四十三年（1778年）版《敕封天后志·图说》的13幅图，即"航海寻兄""现身渡劫""救旱""示陈指挥""破倭寇""救张元""救柴山""历庇封舟""崔苻改革""助风退寇""引舟入澳""海岸清泉""潮退加涨"，除了"现身渡劫"图外，全部补刻了出来，从而形成了一本书中有两种不同风格的版画和题记。

从前引佛山会文堂识语"爰取上洋本付诸剞劂，间或上洋所无，莆田所有，概为增入"可知，道光二十五年会文堂在刊刻《图志》时，就是以上洋寿恩堂版画和莆田藏《敕封天后志》版画互校有无后刻成的，甚至连两书的版画风格都照实刊刻，因此形成了广东版《图志》同书两种风格的现象。

---

1. 容肇祖：《天后》，魏应麒《福建三神考》，广州，国立中山大学语言历史研究所，中山大学民俗学会，1929年。
2. 蒋维锬：《清代〈天后圣母圣迹图志〉版系探佚》，刘福铸、周金琰、郑丽航主编《纪念蒋维锬文集》，福州，海风出版社，2014年，第306页。
3. 郑振铎：《中国古代木刻画史略》，上海，上海书店出版社，2006年，第200页。

从苏州版《图志》删去的13幅图来看，天后飞升前故事一则（"航海寻兄"），北宋（"现身渡劫"）、南宋（"救旱"）故事各一则，明代的故事六则（"示陈指挥""破倭寇""救张元""救柴山""历庇封舟""崔苻改革"），清代的故事四则（"助风退寇""引舟入澳""海岸清泉""潮退加涨"）。可见苏州版《图志》的选编者对乾隆版《敕封天后志》作者重点强调明清天后灵应故事，尤其是明代灵应故事的做法颇为不满，于是进行了大刀阔斧的删减，增加了"遇道人秘传玄诀""答神庥钦颁祀典"等自己感兴趣的内容，并使整套天后圣迹图式版画控制在49幅，与当时的惯例相近。从广东版《图志》选编者的角度来看，刊印《图志》的主要目的是"以广为传布，俾家有其书，咸晓然于为善者之必获俾神佑焉云尔"。正是从这种"以广其传"的目标出发，其选编就不会有门户之见，只要是妈祖灵应故事，一概编入，以广其传。这也是导致广东版《图志》版画数量大增的原因。

广东版《图志》除了增加上述12幅图文外，还增加了3幅图文，即："助靖海氛""张均自述遇救二则""汪册使灵异记二则"，均选自道光二十三年版《敕封天后志》最后增加的4幅图文。由于道光二十三年版《敕封天后志》这4幅图文出现了文字不统一、图版特征不明显、装订次序时有错乱等弊端，也影响了广东版《图志》，给"张均自述遇救二则"题记错配了"潮退加涨"图，把乾隆丙午平定林爽文故事的配图题记，改为康熙二十年（1681年）汪（辑）册使灵异记二则，引起了后人释读上的困难，这是广东版《图志》的一个明显缺点。

三、闽浙版《天后圣母圣迹图志》版画

闽浙版《图志》的流传情况，据清同治九年（1870年）蛟川周巨涟跋语："旧本《圣迹图》自'大士赐丸'至'春秋崇祀'，凡四十八图，以下三图系道光年间上洋寿恩堂增入。咸丰丁巳，乍川陈氏立愿重梓其板，旋遭兵燹。同治乙丑，武彝潘、丘二氏复经翻刻，板存闽中建群会馆，今同人以刷印未便，谋为重刊。先属孙孝廉承谟参阅，并增入金柳二将军封号、奏片及汪委员《灵应记》。兹复为编次删定，因序而付之梓。"[1]这里提到了上洋寿恩堂版、咸丰七年闽版、同治四年闽版，可以说大概勾勒出了闽版的基本轮廓。这个版本系列目前硕果仅存的是同治四年武彝潘锦澜、邱凤诰所刻之本，该本于2001年由江苏古籍出版社影印出版，书名改为《妈祖图志》。

据同治九年镇海孙承谟识语云："《圣迹图志》板存于浙西木商，毁于兵燹。顾后之灵显何与于是书，而奉后者究不可无是书。脱不踵而梓之，将穷乡僻壤曷以知神灵之历久弥彰、封典之有加无已耶？浙商爰取旧本，校其讹字，付之剞劂，寄板于闽之安澜会馆，俾奉祀者资印订焉。"[2]可知，同治九年还有一个浙商重刻本，但同治九年本与同治四年本来源不同，因同治四年潘、丘二氏刻本板存闽中建群

---

1. 蒋维锬、周金琰辑纂《妈祖文献史料汇编》第二辑《著录卷》下，北京，中国档案出版社，2009年，第459页。
2. 同1，第528页。

图 4-22　闽浙版《天后圣母圣迹图志》版画"封琉球护卫钦差"图

图 4-23　闽浙版《天后圣母圣迹图志》版画"潮州馆显饬兵丁"图

会馆，浙江同仁刷印不便，"浙商爰取旧本，校其讹字，付之剞劂，寄板于闽之安澜会馆"。闽之安澜会馆当指福州安澜会馆，位于福州市仓山区仓前路，又名浙江会馆、上北馆。清乾隆四十年（1775年）始建，原为浙人在闽经商及官员、名人聚集之处。坐南朝北，占地2.5亩。正殿面阔三间，重檐歇山顶，祀天后圣母，前为戏台，两侧为双层廊房。可见，同治九年本是一个浙江版本，可惜至今尚未发现，仅存周巨涟、孙承谟二跋现藏于台北图书馆的《天上圣母源流因果》一书卷末。

因闽浙版《图志》系列中目前可知仅存的只有同治四年武彝潘锦澜、邱凤浩重刻本，只能以此本为代表来比较相关的版画内容。对比苏州版《图志》版画，闽浙版《图志》版画仅在苏州版版画49幅图之后增加了道光十九年（1839年）的"封琉球护卫钦差"和道光二十一年（1841年）的"潮州馆显饬兵丁"二图和题记。"封琉球护卫钦差"图（图4-22）描绘了道光十九年，册封琉球使林鸿年、高人鉴出使琉球途中两次遭遇风暴，天后保佑化险为夷的故事。[1] 此图的构图类似于"赴琉球阴护册使"图（图4-15），最明显的不同是将"恭迎天使"四字放在一个牌坊上。"潮州馆显饬兵丁"图（图4-23）描绘了道光二十一年，有客兵驻扎在上海潮州会馆，因亵渎会馆中的天后神灵，兵士于七月十五日夜遭无

---

[1] 蒋维锬、周金琰辑纂《妈祖文献史料汇编》第二辑《著录卷》下，北京，中国档案出版社，2009年，第445页。

数黑衣人持械驱赶的故事。[1]同治四年闽浙版《图志》选编者将上述两图增入《图志》的主要目的是把当时新出现的重要天后灵应故事补入，以传后世，这对整套版画的神话结构没有造成影响。同治四年闽浙版《图志》版画总体来看线条较为松散，人物表情模糊、呆滞，画面板滞有余而活泼不足，在现存的五部《图志》中艺术水平相对是较低的。

第二节　清代《敕封天后志》版画

一、《敕封天后志》及其版画概况

《敕封天后志》为上下二卷，林清标辑，清乾隆四十三年（1778年）首刊。版框纵19厘米，横27厘米，单边。每页8行，满行20字。版心单鱼尾，上刻《敕封天后志》书名，下刻卷次、编目及页码。

林清标，字弱侯，号书亭，莆田"九牧林"第六房蕴公后裔，清乾隆六年（1741年）举人，翌年会试副榜，官惠安县学教谕。《敕封天后志》的成书，源于其子林霈所请：

> 昔湄洲僧承吾宗大宗伯公手授《显圣录》一编，复集见闻，以付剞劂，时已不无厥略。迨世久年深，板多散失。后有辑时事以增补重刊，而未尝广传，毋怪闻之者犹有疑焉。兹标长儿霈，秉铎台之凤山，克邀神惠，拟将原本重镌，冀得广传，邮书请标宗其事。因细阅从前刻本，次序错杂，间多有附会事。爱仿古人左图右书之法，浮者删之，实者录之，编次绘图，以成一部信书。虽不能博采无遗，而分门别类，颇易披阅。即异日复有可传续之者，不难为力焉。[2]

林清标以《天妃显圣录》为基础，对其书进行了重新调整改编，文字上加工修订，尤其值得注意的是他别出心裁，"仿古人左图右书之法"，开创了圣迹图式妈祖版画的先河，对后世产生了很大的影响。

《敕封天后志》上卷主要改编自《天妃显圣录》之《历朝显圣褒封》和《历朝褒封致祭诏诰》两节内容。改编者重在编辑结构上的调整，把褒封记录与诏诰、祭文分为历朝和国朝，又把非诏诰之奏疏、祷文、记志等从中分离出来依次编于诏诰、祭文之后，又把下卷首篇正文《诞降本传》挪移到上卷作为首篇正文，使阅读更为顺畅。

《敕封天后志》下卷主要对《天妃显圣录》所载54则圣迹故事进行重新审核和整理。林清标在《图

---

1. 蒋维锬、周金琰辑纂《妈祖文献史料汇编》第二辑《著录卷》下，北京，中国档案出版社，2009年，第447页。
2. 林清标：《敕封天后志序》，蒋维锬、周金琰辑纂《妈祖文献史料汇编》第二辑《著录卷》上，北京，中国档案出版社，2009年，第173页。

说弁言》中对此次修改的主要指导思路进行了说明：

> 天后事迹，非图说若干足以尽之，第就旧本所载，升天以后事实，非关为国为民者不录，有附会其事而非真者不录，有乡里传言凿凿而无从核实者不录，故所录者少而不录者多。编为图说，仿古图书法也。采辑中，如收伏等事，近于荒诞，似不必录；然康熙二十二年平定台湾时，神将与有功焉，事经陈奏，则无可疑。故自降诞以及升天，自宋代以及国朝，灵应而有可考者，绘为图而详其说。间有事属相类，绘一图而胪为说，则画工不虞重复，而披阅者亦自了然矣。后有续斯志者，须有徵而后辑之，庶不失为信书也。若以传闻无稽之说，炫奇夸异，殊非天后意也。[1]

可见，编者极力想把此书编辑成一部信书，而且采用图画说明的方法，使该书的吸引力大增。将《天妃显圣录》与《敕封天后志》比较可知，大体可归纳为增、删、并、改四种情况。增加了5篇，即"诞降""舫海寻兄""历庇封舟""海岸清泉""潮退加涨"；删去了8篇，即"挂席泛槎""铁马渡江""龙王来朝""显梦辟地""旧巷戮寇""托梦除奸""起盖钟鼓楼""大辟宫殿"；合并的有2篇，即"平大奚寇""一家荣封"合并为"平寇追封"，"怒涛济溺""神助漕运"合并为"助漕运"；改写的有1篇，即把"奉旨锁龙"改写为"除水患"。其余42篇则基本依照《天妃显圣录》原文。

《敕封天后志》的版本目前可见的有两种：一种就是乾隆四十三年（1778年）林清标所编辑的原刻本，其断编到"湄洲庙考"为止。另一种是道光二十三年（1843年）林湛续刻本，续刻后来的图文4则。此外，尚有道光十三年刻本和同治五年淮安林崇仁堂刻本，目前尚未找到。本书的分析主要以乾隆四十三年原刻本内容展开，对后续的图像内容也略作分析。

二、《敕封天后志》的内容和分类

原版《敕封天后志》共49幅图，前15幅描绘的是天后飞升前的凡间故事，后34幅图描绘的是天后脱凡入圣后的灵应故事。前15幅图又可大致分为三类，后34幅图可大致分为五类，下面分别选出各类一些代表性的图画进行图像记述与解释。

（一）天后凡间故事

天后凡间故事主要描述了天后从出生到在湄洲岛飞升前的各类显灵故事，共有15则，分别为"诞降""窥井""机上救亲""航海寻兄""救商""菜屿长青""祷雨""降伏二神""收晏公""恳

---

[1] 蒋维锬、周金琰辑纂《妈祖文献史料汇编》第二辑《著录卷》上，北京，中国档案出版社，2009年，第201页。

请却病""收高里鬼""除水患""除怪风""收伏二怪""湄屿飞升"。按内容又可分为三类，即"降诞飞升""收伏部将""除患救护"。下面从上述三类中每类选取两篇进行图像记述与解释。

1. 降诞飞升故事

《敕封天后志》中共有4幅，即"诞降""窥井""菜屿长青""湄屿飞升"。主要描述了天后飞升前的四个重要生平故事。本书选取了"诞降""湄屿飞升"两幅分别介绍。

"诞降"图（图4-24）描绘的是天后出生时"香气氤氲，观者如堵"的场景。图右上部是林家的住宅，上有云气飘动。左下方的众人均作观看状。该图题记为：

[1]后父惟悫（一云名愿），为宋都巡官，娶王氏。二人多积
[2]德，已生一男五女，每念一子单弱，常当空祈再
[3]赐佳儿。王氏梦大士告之曰："尔家行善，今赐女
[4]一丸，服之，当得慈济之贶。"遂娠。太祖建隆元年
[5]庚申三月二十三日，王氏腹震，有一道红光入
[6]室，香气氤氲，观者如堵。及生，父母大失所望。时
[7]港四围之山崩摧，乃灵气所钟也。至满月，不闻
[8]啼声，因名曰默。

图4-24 《敕封天后志》"诞降"图

"湄屿飞升"图（图4-25）描绘的是天后升天时的场景。图上部立于云端的当为天后，下部男女老幼众人均作观看状，似在见证着天后的飞升。该图题记为：

[1]宋太宗雍熙四年丁亥，后年二十九。秋九月八日，
[2]后语家人曰：心好清静，尘寰所不乐居，明辰乃

图 4-25 《敕封天后志》"湄屿飞升"图

图 4-26 《敕封天后志》"降伏二神"图　　　　　图 4-27 《敕封天后志》"收晏公"图

[3] 重阳日，适有登高之愿，预告别期。众咸以为登
[4] 临远眺，不知其将仙也。次晨，焚香演经，谓诸姊
[5] 曰：今日欲登山远游，以畅素怀，道阻且长，诸姊
[6] 不得同行，伤如之何。诸人笑慰之曰：游则游耳，
[7] 此何足多虑。后遂渡海径上湄峰最高处。但见
[8] 浓云横岫，白气亘天，恍闻空中丝管声韵叶宫
[9] 徵，直彻钧天之奏，乘风翼霭，油油然翱翔于苍
[10] 旻皎日间，众咸欷歔惊叹。徘徊俯视人世，若隐
[11] 若现，忽彩云布合，不可复见。嗣后屡呈灵异，乡
[12] 之人或见诸山岩水洞之旁，或得之升降趺坐
[13] 之际，常示梦显圣，降福于民。里人畏之敬之，相
[14] 率立祠祀焉。号曰：通贤灵女。时仅落落数椽，而
[15] 祈祷报赛，殆无虚日。

第四章 圣迹图式妈祖版画研究

2. 收伏部将故事

《敕封天后志》中共有3幅，即"降伏二神""收晏公""收伏二怪"。主要描述了天后收伏部将的故事。本书选取了"降伏二神""收晏公"两幅分别介绍。

"降伏二神"图（图4-26）描绘的是天后收伏千里眼、顺风耳两位大将的场景。图右上部天后站立似作法状，左下角千里眼、顺风耳跪地求饶。该图题记为：

[1] 西北方有二怪，一号顺风耳，一号千里眼，出没
[2] 为祟，村民苦之，求治于后。后乃杂迹于女流采
[3] 摘中，十余日，方与之遇。彼误认为民间女子，将
[4] 近前，后叱之，遽腾跃而去。一道火光，如车轮飞
[5] 越，不可方物。后手中丝帕一拂，霾障蔽空，飞飚
[6] 卷地。彼仍持铁斧疾视。后曰：敢掷若斧乎？遂掷
[7] 下，不可复起，因咋舌伏法。越两载，复出为厉，幻
[8] 生变态，乘涛骑沫，滚荡于浮沉荡漾之中，巫觋
[9] 莫能治。后曰：江河湖海，水德攸钟，彼乘旺相之
[10] 乡，须木土方可克之。至次年五六月间，络绎间
[11] 治于后，乃演起神咒，林木震号，沙石飞扬。二神
[12] 躲闪无门，遂拜伏，愿皈正教。时后年二十三。

"收晏公"图（图4-27）描绘的是天后收伏晏公的场景。图左边的船头上天后正在施展法力，水中作乱的晏公显现出了原形，被天后收伏。该图题记为：

[1] 时有负海怪物曰晏公，每于水中趁江豚以嘘
[2] 风，鼓水妖以击浪，翻溺舟楫，深为水途大患。后
[3] 游至东溟，见一碧万顷，水天涵泓，半晷间，江心
[4] 澎湃。舟子急呼曰：桅舵摇撼矣！后令抛椗。见一
[5] 神掀髯突晴，金冠绣袖，随潮升降，触缆拂樯，形
[6] 如电扫雷震。后色不动，显出灵变，忽旋风翻浪，
[7] 逆湃倒澎。彼伏神威叩谢，荡舟而还。但一时为
[8] 法力所制，终未心服。继假逞色相，变一神龙，挟
[9] 雾翼云，委蛇奔腾。后曰：此妖不除，风波不息。乃
[10] 抛椗中流，龙左翻右滚，机破技穷，仍还本象，唯
[11] 见整然衣冠，俨一尊神，驻椗不动。后命投下缯

图 4-28 《敕封天后志》"机上救亲"图

[12] 绳。彼近前附摄，不觉随摄随粘，牢固难解，飘荡
[13] 浮于水上，始惧而伏罪。后嘱之曰：东溟阻险，尔
[14] 今统领水阙仙班，护民危厄。由是永依法力，为
[15] 部下总管。

3. 除患救护故事

《敕封天后志》中共有 8 幅，即"机上救亲""舫海寻兄""救商""祷雨""恳请却病""收高里鬼""除水患""除怪风"。主要描述了天后除患救民的故事。本书选取了"机上救亲""收高里鬼"

两幅分别介绍。

"机上救亲"图（图4-28）描绘的是天后在纺织机上出元神救亲人的场景。画面中天后在纺织机前织布时似假寐状，身后的母亲正欲呼醒她。一缕白气升向天空。该图题记为：

[1] 秋九月，父与兄渡海北上，时西风正急，江上狂

[2] 涛震起。后方织，忽于机上闭睫，颜色顿变，手持

[3] 梭，足踏机轴，状若有所挟而惟恐失者。母怪，急

[4] 呼之醒，而梭坠。泣曰：阿父无恙，兄没矣。顷而报

[5] 至，果然。彼时父于怒涛中，仓皇失措，几溺者屡，

[6] 隐似有住其舵，与其兄舟相近，无何，其兄之舵

[7] 摧舟覆。盖后当闭睫时，足踏者父之舟，手持者

[8] 兄舵也。

"收高里鬼"图（图4-29）描绘的是天后收伏高里乡一鬼怪的场景。画面中天后正坐在树下的岩石上作法，高里鬼先变为枯发，用火烧之，于是现出原形，为一个小鬼。该图题记为：

[1] 高里乡突有阴怪，含沙侵染百病，村人共诣神

[2] 姑求治。后取符咒贴病者床头，众如命而行。闻

[3] 屋瓦响处，一物如鸟，拼飞而去。后迹其所之，扫

[4] 穴除之。比至，遽幻作一小鸟，匿树杪（杪），只见渺渺

[5] 林端，起一团黑气。后曰：不可留此为桑梓忧，追

[6] 擒之，唯一鹡鸰唧唧。将符水一洒，鸟踏空而坠，

[7] 并无形体，仅存一撮枯发。举火焚之，突现本相，

图4-29 《敕封天后志》"收高里鬼"图

[8] 兀兀一小鬼，叩拜曰：愿皈台下服役。收之。先是

[9] 符咒未至之前，一宵于民间忽语人曰：我将别，

[10] 当享我。主人具仪宴之，次晨符咒至，即从屋上

[11] 出去。盖亦预知法力难逃也。

（二）天后灵应故事

天后灵应故事描述了天后在湄洲岛飞升之后的各类显灵故事，共有34则，分别为"起椗""圣墩神木""铜炉溯流""现身渡劫""圣泉救疫""托梦建庙""温台剿寇""救旱""救瓯闽潦""平寇追封""紫金山助战""助擒草寇""钱塘助堤""济兴泉饥""焚陈长五""助漕运""拥浪浮舟""药救吕德""救郑和""示陈指挥""破倭寇""救张元""救柴山""庇杨洪""历庇封舟""藿苟改革""助风退寇""井泉济师""引舟入澳""澎湖助战""海岸清泉""保护册使""托梦护舟""潮退加涨"。按内容又可分为四类，即"托梦显迹""助战退寇""护使庇官""除患救护"。下面从上述四类中每类选取两篇进行图像记述与解释。

1.托梦显迹故事

《敕封天后志》中共有4幅，即"起椗""圣墩神木""铜炉溯流""托梦建庙"。主要描述了天后飞升后的托梦显迹故事。本书选取了"圣墩神木""托梦建庙"两幅分别介绍。

"圣墩神木"图（图4-30）描绘的是天后显现出一个枯楂，夜现光气，并托梦乡人为其建庙的场景。画面中部的水中显现出一个枯楂，画面下部有一座桥，桥上众人露出惊异之状。该图题记为：

[1] 宋哲宗元祐元年丙寅，莆海东有高墩，常有光气

[2] 夜现，渔者疑为异宝，伺而视之，乃水漂一枯木

[3] 发焰。渔人拾置诸家，次晨视之，木已自还故处。

[4] 再试复然。当夕托梦于宁海墩乡人曰：我湄洲

[5] 神女，其木实所凭也，宜祀我，当锡尔福。父老异

[6] 之，告于制干李公。公曰：此神所栖也。吾闻湄有

[7] 神姑，显迹久矣，今灵光发现昭格，必为吾乡一

[8] 方福，叩神之庇，其在斯乎。遂募众营基建庙塑

[9] 像崇祀，号曰：圣墩，祷应如响。

"托梦建庙"图（图4-31）描绘的是南宋绍兴二十七年（1157年），天后托梦乡人选地建庙的场景。图左边官员模样的人物当为少师陈俊卿，右边的人物当为择地的算命先生，他们正在选地建庙。该图题记为：

[1] 绍兴二十七年秋，莆城东五里许，有水市，诸舶
[2] 所集，曰白湖。神来相宅于兹。章氏、邵氏二族人，
[3] 共梦神指立庙之地。少师陈公俊卿闻之，验其
[4] 地果吉，因以奉神。岁戊寅，庙成。三十年，流寇刘
[5] 巨兴等啸聚，直抵江口。居民虔祷于庙，忽狂风
[6] 大震，烟浪滔天，晦暝不见，神灵现出空中，贼惧
[7] 而退。既而复犯海口，神又示灵威，贼遂为官军
[8] 所获。奏闻天子，诏加封：灵惠昭应夫人。

2. 助战退寇故事

《敕封天后志》中共有13幅，即"紫金山助战""助风退寇""井泉济师""澎湖助战""海岸清泉""温

图4-30 《敕封天后志》"圣墩神木"图　　　　　　图4-31 《敕封天后志》"托梦建庙"图

台剿寇""平寇追封""助擒草寇""焚陈长五""拥浪浮舟""破倭寇""萑苻改革""潮退加涨"。主要描述了天后助战退寇的故事。本书选取了"井泉济师""焚陈长五"两幅分别介绍。

"井泉济师"图(图4-32)描绘的是天后帮助施琅征剿台湾的大军解决饮水困难的场景。画面中众多担水的军士当为施琅将军的兵卒,庙宇建筑前的水井,就是显圣出水的师泉井。该图题记为:

[1] 靖海将军侯施,于康熙二十一年十月奉命征
[2] 剿,大师云屯于平海。此地斥卤,樵汲维艰,只有
[3] 神宫前小井一口,甚浅,当炎天旱候,尤为枯竭,
[4] 数万军取给炊爨弗继。将军侯乃祝诸神:以大
[5] 师札住,愿藉神力,俾源源可足军需。祷毕,而清
[6] 泉沸溢,真不异耿恭拜井之奇。因是千万军取
[7] 用不竭,爰勒石额之曰:师泉,并作师泉志,以著
[8] 神庥。

"焚陈长五"图(图4-33)描绘的是天后显圣,在庙中火焚海盗陈长五的场景。画面中天后庙中神火正在焚烧陈长五,千里眼或顺风耳为具体实施者,门外还有两位见证人。该图题记为:

[1] 宋理宗开庆改元,岁在己未,陈长五兄弟纵横海
[2] 上,去来于兴、泉、漳之间,杀掠逞凶,家无安堵。三
[3] 郡大困,请命于神。郡守徐公梦神示之曰:当殄
[4] 此贼,以靖地方。徐公素敬信神妃,即率寨官石
[5] 玉等励兵备之。朝廷命宪使王镕克期剿贼。越
[6] 八月,贼三舟入湄岛,将屠掠蓼、禧,祷于神,弗允,
[7] 解衣偃卧廊庑下,悖慢不敬。俄有火焚其身,肉
[8] 绽皮烂,痛楚哀呼。贼大惧,退遁舟中。神起顺风,
[9] 诱之出港,忽天日晦冥,风雨骤至,及开霁,贼三
[10] 舟已在沙浦上,胶浅不动。宪使王镕曰:此神授
[11] 也,逆贼当歼灭矣。挥兵急击,贼奔溃,先擒长五、
[12] 郭敬叔等。帅兵追至莆禧,擒长六。长七乘潮退
[13] 遁。复追至福清,并俘之,磔于市,胁从者罔治。徐
[14] 公具陈神庇助之功,宪使奏上天子,敕议典礼,
[15] 进封:显济妃。两司捐万楮,助修宫殿,以报神贶。

图 4-32 《敕封天后志》"井泉济师"图　　　　　　图 4-33 《敕封天后志》"焚陈长五"图

3. 护使庇官故事

《敕封天后志》中共有 11 幅，即"现身渡劫""助漕运""救郑和""示陈指挥""救张元""救柴山""庇杨洪""历庇封舟""引舟入澳""保护册使""托梦护舟"。主要描述了天后保护册使、庇佑官员的故事。本书选取了"现身渡劫""保护册使"两幅分别介绍。

"现身渡劫"图（图 4-34）描绘的是天后保护出使高丽途中遇到飓风的给事中路允迪的场景。画面中天后坐于遇险船只的桅杆上，路允迪跪拜于剧烈颠簸的船上。该图题记为：

[1] 宋徽宗宣和四年壬寅，给事中路公允迪，奉命使
[2] 高丽，值大风震动，八舟溺七，独公舟危荡未覆。

图 4-34 《敕封天后志》"现身渡劫"图

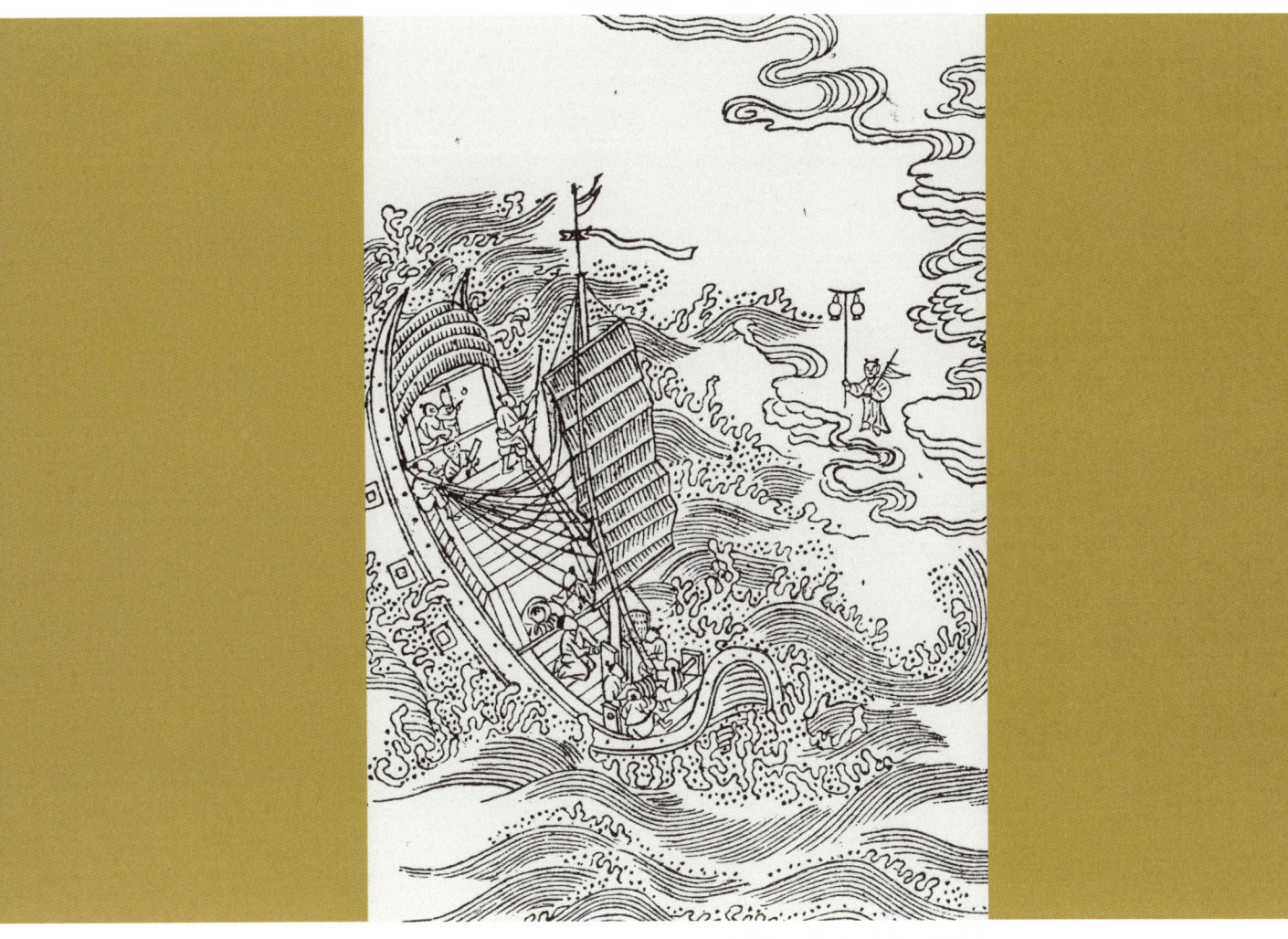

图 4-35 《敕封天后志》"保护册使"图

[3] 急祝天庇护，见一神女现桅竿，朱衣端坐，公叩
[4] 头求庇，仓皇间，风波骤息，舟藉以安。及自高丽
[5] 归，语于众，保义郎李振素及墩人备述神显应。
[6] 路公曰：世间惟生我者恩罔极，我等飘泊大江，
[7] 身濒于死，虽父母爱育至情，莫或助之，而神姑
[8] 呼吸可通，则此日实再生之赐也。复命于朝，奏
[9] 神显应，奉旨赐"顺济"为庙额，蠲祭田税，立庙祀
[10] 于江口。

"保护册使"图（图4-35）描绘的是天后保护册封琉球使汪辑、林麟焻一行在狂涛中平安返回的场景。画面中册封船在海上遭遇了狂涛巨浪，危在旦夕，远处可见一个童子举着两个灯笼指引前进的方向，此图与圣迹图式绘画中"保护册使"的惯常图画差别很大，描绘的不是一个场景。该图题记为：

[1] 国朝康熙二十二年，册封琉球汪、林等官，时在福省，
[2] 于六月二十日谕祭天后于怡山院。是时东风
[3] 正猛，不意行礼甫毕，旗帜忽皆北向，遂解缆而

[4] 行。所有应历水程，悉若飞渡而下。才三昼夜，即
[5] 到马齿山，遽至那霸港，直达迎恩亭前。琉球之
[6] 人皆谓从来封驾，未有若此飞渡而来。迄夫典
[7] 礼告竣，开驾而回。狂涛震撼，巨浪滔天，舟中人
[8] 皆颠覆，烟灶等物，尽委逝波，茫无彼岸。册使
[9] 叩神求佑，虔祷方终，神应如响。黑夜中漂泊，众
[10] 见舟竿上有二灯笼光焰在前，时束桅铁箍已
[11] 断十三，桅应散而尚全；系篷之顶绳断不可续，
[12] 篷宜坠而犹悬；桅拴裂逾尺，桅应倒而仍柱。舡
[13] 不及坏，因翌驶径归闽海港中。使官深叩神功，
[14] 复命奏请春秋祀典。

4. 除患救护故事

《敕封天后志》中共有6幅，即"圣泉救疫""救旱""救瓯闽潦""钱塘助堤""济兴泉饥""药救吕德"。主要描述了天后除患救护的故事。本书选取了"圣泉救疫""钱塘助堤"两幅分别介绍。

"圣泉救疫"图（图4-36）描绘的是天后显圣，在白湖旁边突现甘泉，去除当地瘟疫的场景。画面中民众正在湖边挖掘救疫甘泉，一些人担着水桶正在等待取用甘泉。该图题记为：

[1] 宋高宗绍兴二十五年春，郡大疫，神降于白湖旁
[2] 居民李本家，曰：瘟气流行，我为郡请命于帝，去
[3] 湖丈许有甘泉，饮此疾可疗。境内罗拜神赐。但
[4] 此地斥卤，疑无清流。以神命凿之，及深，犹不见
[5] 泉。咸云：此系神赐，勉加数锄。忽清泉沸出，人竞
[6] 取饮之，甘冷若醴。汲者络绎于路，朝饮夕瘥。人
[7] 皆腾跃拜谢曰：清泉活人，何啻甘露。乃甃为井，
[8] 号曰：圣泉。郡使者奏于朝，诏封崇福夫人。

"钱塘助堤"图（图4-37）描绘的是南宋理宗嘉熙元年（1237年），天后阴助钱塘筑堤的故事。画面中钱塘江潮水翻滚，民众正在紧张地修筑河堤以抵御潮水的入侵。该图题记为：

[1] 宋理宗嘉熙元年，浙省钱塘潮翻，江堤横溃，大为
[2] 都省患。波涌浩荡，版筑难施，都人号祝于神。忽
[3] 望水波汹涌时，涛头上艮山祠，若有所限拒，而

图 4-36 《敕封天后志》"圣泉救疫"图　　　　　图 4-37 《敕封天后志》"钱塘助堤"图

[4] 水势倒流不前。众于是乘势筑塞，堤障得成，永
[5] 无泛圮之患。众咸称神力捍御，有司特奏于朝。
[6] 奉旨，神功赫濯，大有神于朝家，议加封号，以答
[7] 灵感。

三、《敕封天后志》版画与苏州版《天后圣母圣迹图志》版画的微观比较

前文已经对《敕封天后志》和苏州版《天后圣母圣迹图志》版画的内容及分类进行了介绍，限于篇幅，下文仅选取《敕封天后志》天后升天前的"诞降""菜屿长青""祷雨""湄屿飞升"4幅图和升天后的"起椗""托梦建庙""井泉济师""保护册使"4幅图，共8幅图分别与苏州版《天后圣母圣迹图志》相对应的"诞天后瑞霭凝香""油成菜资生民食""祷苍穹雨济万民""证仙班九日升天""逢怪物祷神起椗""梦神嘱庙宇倾成""解军渴涸井流泉""赴琉球阴护册使"8幅图做一比较。

图 4-38 《敕封天后志》"菜屿长青"图

图 4-39 苏州版《天后圣母圣迹图志》版画"油成菜资生民食"图

"诞降"图

《敕封天后志》"诞降"图（图 4-24）与苏州版《图志》"诞天后瑞霭凝香"图（图 4-1）相比，都将天后诞生的婴儿形象隐去，只通过周围人物焦急等待的表情来判断天后的出生。但《敕封天后志》人物刻画较为单一、集中，没有苏州版《图志》那样分屋内、院内、院外、屋顶几个层次展开。在图画细部的刻画上，苏州版《图志》也更为精细、生动。

"菜屿长青"图

《敕封天后志》"菜屿长青"图（图 4-38）与苏州版《图志》"油成菜资生民食"图（图 4-39）相比，两者似乎反映了不同的故事发展阶段，《敕封天后志》反映的是天后撒下菜子时的场景，图画中只有天后一人。苏州版《图志》所描绘的是菜子已经长出，并有一些民众在采摘的场景。

"祷雨"图

《敕封天后志》"祷雨"图（图 4-40）与苏州版《图志》"祷苍穹雨济万民"图（图 4-41）相比，《敕封天后志》更为强调官员的在场，画面的中心位置是莆田县尹，作默祷状。画面中并未见到庙宇、神祇等祈祷对象。苏州版《图志》则展示了一幅生动的民众求雨画卷,敲锣打鼓、旌旗飘动,天后和雷公、电母均显现在天空。

"湄屿飞升"图

《敕封天后志》"湄屿飞升"图(图4-25)与苏州版《图志》"证仙班九日升天"图(图4-2)相比,最大的不同是天空中见不到迎接天后升天的庞大的仙乐班子,画面的人物轮廓也稍显模糊,天后的形象较为呆板,没有苏州版《图志》中天后形象的细腻、生动之态。

"起椗"图

《敕封天后志》"起椗"图(图4-42)与苏州版《图志》"逢怪物祷神起椗"图(图4-43)相比,《敕封天后志》描绘的是商人三宝上岸祈祷天后,保佑能顺利起椗启航的情景,海中可见的只有船帆;苏州版《图志》则将货船和船下的妖怪也画了出来,天后也出现在云端。可见两图虽然题记文字相近,但图画的焦点差异很大。

图4-40 《敕封天后志》"祷雨"图

图4-41 苏州版《天后圣母圣迹图志》版画"祷苍穹雨济万民"图

图 4-42 《敕封天后志》"起椗"图

图 4-43 苏州版《天后圣母圣迹图志》版画"逢怪物祷神起椗"图

"托梦建庙"图

《敕封天后志》"托梦建庙"图（图 4-31）与苏州版《图志》"梦神嘱庙宇倾成"图（图 4-10）相比，《敕封天后志》描绘的是少师陈俊卿和风水先生核验为天后建庙的风水宝地的场景，而苏州版《图志》描绘的是民工们正在忙碌地建庙的情景，可见两图所反映的是同一个故事的不同发展阶段。

"井泉济师"图

《敕封天后志》"井泉济师"图（图 4-32）与苏州版《图志》"解军渴涸井流泉"图（图 4-12）相比，《敕封天后志》描绘的是众多军士在师泉井边打水、担水的紧张劳动画面，图画的焦点是庙前的师泉井；而苏州版《图志》则把画面的焦点转移到端坐在图中央的施琅将军身上，师泉井则移到了画面的边缘，可见两图的关注点差异明显。

"保护册使"图

《敕封天后志》"保护册使"图（图 4-35）与苏州版《图志》"赴琉球阴护册使"图（图 4-15）相比，《敕封天后志》描绘的是册封琉球使汪辑、林麟焻一行在返回途中遇到狂涛巨浪，天后化两灯笼指引航向的场景；而苏州版《图志》描绘的是汪辑、林麟焻一行到达琉球岸边，当地官员敲锣打鼓列队欢迎的场景，可见两图所反映的也是同一个故事的不同发展阶段。

四、《敕封天后志》版画的综合考察

从上一节《敕封天后志》与苏州版《图志》8 幅图的微观比较，再结合两套图的整体来看，我们发现这两套图无论从构图上，还是从图像内容上都有比较大的差异。从前文已述苏州版《图志》上册文字基本从《敕封天后志》而来这一事实说明，苏州版《图志》的编辑者肯定是参照了清乾隆初版《敕封天后志》一书，但为什么在图画的选择上会出现如此大的差异呢？

首先分析一下林清标《敕封天后志》的选编特色。林清标本人是官员，他的长子林霈也在台湾凤山为官，他是应儿子的请求来重新改编《显圣录》，"冀得广传"，由于他们这样的官员背景，在选取天后故事时，"非关为国为民者不录，有附会之说而非真者不录，有乡里传言啧啧而无从核实者不录，故所录者少而不录者多"。完全从官方的角度来选取故事图像，将一些流传久远、影响广泛、深受民众喜爱的妈祖故事，如"挂席泛槎""铁马渡江""龙王来朝""托梦除奸"等统统删去，而将明清以来的"破倭寇""救张元""救柴山""历庇封舟""萑苻改革""助风退寇""引舟入澳""海岸清泉""潮退加涨"等故事增加进来，使明清以来的妈祖灵应故事超过了整套版画灵应故事的一半，而且这些故事完全是有关国家政治、外交方面的内容，因此可以说《敕封天后志》是圣迹图式妈祖故事图像官方化的登峰造极的版本，在该版本中妈祖完全成为了国家政权的御用傀儡，完全代表官方的立场。林清标的这种改变虽然迎合了统治者的喜好，但同时也将此书推上了脱离民众的险境，使其以后的影响大打折扣。因此，虽然《敕封天后志》是妈祖圣迹图式故事图像中最早的版画作品，具有开创性的意义，对后世绘画、版画等各类圣迹图式妈祖故事图像具有启发作用，但后来影响最大的圣迹图式妈祖故事版画苏州版《天后圣母圣迹图志》在利用其文字内容的同时却将其版画完全抛弃，另起炉灶。可见苏州版《天后圣母圣迹图志》的选编者正是看到了《敕封天后志》这种脱离民众的危险性，重新进行改编，使其回复到类似《天妃显圣录》那种偏重官方、兼顾民间的传统上来，将"挂席泛槎""铁马渡江""龙王来朝""托梦除奸"等著名故事重新编入。这样的调整改编事实证明是非常成功的，使苏州版《天后圣母圣迹图志》广受欢迎，并形成了苏州版、广东版和闽浙版三大系统，产生了广泛的影响。

从版画的艺术水平来看，由于《敕封天后志》圣迹图式妈祖版画是首套，没有前人的相关图像资料可以参考，总体来看，图画内容较为简单，故事焦点的把握还不够准确，图像和题记文字的匹配方面也存在一些问题；版画的艺术水平相比较而言不是太高，线条较为模糊，画面较为粗糙，人物的表情刻画不够生动，细部表现稍显欠缺。但作为一部具有探索意义的开创性作品，存在一些缺点也在所难免。苏州版《天后圣母圣迹图志》正是看到了《敕封天后志》版画的上述缺点，加上苏州作为新崛起的版画刊刻重镇的雄厚基础，自信可以刻印得更好，再加上前文提到的故事选编的原因。因此，另起炉灶，广泛参考当时已开始出现的圣迹图式绘画等作品，重新绘图刊刻，完成了具有较高水准的苏州版《天后圣母圣迹图志》。

在内容的排序方面《敕封天后志》版画整体上也遵循着福建仙游枫塘宫《天后显圣图轴》、中国国家博物馆藏《事迹图》等绘画作品由凡→圣，再由圣→凡的对立统一的结构，大致按照故事发生的时间先后排序。不同的是《敕封天后志》压缩了天后生平传说故事的比例，大幅扩充了明清时期，尤其是明代有关国家政治、外交方面的故事。

关于《敕封天后志》的功能，前引林清标《敕封天后志序》中有较为清晰的说明："昔湄洲僧承吾宗大宗伯公手授《显圣录》一编……迨世久年深，板多散失，后有辑时事以增补重刊，而未尝广传……兹标长儿霈，秉铎台之凤山，克邀神惠，拟将原本重镌，冀得广传……"可见，希望《显圣录》广泛传播是《敕封天后志》一书编辑者的主要目的，当《敕封天后志》刊行后，希望《敕封天后志》广泛传播无疑成为编者的主要目的。这些著作的终极目的是宣扬妈祖信仰，从《敕封天后志》在后世的广泛影响来看，该书确实发挥了传播妈祖信仰的重要作用。

第三节　清代《天后本传》版画

一、《天后本传》及其版画概况

《天后本传》共一册，不著撰人，清道光六年（1826年）刻本，现藏于中国国家图书馆。该书扉页中间为隶书"天后本传"四字，左侧有"道光六年月阳月吉旦"字样，下面还有两枚印章，左边似为"山溪蔡氏"，右边为"娜嬛妙境"。扉页后面是一篇《本传》，记述天后的身世生平，内容与《天妃显圣录》基本相同，只是在天后的称谓、关于对康熙皇帝的避讳（"玄"改为"元"）、天后28岁飞升等方面稍作了一些润色改动。《本传》之后是一篇转引自福建省志的《天后传》。《天后传》之后就正式进入了图像的部分。首先是篆书"天后圣像"四字，接着有一幅"天后娘娘"端坐像（图2-24），与清代以来众多的版画中出现的天后圣像相似。"天后圣像"后就是14个天后本传故事，左图右文，编为14个页码，每幅图旁都注明页码。每幅图的上面都有榜题，按顺序分别为："窥井得符""抛梭拯溺""西山异草""湄屿仙葩""箬篷破浪""铁马腾空""潮神顶礼""海崇皈依""片云致雨""二竖潜形""阴怪含沙""神龙荷载""邪魔反正""白日飞升"。《天后本传》版画刊刻精美，文字精练简明，有自己的鲜明特色。

二、《天后本传》的内容

《天后本传》现藏于中国国家图书馆，李露露所著的《妈祖神韵：从民女到海神》一书中曾引用了不少《天后本传》中的图画，但只是作为书中的插图，并没有对这些图进行研究。《天后本传》属于未开展研究的新材料，故本书将这14幅图依书中的顺序每幅均进行图像记述与解释。

图 4-44 《天后本传》"窥井得符"图　　　　　　　　图 4-45 《天后本传》"抛梭拯溺"图

1. "窥井得符"图（图 4-44）

描绘的是天后窥井得符的场景。此图与福建莆田市博物馆藏欧峡《天后圣迹图轴》中的"窥井得符"图颇为近似，但与仙游枫塘宫《天后显圣图轴》《天后圣母圣迹图志》版画等大多数绘画、版画作品不同，最大的不同是捧符的神人跳出了井外，是一位身披铠甲、将军模样的人物，还有两位侍者举旌幡在后，天后姊妹共六位，与文献记载相应。

该图题记为：

[1] 后少时，与群女闲游，照妆于井中，忽见
[2] 神人捧铜符一只，拥井而上，有神侍仙
[3] 官一班，仿佛迎护状。诸女骇奔，后受之
[4] 不疑。里邻莫不惊异。自此符咒径可辟
[5] 邪，法力日见元通。常身在室中，神游方
[6] 外，谈吉凶祸福，靡不奇中。

2. "抛梭拯溺"图（图 4-45）

此图实际上是将其他圣迹图式妈祖图像材料中的"机上救亲""舫海寻兄"两个故事合二为一。画面分上下两个部分，上部描绘天后在纺织机前织布时似假寐状，旁边的母亲正欲唤醒她，即相当于"机

上救亲"故事；下部描绘的是大海中船舶遇险的场景，由题记可知，左边船上的老者为天后的父亲。该图题记为：

[1] 秋九月，后父与兄渡海北上，西风正急，江上狂
[2] 涛震起。后方织，忽于机上闭睫游神，颜色顿变，
[3] 手持梭，足踏机轴，状若有所挟者。母怪，急呼之
[4] 醒，而梭坠。泣曰：阿父无恙，兄没矣。顷而报至，果
[5] 然。尔时父于怒涛中，仓皇失措，隐似有拄其舵，
[6] 与其兄舟相近，无何，其兄舵摧身溺。盖后当闭
[7] 睫时，足踏者父舟，手持者兄舵也。

3."西山异草"图（图4-46）

描绘的是天后用草化大杉木救助商船的场景。此图与其他圣迹图式妈祖图像材料构图基本相似，但画面中出现了庙宇、旌旗等，画面更为丰富。该图题记为：

[1] 屿之西有山曰门夹，当港口出入之冲，砱礁错
[2] 杂。有商舟渡此遭风，舟冲礁浸水，舟人哀号求
[3] 救。后曰：砱头商舟将溺，当急拯之。乃向前掷草
[4] 数根，化成大杉，排驾至前。舟因大木相附，得不
[5] 沉。少顷，风平浪息，舟中人皆以为天助。及搁岸
[6] 整理舟楫，倏见大木漂流，不知方所，询之乡人，
[7] 方知神姑再造力。

4."湄屿仙葩"图（图4-47）

描绘的是天后以菜子倾地，遂抽芽解甲，布满山塍的灵异故事。画面中天后手撒菜子的图像类似于《敕封天后志》版画中的图，但多了一个人物。此图与大多数圣迹图式妈祖图像材料不同，显示出了自己的特色。该图题记为：

[1] 湄洲有小屿，在旁海中，后游其地，适母
[2] 遣人以菜子油遗之。后倾之地上，遂抽芽
[3] 解甲，灿然青黄，布满山塍。不烦播种，四时
[4] 不绝，自生自熟于荒烟断沚之间。茎干花
[5] 叶，可以荐神供佛，名曰菜子屿。乡人采之

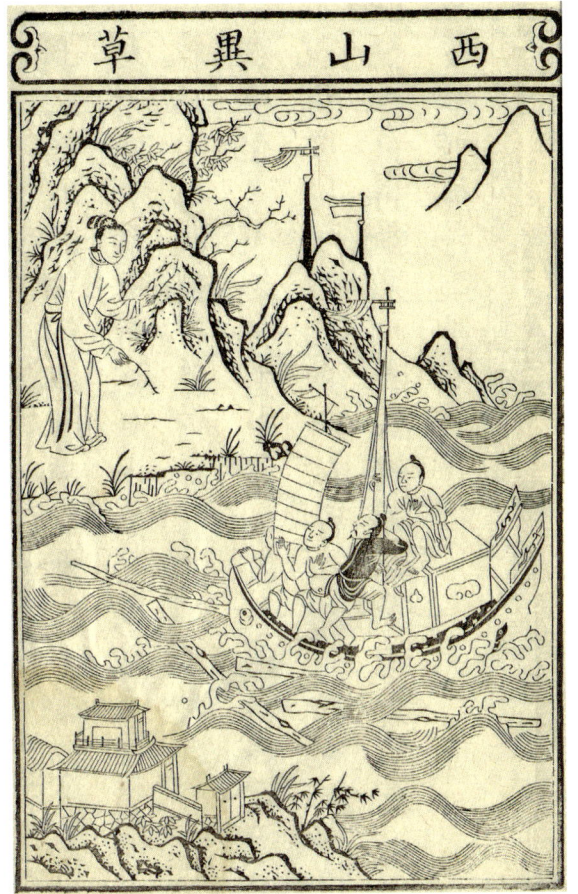

图 4-46 《天后本传》"西山异草"图　　　　　图 4-47 《天后本传》"湄屿仙葩"图

[6] 为仙葩神卉，至今犹野香郁郁焉。

5. "箬篷破浪"图（图 4-48）

描绘的是天后挂草席泛舟飞渡的故事。画面较为忠实于题记，天后坐在舟首，以草席代帆而行。此图与其他圣迹图式妈祖图像材料"挂席泛槎"图最大的不同是：其他图中天后坐在挂席的木槎上，而不是坐在舟上。该图题记为：

[1] 后欲渡江，舟中篷桨不备。舟子
[2] 以风涛汹涌，不敢解缆。后曰：无
[3] 事，可以草席代之。令人悬于桅
[4] 端。帆起舟驶，恍若凫鸥之浮沫。
[5] 追风飙而鼓棹，破巨浪而旋槎。
[6] 观者惊为飞渡。

6."铁马腾空"图（图4-49）

描绘的是天后骑着铁马渡江的场景。画面左中部天后正骑着铁马在大江中飞奔，下部岸上的樵夫、民众等面露惊异之色。该图题记为：

[1] 渔民往北采捕，海岸乏舟。后
[2] 欲渡江无楫，取檐前所悬铁
[3] 马，鞭而策之，如奔电追风。人
[4] 见青骢行水，天马腾空，皆为
[5] 惊异。

7."潮神顶礼"图（图4-50）

描绘的是龙王带着众水族朝拜天后的场景。画面右上部天后坐在船中，威严端庄，等待朝拜；左下部龙王和众水族执笏虔诚朝拜天后。该图题记为：

[1] 东海多神怪，渔舟多溺。后曰：此必怪物为虐。
[2] 乃鼓枻至中流，风日晴霁，望见水族辏集，锦
[3] 鳞彩甲，跳跃煦沫，远远涛头，拥一尊官，数王
[4] 子仪容，鞠躬嵩呼于前，水潮汹涌，舟人战栗
[5] 不已。后曰：不须忧。传示免迎。突然水色澄清，
[6] 海不扬波，始知龙王来朝。以后凡遇后诞辰，
[7] 水族会洲前庆贺。是日渔者不敢施罟下钓。

8."海崇皈依"图（图4-51）

描绘的是天后收伏晏公和千里眼、顺风耳两位大将的场景。画面右上部天后站立在船头，似作法状，已被收伏的千里眼、顺风耳两位大将分列天后左右；左下部手缚绳索的晏公和两位随从正在一齐向天后朝拜。该图题记为：

[1] 西北方金水之精，有聪而善听者，号顺风耳；有明而善视者，号千里眼。出没
[2] 西北为祟，村民苦之，求治于后。后乃杂迹于女流中，十余日，方与之遇。彼误
[3] 认为民间女子，将近前，后叱之，遽腾跃而去。一道火光如车轮飞越，不可方
[4] 物。后手中丝帕一拂，霾障蔽空，飞飚卷地。彼仍持铁斧疾视。后曰：敢掷若斧
[5] 乎？遂掷下，不可复起，因咋舌伏法。越两载，复出为厉，幻生变态，乘涛骑沫，滚
[6] 荡于浮沉荡漾之中，巫觋莫能治。后曰：江河湖海，水德攸钟，彼乘旺相之乡，

图 4-48 《天后本传》"箬篷破浪"图

图 4-49 《天后本传》"铁马腾空"图

图 4-50 《天后本传》"潮神顶礼"图

图 4-51 《天后本传》"海崇皈依"图

图 4-52 《天后本传》"片云致雨"图

[7] 领木土方可克之。至次年五六月间,后乃演起神咒,林木震号,沙石飞扬。二
[8] 神躲闪无门,遂拜伏,愿皈正教。时后年二十三。又有怪物曰晏公,每于水中
[9] 趁江豚以嘘风,鼓水妖以击浪,翻溺舟楫,为大患。后游东溟,一碧万顷,水天
[10] 涵泓,半晷间,江心澎湃。舟子急呼曰:桅舵摇撼矣!后令抛椗。见一神掀髯突
[11] 睛,金冠绣袖,随潮升降,触缆拂樯,形如申扫雷震。后色不动,显出灵变,忽旋
[12] 风翻浪。彼伏神威叩谢,荡舟而还。但一时为法力所制,终未心服。遂假逞色
[13] 相,变一神龙,挟雾翼云,委蛇奔腾。后曰:此妖不除,风波不息。乃抛椗中流,龙
[14] 左翻右滚,机破技穷,仍还本象,唯见整然衣冠,俨一尊人,驻椗不动。后命投
[15] 下缍绳。彼近前附摄,不觉随摄随粘,牢固难解,始惧而伏罪。后嘱之曰:东溟
[16] 阻险,尔今统领水阙仙班,护民危厄。由是永依法力,为部下总管。

9. "片云致雨"图(图 4-52)

描绘的是天后祈雨,帮助家乡莆田解除大旱的故事。画面为一座天后庙,头挽高髻的天后似正在作法祈雨,供桌上有"五湖四海,甘雨龙王"的牌子,庙前台阶处也有"祈祷甘雨"的牌子。此图与其他圣迹图式妈祖图像材料求雨图有明显的差异。该图题记为:

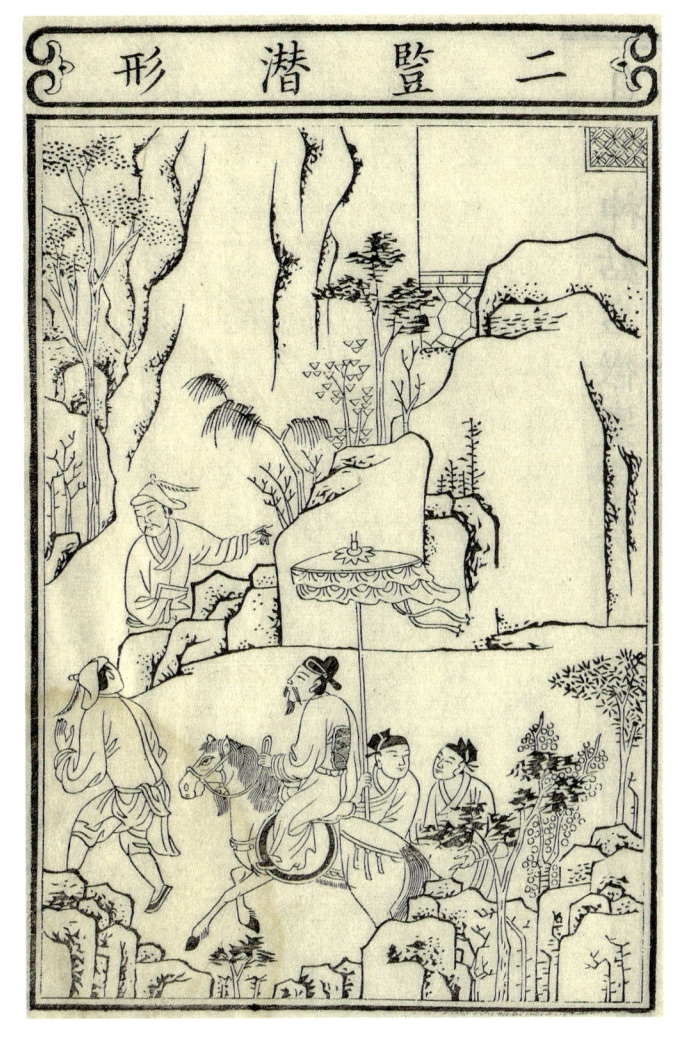

图 4-53 《天后本传》"二竖潜形"图

[1] 后年二十一岁时,莆大旱,山焦川涸,
[2] 农民告困。通郡父老咸曰:非神姑莫
[3] 解此厄。县尹诣后求祷,后往祈焉。拟
[4] 壬午申刻当雨。及期,日已午,烈焰丽
[5] 空,片云不翳。尹曰:姑殆不足称神乎。
[6] 未几,阴霾四起,甘澍滂沱,平地水深
[7] 三尺,西成有秋。众社赛日,咸欢呼顶
[8] 礼,称神姑功德。

10. "二竖潜形"图(图4-53)

描绘的是天后为莆田尹治病的故事。画面中骑在马上、官员模样的人物为莆田尹,右上角依稀可见的建筑当为天后的家,一队人马正在行进之中。迄今所见的圣迹图式妈祖图像材料中对此故事的描绘分别处在故事发生的不同阶段,如此图为发生在去天后家的路途中,有的图为发生在天后家的院子中或发生在天后家的屋内,可见不同图像材料对同一故事描绘的灵活性。该图题记为:

[1] 岁馑疫氛盛行，莆县尹阖家病笃。吏告以湄

[2] 屿神姑法力广大，能起死回生，救灾恤难。尹

[3] 斋戒亲诣请救。后曰：此系天数，何敢妄干。尹

[4] 哀恳曰：千里宦游，全家客寓，生死悬于神姑，

[5] 幸悯而救之。后念其素称仁慈，代为忏悔。取

[6] 菖蒲九节，并书符咒，令贴病者门首，煎蒲饮

[7] 之，病者立瘥。尹喜再生之赐，举家造门拜谢。

[8] 自此神姑名彻寰宇矣。

11. "阴怪含沙"图（图4-54）

描绘的是天后收伏高里乡一鬼怪的场景。画面中天后正在作法，高里鬼先变为枯发，用火烧之，于是现出原形，为一个小鬼。此图与其他圣迹图式妈祖图像材料"伏高里鬼"图不同的是，特意将收伏高里鬼画面放在图的左上角，似为一个山脚后院，以与其"山僻小木精"身份相应。该图题记为：

[1] 高里乡有阴怪，含沙侵扰，村人共诣神姑求治。后知为山僻

[2] 小木精作祟，取符咒贴病者床头，众如命而行。闻屋瓦响处，

[3] 一物如鸟，拼飞而去。后迹其所之，扫穴除之，遽幻作一小鸟，

[4] 匿树杪，只见渺渺林端，突起一团黑气。后曰：不可留此为桑

[5] 梓忧，追擒之，唯一鹡鸰唧唧。将符水一洒，鸟踏空而坠，并无

[6] 形体，仅存一撮枯发。举火焚之，突现本相，兀兀一小鬼子，叩

[7] 拜曰：愿皈台下服役，遂收之。

12. "神龙荷戟"图（图4-55）

描绘的是天后奉旨锁住导致霪雨不止的神龙的故事。画面整体构图与其他圣迹图式妈祖图像材料"奉旨锁龙"图基本相同，最大的不同是此图在天后前面没有点香烛的小供桌，图中的黑色云朵也有自己的特色。该图题记为：

[1] 后二十六岁春正月，霪雨至夏，淋漓弗止，闽浙尽罹其灾，省

[2] 官奏闻，天子命所在祈祷。莆人诣请神姑，后曰：上下多获戾

[3] 于帝，故龙为灾，亦数使然。今既奉天子命，当除厥祸，为我邑

[4] 造福。见白虬奔跃冲突，又青黄二龙泛荡于莽苍之表。后焚

[5] 灵符，忽有神龙荷戟而前曰：奉帝罚此一方，何可逆命？后曰：

[6] 诚知玉旨降灾，但生民遭困已极，下界天子为民请命，当奏

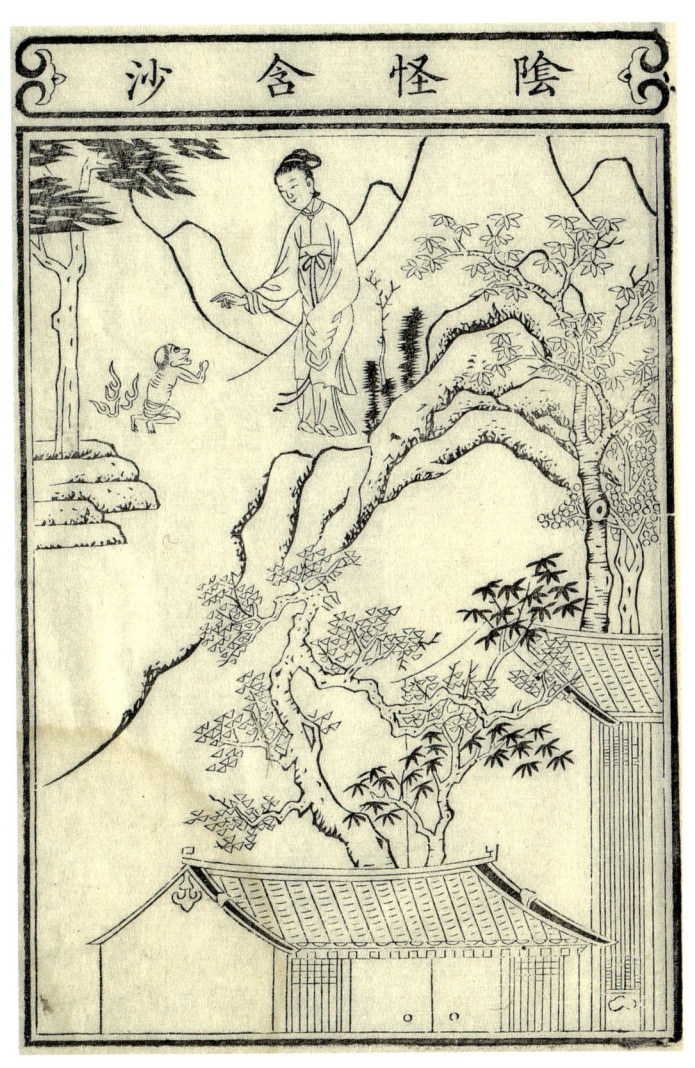

图 4-54 《天后本传》"阴怪含沙"图

图 4-55 《天后本传》"神龙荷戟"图

[7] 上帝赦之。遂锁住白虬，一青一黄尚腾波翻覆。后乃焚香祭
[8] 告。遽有金甲神人逐潮似追寻状，莆大霁，秋且告稔。有司特
[9] 奏神姑锁龙神功。奉旨致币报谢，浙省水灾亦渐平。

13. "邪魔反正"图（图4-56）

描绘的是天后收伏嘉应、嘉佑二怪为其部将的故事。画面中嘉应和嘉佑同时出现在天后的船前，与收伏千里眼和顺风耳的场面近似。但此图与其他圣迹图式妈祖图像材料"收伏嘉应、嘉佑"图有较大差异，仙游枫塘宫《天后显圣图轴》和中国国家博物馆藏《事迹图》中则用两幅图来描绘此故事。该图题记为：

[1] 时有二魔为祟，一曰嘉应，一曰嘉祐。或于荒丘中摄魄迷魂，
[2] 或于巨浪中沉舟破艇。有客舟至中流，风翻将沉，见赤面金
[3] 装当前鼓跃。后化一宝货舟拍浮而游。嘉祐即舍客舟乘潮
[4] 而前，后以咒压之，击刺落荒，遂惧而伏。后又从山路独行，嘉
[5] 应将犯之，后拂飞尘霾，现出灵光，遂悚然退避。但魔心未净，
[6] 岁余复作蛊害。后曰：此物不归正道，毕竟为妖为孽。令人各
[7] 焚香斋戒，奉符咒，自乘小艇遨游烟波之中。嘉应见之，冲潮
[8] 登舟，坐于桅前，不觉舟驶到岸。后大施法力，乃悔罪请宥，并
[9] 收为将，列水阙仙班，共有一十八位。凡舟人值危厄时，披发
[10] 虔请求救，悉得其默佑。

14. "白日飞升"图（图4-57）

描绘的是天后升天时的场景。画面中白云缭绕，左上部一班迎接天后飞升的仙乐仪仗队正在演奏，天后立于画面右中部的云端，作回视状，下部是山峦树木。此图与仙游枫塘宫《天后显圣图轴》和中国国家博物馆藏《事迹图》类似，与其他圣迹图式妈祖图像材料"湄洲飞升"图最大的不同是，下部山上没有任何作为见证人的人物出现。该图题记为：

[1] 宋太宗雍熙四年丁亥，时后年二十八。秋九月八日，后语家
[2] 人曰：心好清静，尘寰所不乐居，明晨乃重阳日，适有登高之
[3] 愿，预告别期。众咸以为登临远眺，不知其将仙也。次晨焚香
[4] 演经，偕诸姊以行，谓之曰：今日欲登山远游，以畅素怀，道阻
[5] 且长，诸姊不得同行，伤如之何。诸人笑慰之曰：游则游耳，何
[6] 足多虑。后遂径上湄峰最高处。浓云横岫，白气亘天，空中丝
[7] 管韵叶宫徵，遂翱翔于苍昊皎日间，众咸唏嘘惊叹。俄而彩

图 4-56 《天后本传》"邪魔反正"图　　　　　　　图 4-57 《天后本传》"白日飞升"图

[8]云布合，不可复见，嗣后屡呈灵异。

三、《天后本传》的综合考察

从前文可知，《天后本传》是一本图文并茂的书，选取故事的范围仅限于天后本传故事，天后飞升后的灵应故事一篇未收。《天后本传》刊刻于清道光六年（1826年），从内容来看，其编者必定参考了前人的相关文本，但可能是哪一本呢？仔细比较比其刊行更早的清雍正重修本《天妃显圣录》，雍正三年（1725年）刊行的《天后显圣录》，李仕学编辑、清乾隆十五年（1750年）刊行的《天后昭应录》和林清标编辑、乾隆四十三年（1778年）刊行的《敕封天后志》等书，发现《天后本传》是参考了雍正三年刊行的《天后显圣录》一书，举两例为证：（1）《天后本传》"白日飞升"图题记中说天后飞升时年龄是28岁，《天后显圣录》"湄洲飞升"条中记载，天后飞升时的年龄也是28岁，[1]而《天妃显

---

1. 蒋维锬、周金琰辑纂《妈祖文献史料汇编》第二辑《著录卷》上，北京，中国档案出版社，2009年，第125页。

圣录》、《天后昭应录》、《敕封天后志》都记载为29岁。（2）《天后本传》"西山异草"图题记第一句为"屿之西有山曰门夹"，《天后显圣录》"湄洲飞升"条也为"屿之西有山曰门夹"，[1] 而《天妃显圣录》、《天后昭应录》、《敕封天后志》都记载为"屿之西有乡曰门夹"。可见，《天后本传》文字是以雍正三年刊行的《天后显圣录》"本传"部分为基础修改而成，并配图完成全书的。

《天后显圣录》一书是李献璋在日本发现的，据说该本在原序与图像之间插有一页五行牌记：三山会馆敬校 / 天后显圣录 / 雍正三年 / 仲春重刊 / 版藏本宫。此本在国内未见。笔者所见为福建师范大学图书馆藏本，线装两册（上下卷），下卷有六页补刻，内容为雍正四年（1726年）蓝廷珍奏疏。据蒋维锬、周金琰辑纂《妈祖文献史料汇编》一书研究认为该书最后六页是后人补订上去的，[2] 笔者也赞同此种观点。

《天后本传》将《天后显圣录》的"本传"部分进行调整修改，将"天妃降诞本传"条文字移到《天后本传》的篇首；将"降伏二神"条和"收伏晏公"条合并为一条"海崇皈依"；去掉了"断桥观风"条。经过以上调整修改，形成了14条题记，除了"窥井得符"条使用原名外，其他全部做了改变，分别为"抛梭拯溺（机上救亲）""西山异草（化草救商）""湄屿仙蕇（菜甲天成）""箬篷破浪（挂席泛槎）""铁马腾空（铁马渡江）""潮神顶礼（龙王来朝）""海崇皈依（降伏二神、收伏晏公）""片云致雨（祷雨济民）""二竖潜形（灵符回生）""阴怪含沙（伏高里鬼）""神龙荷载（奉旨锁龙）""邪魔反正（收伏嘉应、嘉佑）""白日飞升（湄洲飞升）"。各条在排列顺序上除个别外，基本依照《天后显圣录》"本传"的原来顺序。可见《天后本传》的编者极力想摆脱《天后显圣录》影响的意图，这客观上导致了《天后本传》的鲜明个性特征。

从上节对《天后本传》版画的描述可以看出，《天后本传》版画与前述相关的圣迹图式妈祖图像材料，如仙游枫塘宫《天后显圣图轴》、中国国家博物馆藏《事迹图》、莆田市博物馆藏欧峡《天后圣迹图轴》、《敕封天后志》版画、《天后圣母圣迹图志》版画等相比，《天后本传》版画不同于上述任何一种图像材料。其版画最显著的特色是将一些图两幅合并为一幅，如"抛梭拯溺"就是合并了"机上救亲""舫海寻兄"两图，"海崇皈依"图合并了"降伏二神"和"收伏晏公"两图，"邪魔反正"图合并了"收伏嘉应"和"收伏嘉佑"两图。就版画的内容来看，《天后本传》版画大致可分三个层次：（1）与上述圣迹图式妈祖图像材料大略一致，如"铁马腾空""潮神顶礼""阴怪含沙""神龙荷载""白日飞升"，这些图虽然有一些细节上的差别，但基本构图较为相似；（2）与上述圣迹图式妈祖图像材料部分一致，如"西山异草""湄屿仙蕇""箬篷破浪"，这些图虽然基本构图较为近似，但也有一些部分有明显的不同，如"箬篷破浪"图，天后是坐在船上，而不是坐在木槎上；（3）与上述圣迹图式妈祖图像材料几乎不同，如"片云致雨""二竖潜形""窥井得符"，这些图或具有独创性，或描绘的是故事发展的不同阶段。总体来看，《天后本传》版画并未受到具体哪种已知的圣迹图式妈祖图像材料的影响，有自己的鲜明特色。

---

1. 蒋维锬、周金琰辑纂《妈祖文献史料汇编》第二辑《著录卷》上，北京，中国档案出版社，2009年，第124页。
2. 同1，第142页。

《天后本传》文字是以雍正三年刊行的《天后显圣录》"本传"部分为基础修改润色而成，并配了15幅特色鲜明的版画，版画构图独特、刻划精细、人物表情生动丰富，使该书成为一本图文并茂、简明通俗的宣扬天后生平事迹的优秀读物。可见其刊刻的主要目的是扩大天后信仰的宣传和影响力。另外，从雍正三年三山会馆刊行的《天后显圣录》"仲春重刊／版藏本宫"的记载来看，《天后本传》很可能也是版藏在妈祖宫庙或会馆中，供善信捐资刊印，以宣扬天后事迹的。

　　此外，由王见川等编，2006年台湾新文丰公司出版的《明清民间宗教经卷文献（续编）》中，在方行慎《太上说天后救苦妙经》的前面插入了除《天后本传》封面页之外的《天后本传》一书的全部图文内容。这显然是方行慎之后的经卷编辑者所为，但这也透露了《天后本传》的另一个使用方式，即作为妈祖经卷的一部分来使用，以增强经卷的吸引力。

第四节　其他版画

　　圣迹图式妈祖版画，种类丰富、版本众多，在清代妈祖信仰的传播方面发挥了重要的作用，各种版本的《天后圣母圣迹图志》的广泛流传就是明证。因此，除了前文提到的三种重要版画作品外，一定还有不少圣迹图式妈祖版画作品存世，限于篇幅，本书再选介两种知见的重要妈祖版画作品，即《天妃娘妈传》版画和《林妈祖志全图宝像》版画，作为本章的收尾。

一、《天妃娘妈传》版画

（一）《天妃娘妈传》版画概况

　　《天妃娘妈传》版画严格来说不属于本书所研究的圣迹图式妈祖版画，但因其为目前所知最早的一部插图本的妈祖故事小说作品，对后世影响很大，无疑也对清代以来圣迹图式妈祖图像的产生具有一定的影响，故这里做一些简要的介绍。

　　《天妃娘妈传》，上下两卷，是现存最早的一部章回体妈祖神话小说。该书原系日本著名汉学家长泽规矩也所藏，书末有长泽氏"合浦珠还"题跋，记述其分别于日本昭和十七年（1942年）与二十五年（1950年）觅得并配齐该书的辛苦。该书现收藏于日本东京大学东洋文化研究所双红堂文库，为海内外孤本。该书用白棉纸印刷，版框纵17厘米，横24厘米，中缝刻"全像天妃出身传"，版面格式为上图下文。全书共32回，配图309幅，每一回配图4到15幅不等。每幅图的两边附有五言对句，用以解释图意，正文每半页10行，每行16字。封面上部为天妃执圭端坐、供人朝拜的场景。下部约三分之二版面为书名《锲天妃娘妈传》。目录之前印有"新刻宣封护国天妃林娘娘出身济世正传"，正文首尾均印有"新刊出像天妃济世出身传"。上卷卷首题："南州散人吴还初编，昌江逸士余德孚校，潭邑书林熊龙峰梓。"下卷末页印有"万历新春之岁忠正堂熊氏龙峰行"双行牌记，可见此书刊于明万历元年（1573年）。

　　《天妃娘妈传》的故事情节由两条主线构成：一条是天妃出身济世故事，主要由宋代以来逐步流传的民间传说故事构成，如"兴化投胎""机上救亲""湄洲飞升""铁马渡江"等。另一条主线似乎受到了《西游记》的影响，说汉明帝时有猴、鳄二妖怪分别在西北和东南作乱，威胁朝廷安全，而天妃鼓励其兄二郎应召出征，与受到猴精阴助的藩国作战，并暗助其收伏猴精，击败藩国。天妃也因此受到朝廷的敕封祭祀。随后，天妃又经过艰难困苦，战胜了为害东南沿海的鳄精，从而彻底清除了西北、东南的两大祸患。有学者认为，这第二条主线正反映了作者生长的明朝一直受到"北虏南倭"双重威胁的现实，希望能出现有如汉明帝一样的明君，并依靠天妃神力，从根本上剪除国家之边境隐患。故其主旨是借神魔小说表达作者的爱国主义思想，[1] 这种解释确实有一定的道理。因本书的关注点是在图像，故不展开。

（二）《天妃娘妈传》版画举例

《天妃娘妈传》有关天妃出身济世故事版画与清代以来流行的圣迹图式妈祖图像有相似之处，这里选取"兴化投胎""机上救舟""湄洲化身""铁马渡江"小说故事和图像进行介绍，并与相关的圣迹图式妈祖图像作一比较。

1. 兴化投胎

故事见《天妃娘妈传》第六回"玄真女兴化投胎"，[2] 讲述了玄真女（天后）受观音菩萨之命，辞别双亲下凡，来到莆阳，投胎城南林长者家的故事。与此故事相配的图像共有12幅，"真身离紫阙，一意向莆阳"图、"神将拦道路，天丁问姓名"图、"遍历于天下，周旋于八闽"图、"真女召社令，土地报城隍"图、"询咨河海事，答对浪波凶"图、"妖怪频为害，玄真莆托生"图、"神把薄书进，真将善恶查"图、"社令迎真女，城隍护圣人"图、"神祇齐拥护，将卒共维持"图、"布灯分八卦，步斗按三台"图、"先把灵符净，后将精气投"图、"陈宅生奇女，莆阳产圣人"图，其中最接近圣迹图式妈祖图像的图为"先把灵符净，后将精气投"图（图4-58）、"陈宅生奇女，莆阳产圣人"图（图4-59）两幅。"先把灵符净，后将精气投"图，描绘天后正在用灵符洒净，以便为投胎林家蔡夫人做准备；"陈宅生奇女，莆阳产圣人"图，描绘的是天后降生的场景，蔡夫人斜躺在床上，接生婆抱着婴儿天后。此图与后世流行的天妃降诞图颇为近似，只是此处画面更为简略。五言对句中的"陈宅"应为"林宅"。

2. 机上救舟

故事见《天妃娘妈传》第九回"玄真女机上救舟"，[3] 讲述了玄真女（天后）在机上纺织时，出元神在东洋一面与鳄精大战，一面奋力救护商船，手舞足蹈，后被其母呼醒。结果五船救出四船，其中一船为了应母之呼，口放之而沉没。此故事与圣迹图式妈祖图像故事"机上救亲"的主要区别是，这里天后不是救父兄，而是救五只商船。与此故事相配的图像共有4幅，"命女勤机织，专心治纬经"图、"机

---

1. 蒋维锬、周金琰辑纂《妈祖文献史料汇编》第二辑《著录卷》上，北京，中国档案出版社，2009年，第67页。
2. 同1，第13～15页。
3. 同1，第20～22页。

图4-58 《天妃娘妈传》"先把灵符净，后将精气投"图

图4-59 《天妃娘妈传》"陈宅生奇女，莆阳产圣人"图

图4-60 《天妃娘妈传》"命女勤机织，专心治纬经"图

图4-61 《天妃娘妈传》"机上逢精斗，海内把舟扶"图

上逢精斗，海内把舟扶"图、"侍女心中恐，北堂意内惊"图、"忙被惊呼醒，辄将舟放沉"图。其中最接近圣迹图式妈祖图像的图为"命女勤机织，专心治纬经"图（图4-60）、"机上逢精斗，海内把舟扶"图（图4-61）两幅。"命女勤机织，专心治纬经"图描绘天后在机房里专心纺织的场面，画面里只有天后一人，侍女被放在另一幅图之中。"机上逢精斗，海内把舟扶"图描绘了天后出元神在大海中救舟的场景，类似于圣迹图式妈祖图像的"航海寻兄"图。

3. 湄洲化身

故事见《天妃娘妈传》第十回"玄真女湄洲化身"，[1]讲述了玄真女（天后）拒绝世俗的婚嫁，辞别父母，

---

1. 蒋维锬、周金琰辑纂《妈祖文献史料汇编》第二辑《著录卷》上，北京，中国档案出版社，2009年，第22~24页。

图 4-62 《天妃娘妈传》"道僧齐建醮，玄女即登仙"图

在众道僧的建醮护送下，于江边飞升向湄洲而去的故事。此故事与圣迹图式妈祖图像故事"湄洲飞升"的主要区别是，妈祖是在林家附近的江边向湄洲飞升而去，而不是直接在湄洲岛的山巅飞升。可见，湄洲飞升故事也是经过了逐渐演变才慢慢定型的。与此故事相配的图像共有4幅，"顶礼辞宗祖，启口禀慈尊"图、"化身扶苍赤，治驾到湄洲"图、"家人办供菜，仙女别尘凡"图、"道僧齐建醮，玄女即登仙"图。其中最接近圣迹图式妈祖图像的图为"道僧齐建醮，玄女即登仙"图（图 4-62），描绘了道僧建醮护送天后飞升的场景。左边的天后立于江边的云端准备飞升，右边岸上一个道士正在仗剑作法，暗示道僧齐建醮的场景。

4. 铁马渡江

故事见《天妃娘妈传》第二回"玄真女得佛真传"和第十六回"林二郎铁马渡江"。[1] 第二回讲述了玄真女（天后）先赴瑶池拜见西王母，得服灵丹一颗；后赴南海拜见观音菩萨，得授除妖真言、团盒儿一个和铁马一匹，并骑着铁马向北天而回的故事。第二回最接近圣迹图式妈祖图像的图共1幅，即"真言南海受（授），铁马北天回"图（图 4-63），画面中描绘了一匹在云雾中回首飞奔的铁马。第十六回讲述了玄真女（天后）之兄林二郎，得天后授法后，从湄洲岛骑天妃庙前铁马而回的故事。第十六回较接近圣迹图式妈祖图像的图有两幅，即"火旗传梦里，铁马渡江中"图（图 4-64）、"乘波如鹜陆，奔轶似飞尘"图（图 4-65），其中"火旗传梦里，铁马渡江中"图描绘了林二郎挥鞭骑铁马在大海上飞奔

---

[1] 蒋维锬、周金琰辑纂《妈祖文献史料汇编》第二辑《著录卷》上，北京，中国档案出版社，2009年，第5～6页，第35～37页。

图 4-63 《天妃娘妈传》"真言南海受（授），铁马北天回"图

图 4-64 《天妃娘妈传》"火旗传梦里，铁马渡江中"图

图 4-65 《天妃娘妈传》"乘波如鹜陆，奔轶似飞尘"图

的场景，是与圣迹图式妈祖图像"铁马渡江"图最近似的图像，但这里骑马的主人是林二郎，而非天后。综合第二回和第六回的两个有关铁马渡江故事来看，虽然具体的故事情节与圣迹图式妈祖图像"铁马渡江"故事有出入，但可以明显看出《天妃娘妈传》这些故事受到了民间广为流传的天后铁马渡江故事的影响，而此故事的源头则更早，似乎受到了宋高宗泥马渡江故事的影响。

（三）《天妃娘妈传》版画的综合考察

从本节所举的四个《天妃娘妈传》中有关天妃出身济世故事和版画的例子可以看到，《天妃娘妈传》一书确实吸收了许多宋代以来逐步流传的天妃民间传说故事，这些故事和版画虽然与清代以来以《天妃显圣录》为源头的圣迹图式妈祖故事和图像有一定的差异，但基本的故事原型是相同的。因此，《天妃娘妈传》在明代的流行，对清代以来以《天妃显圣录》为源头的圣迹图式妈祖故事和图像必然会产生直接或间接的影响。从《天妃娘妈传》有关妈祖故事的整体来看，属于前述的民间传统的范畴，与乡村流传的妈祖民间故事和乡村庙宇的妈祖故事壁画有更多的相似性。

《天妃娘妈传》一书的作者吴还初、校勘者余德孚据考证都是江西人，是明代著名的建阳书坊所聚集的江西籍作家群的成员。[1]《天妃娘妈传》一书的刊刻者熊龙峰，是建阳书坊主，日本内阁文库尚藏其忠正堂版《张生彩鸾灯传》等四种通俗小说。[2] 但《天妃娘妈传》所附的版画插图作者未署名，应该是熊龙峰延请画师所绘刻。《天妃娘妈传》版画虽为民间画师所刻，但因其刊刻年代正处于中国版画发展的高峰期"光芒万丈"[3]的明万历时代，版画构图简洁，重点突出；线条流畅，飘逸生动；人物简约传神，富有韵味。整体来看，具有较高的艺术水平，郑振铎在《中国古代木刻画史略》一书中也提到了此书。[4] 但《天妃娘妈传》版画也存在着画幅较小、刻板粗糙等缺点。像《天妃娘妈传》这样的通俗小说属于文字为主、插图为辅的书籍，插图只扮演着"导读"的作用。

《天妃娘妈传》309幅版画中出现天妃形象的共75幅，总体来看天妃形象大致分为两类：升天前的形象基本上是头挽发髻的仕女形象，升天后的形象则多为头戴凤冠的王妃贵妇形象，但在仗剑作法，与猴、鳄精等众妖怪战斗的场面，天妃的形象又变回头挽发髻的仕女形象。可见，《天妃娘妈传》版画中的天妃形象也是根据故事中实际需要而进行必要的调适的。

---

1. 蒋维锬、周金琰辑纂《妈祖文献史料汇编》第二辑《著录卷》上，北京，中国档案出版社，2009年，第67页。
2. 同1。
3. 郑振铎：《中国古代木刻画史略》，上海，上海书店出版社，2006年，第49页。
4. 同3，第59页。

二、《林妈祖志全图宝像》版画

（一）《林妈祖志全图宝像》版画概况

《林妈祖志全图宝像》，最早的版本为绘画本，为民国时期作品。本书所研究的版本似为宣纸石印本，时代比绘画本晚，但内容与绘画本完全一致。石印本线装一册，纵26.5厘米，横16.5厘米。全书共76页，部分页面图像残缺不全，为湄洲妈祖祖庙所藏。该书封面题书名为《妈祖故事画册》，显然为后人所题。第一页上部盖有湄洲妈祖祖庙董事会珍藏的"湄洲妈祖，天上圣母，护国庇民，灵宝符岌"之铜印。下半页有横书"妈祖志句"，其下面楷书竖题一联为"女中复见娲皇圣，天下谁修大禹功"；接着隶书竖题一联"救父寻兄征孝友，庇民护国濯声灵"，又有楷书竖题"河清海晏，海不扬波"，此外还有"大福川"等字，此页包含着丰富的信息，应为不同时期的不同作者所题。第二页有手书书名"林妈祖志全图宝像"，应该就是该书的原书名。左侧有"甲戌年画"，并盖有"陈桂兄印"印章。版画中多处盖有"陈桂兄印"和疑似"柯兰堂"两枚印章。从当地的习惯可知，陈桂兄和柯兰堂是该书的作者或捐资者。

《林妈祖志全图宝像》全册故事用章回体形式展开，共54回妈祖生平和灵应故事。54回故事版画之后还先后附有"天后梳妆图""妈祖升天图""千里眼""万里耳""侍女""湄洲祖庙地图（向西南）""千里眼（正底出品）""万里耳（正底出画）""湄岛地图（北向）"各一幅。其后是9幅一套的"十八水天王"图，每幅画两位神仙，共十八位，应该就是妈祖部将"十八水阙仙班"的形象，但其形象与现在湄洲祖庙里的众将形象已有很大的不同。最后还有3幅版画，都有残缺。第一幅有"十八水天王画加二位"等字样。第二幅有"东边头位起画，第一位"等字样。这3幅版画内容并不清晰、完整。

（二）《林妈祖志全图宝像》与其他圣迹图式妈祖图像的微观比较

《林妈祖志全图宝像》共54幅妈祖生平和灵应故事版画。生平故事版画共20幅，分别为：第一回"庆赞大士"，第二回"天后降诞"，第三回"入学教读"，第四回"窥井得符"，第五回"啼牛成际"，第六回"机上救亲"，第七回"菜甲天成"，第八回"挂席泛槎"，第九回"祷雨济民"，第十回"铁马渡江"，第十一回"龙王来朝"，第十二回"收伏晏公"，第十三回"灵符回生"，第十四回"降伏二神"，第十五回"奉旨斩龙"，第十六回"伏高里鬼"，第十七回"断桥观风"，第十八回"收伏二怪"（1），第十九回"收伏二怪"（2），第二十回"湄岛飞天"。

灵应故事版画共34幅，分别为：第二十一回"显梦辟地"，第二十二回"商船有应"，第二十三回"铜炉溯流"，第二十四回"枯楂显圣"，第二十五回"朱衣著灵"，第二十六回"圣泉救疫"，第二十七回"托梦建庙"，第二十八回"瓯闽救潦"，第二十九回"一家荣封"，第三十回"紫金山助战"，第三十一回"温台剿寇"，第三十二回"助擒周六四"，第三十三回"钱塘助堤"，第三十四回"拯兴泉饥"，第三十五回"火烧陈长五"，第三十六回"神助漕运"，第三十七回"拥浪济师"，第三十八回"药救吕德"，第三十九回"广州救郑和"，第四十回"救柴山"，第四十一回"庇杨洪"，第四十二回"托梦除奸"，第四十三回"奉旨加封"，第四十四回"庇陈侃、高澄"，第四十五回"庇郭汝霖、

图 4-66 《林妈祖志全图宝像》第二回"天后降诞"图 　　图 4-67 《林妈祖志全图宝像》第八回"挂席泛槎"图

李际春",第四十六回"庇夏子阳、王士贞",第四十七回"庇杜三策、杨抡",第四十八回"助风退寇",第四十九回"井泉济师",第五十回"引舟入澳",第五十一回"澎湖助战",第五十二回"托梦护舟",第五十三回"海岸清泉",第五十四回"剿林明灯"。

限于篇幅,本书仅选取《林妈祖志全图宝像》升天前的第二回"天后降诞"、第八回"挂席泛槎"、第二十回"湄岛飞天"3幅图和升天后的第二十六回"圣泉救疫"、第二十九回"一家荣封"、第三十六回"神助漕运"、第三十八回"药救吕德"、第五十二回"托梦护舟"5幅图,共8幅图分别与其他圣迹图式妈祖图像中相对应的图做一比较。

第二回"天后降诞"图

《林妈祖志全图宝像》第二回"天后降诞"图（图4-66）构图与仙游枫塘宫《天后显圣图轴》（图3-1）、中国国家博物馆藏《事迹图》（图3-24）等绘画作品较为相似，但与《敕封天后志》（图4-24）、《天后圣母圣迹图志》（图4-1）等主要版画作品的构图不同，最大的差异是后者没有将婴儿天后的形象呈现出来，应该是出于尊崇、回避的目的。该图题记位于画面的上部，为：

[1]宋太祖建隆
[2]元年
[3]庚申三月廿三日，
[4]观音降生
[5]林家女郎
[6]于湄洲屿。

第八回"挂席泛槎"图

《林妈祖志全图宝像》第八回"挂席泛槎"图（图4-67）描绘的是天后站立于漂浮在大海上的一张草席上渡海。这种构图在其他圣迹图式妈祖图像"挂席泛槎"图中未曾见到，与本图的题记记载也不符，反映出了民间对此故事的不同解读。该图题记为：

[1]妃时渡
[2]海无楫，
[3]挂席
[4]泛渡
[5]槎。

图4-68 《林妈祖志全图宝像》第二十回"湄岛飞天"图

第二十回"湄岛飞天"图

《林妈祖志全图宝像》第二十回"湄岛飞天"图（图4-68）描绘的是天后在湄洲岛飞升时的场景。本图构图与其他妈祖图像"湄洲飞升"图大致相同，最大的不同是：在迎接天后飞升的仙乐队中，有一辆上有华盖的辇车空出座椅，正在等待天后乘坐。这在其他圣迹图式妈祖图像中未曾见到。但明代描绘真武大帝升天的图像中有类似的升天图。该图题记为：

[1] 宋太宗雍熙丁亥四年
[2] 重阳，妃托言
[3] 登高游之，在
[4] 湄岛而飞天。

第二十六回"圣泉救疫"图

《林妈祖志全图宝像》第二十六回"圣泉救疫"图（图4-69）描绘的是天后显灵涌出圣泉救疫的场景。本图与其他圣迹图式妈祖图像"圣泉救疫"图相比，最大的不同是：本图中圣泉是由妈祖的部将直接从天上用一个葫芦形宝瓶倾倒下来，众人在下面接水，而不是其他图像中圣泉是由众人挖出来的。该图题记为：

[1] 宋高宗廿五年，兴郡瘟气
[2] 流行，时白潮（湖）旁忽涌
[3] 泉，众人朝时饮。
[4] 妃赐药之功，官
[5] 奉（奏）于（朝）。诏
[6] 封崇福
[7] 夫人。

图4-69 《林妈祖志全图宝像》第二十六回"圣泉救疫"图

第二十九回"一家荣封"图

《林妈祖志全图宝像》第二十九回"一家荣封"图（图4-70）描绘的是宋庆元六年朝廷荣封天后全家的场面。本图与其他圣迹图式妈祖图像"一家荣封"图相比，最大的不同是：受封的天后一家人不是站在云端，而是和敕封的官员一起站立于林家宅前，而且林家人物也简化为父母和天后三人。该图题记为：

[1] 宋
[2] 庆元六年,
[3] 妃护国庇民有功,诏封一家。

第三十六回 "神助漕运"图

《林妈祖志全图宝像》第三十六回 "神助漕运"图（图 4-71）描绘的是天后在元代助漕运的场面。该图与本套图中的另一幅标为 "第三十五回" 的图题记基本一致,图像也大致相同,只是方位不同,可

图 4-70 《林妈祖志全图宝像》第二十九回 "一家荣封"图　　图 4-71 《林妈祖志全图宝像》第三十六回 "神助漕运"图

能是刻印的重复。[1] 本图与其他圣迹图式妈祖图像"神助漕运"图相比，构图大致相同，只是船上的旗帜有"大元"字样。该图题记为：

[1] 元〔宋〕至顺
[2] 元年，
[3] 粮船
[4] 遇风，官吏求祷。
[5] 言未必（毕），见天妃，
[6] 空中有朱衣
[7] 翠盖。舟定，
[8] 风平浪静，回朝
[9] 褒封。

第三十八回"药救吕德"图

《林妈祖志全图宝像》第三十八回"药救吕德"图（图4-72）描绘的是天后显灵赐药救吕德的场景。本图与其他圣迹图式妈祖图像"药救吕德"图相比，最大的不同是：本图中是由妈祖的部将来给吕德亲自送药的，而不是其他图像中由侍女送药或无人送药，只以云气来暗示。该图题记为：

[1] 明兴化卫官身
[2] 染重病，叩祷
[3] 于妃，寐中忽
[4] 见神捧药与
[5] 服，全愈。

图4-72 《林妈祖志全图宝像》第三十八回"药救吕德"图

---

1. 周金琰、刘福铸辑纂《妈祖文献史料汇编》第三辑《绘画卷》下，福州，海风出版社，2011年，第34页。

第五十二回"托梦护舟"图

《林妈祖志全图宝像》第五十二回"托梦护舟"图（图4-73）描绘的是天后托梦护舟的场景。本图与其他圣迹图式妈祖图像"托梦护舟"图相比，最大的不同是：本图中天空云端出现的神人是妈祖，而不是其他图像中天空云端出现的是四个戴红帽的通风报信的人物。该图题记为：

[1] 清康熙廿二年，
[2] 林升总兵奉委往
[3] 台湾，由湄洲放洋放
[4] 到台湾，经过础硣
[5] 屿，搁浅舵折。众惊
[6] 投拜天后，恳求庇
[7] 佑。果有现身保
[8] 护，收入八罩澳，
[9] 报伏成功。

（三）《林妈祖志全图宝像》版画的综合考察

由上节的微观比较可知，《林妈祖志全图宝像》版画虽然图像故事的基本格局与其他圣迹图式妈祖图像有相似之处，但具体的图像构图和内容上与上述图像有不少差异，明显不是仿照上述圣迹图式妈祖图像的哪一种而来，有自己的鲜明特色。就其故事来源而言，无疑也是源于《天妃显圣录》故事一类的倾向于官方传统的故事。尽管从《林妈祖志全图宝像》全书来看，无论是题记文字出现的多处错别字，还是图像的朴实无华，尤其是妈祖形象的村姑化，都表明该书出自民间画师之手。就艺术水平而言，《林妈祖志全图宝像》版画作为民间画师的作品，总体来看艺术水平不是很高。但作为民国时期的作品，带有鲜明的时代艺术风格，自有其值得称道之处。

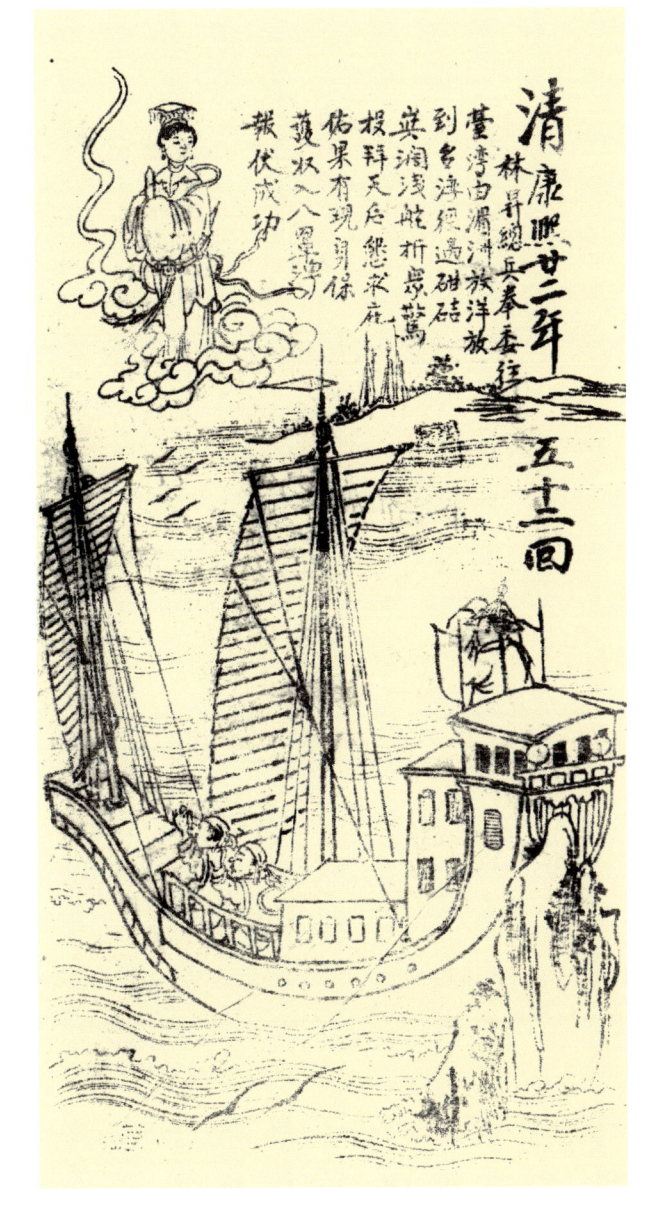

图4-73 《林妈祖志全图宝像》第五十二回"托梦护舟"图

《林妈祖志全图宝像》在选材上具有以下三个特点：

1. 地域化特色

《林妈祖志全图宝像》中有一些图像带有明显的湄洲一带的地域文化特色，最典型的例子有二：其一是第五回"妃啼牛移成际"图（图4-74），此图描绘的故事只流传于莆田湄洲一带。故事大概是：妈祖年少时是一个调皮贪玩的女孩子，母亲为了约束她，经常安排女红给她做。有一天母亲取了一大匹苎麻料，通常一个年轻女子要一个半月才能将这些苎麻料拧成细丝线，[1]却要妈祖在一天内完成，心想这下妈祖就没时间贪玩了。可是妈祖照旧贪玩，她把苎麻料拿给牛吃，然后从牛尾拉出了已拧好的苎麻线，结果还是如期完成了任务。她的母亲真是既惊奇又无奈。其二是《林妈祖志全图宝像》中有两套千里眼和顺风耳图，但题记文字却分别为"千里眼""万里耳"，万里耳的称呼也是莆田当地的惯用称呼。以上两例说明，《林妈祖志全图宝像》的赞助人或画师必为莆田湄洲一带的当地人。

2. 对明代阴佑册使故事的特别强调

该书除了收入其他圣迹图式妈祖图像中常见的救郑和、救柴山、庇杨洪外，特意强调了明代的四次妈祖阴佑册使的故事，如第四十四回"庇陈侃、高澄"（明嘉靖十三年），第四十五回"庇郭汝霖、李际春"（明嘉靖十四年），第四十六回"庇夏子阳、王士贞"（万历三十年），第四十七回"庇杜三策、杨抡"（崇祯元年）。在乾隆《敕封天后志》中有一幅"历庇封舟"图和题记，是将上述所有册使故事用一幅版画来呈现，而《林妈祖志全图宝像》都是用单幅版画来表现，这在目前所见的其他圣迹图式妈祖图像中还没有见到。虽然本书偏爱明代册使的具体原因还有待研究，但该书已经给我们留下了深受官方传统影响的印象。

3. "十八水天王"图的呈现

《林妈祖志全图宝像》在五十四回妈祖生平和灵应故事之后附有9幅一套的"十八水天王"图，每幅画两位神仙，共18位，应该就是妈祖部将"十八水阙仙班"的形象。同时还附有妈祖、千里眼、顺风耳等图像，在其他圣迹图式妈祖图像中未曾见到，颇有特色。

在内容的排序方面，《林妈祖志全图宝像》整体上也遵循着福建仙游枫塘宫《天后显圣图轴》、中国国家博物馆藏《事迹图》等绘画作品由凡→圣，再由圣→凡的对立统一的结构，大致按照故事发生的时间先后来排序。不同的是由于此套图是54幅，而不是通常的48或49幅，使其在第20幅之后的灵应故事中有空间集中增加上文提到的明代册使故事图像，从而增强了官方传统的图像比重，这是本套图的选编特色。《林妈祖志全图宝像》在排序方面有一个明显的缺点是出现了不少错乱和涂改之处。如"卅回"后接的是"卅五回"，旁边还有小字"卅六"；"卅四回"以后各回多处都有涂改痕迹，以至有观点认为"本书可能是一本还没有完全定稿的画册"。[2]但仔细阅读此书后可知，本套图只有元至顺"神助漕运"图多出一幅外，其余54幅图应为一套完整的妈祖圣迹图，只是回目的书写上出现了一些错误，后来又被纠正了过来。

---

1. 莆田方言称苎麻线为"绔"，与"际"同音，织补渔网用。
2. 周金琰、刘福铸辑纂《妈祖文献史料汇编》第三辑《绘画卷》下，福州，海风出版社，2011年，第81页。

图 4-74 《林妈祖志全图宝像》第五回"妃啼牛移成际"图

　　《林妈祖志全图宝像》与其他圣迹图式妈祖版画一样，刊印的主要目的是宣扬妈祖信仰，扩大妈祖的影响。从该书妈祖圣迹故事图后所附的"十八水天王"图中表明各神的方位，如"东第七位""西第三位"等题记可以看出，《林妈祖志全图宝像》除了前述弘道功能外，还能够满足各庙宇实际塑像的需要，"十八水天王"图等就是专门提供的造像范本，而且各位神仙都指明了具体的摆放方位，便于实际使用，这是此书的显著特色。

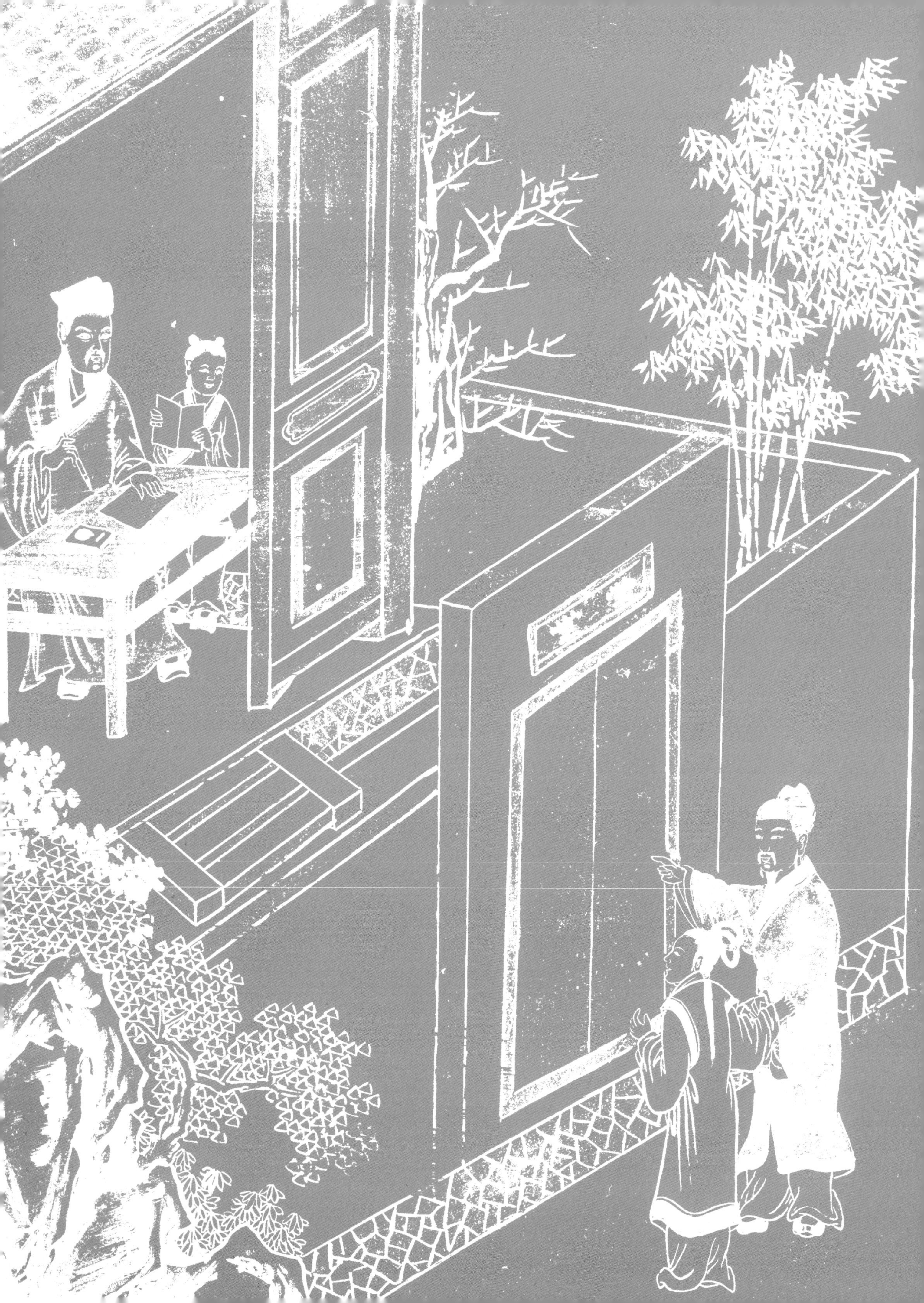

第五章

【圣迹图式妈祖民间图画研究】

圣迹图式妈祖民间图画是与官方传统圣迹图式妈祖故事图像相比较而言的，官方传统圣迹图式妈祖故事图像以《天妃显圣录》为源头，而圣迹图式妈祖民间图画则来源较为复杂，主要来源于图像所在地流传的妈祖民间故事。圣迹图式妈祖民间图画在福建一带乡村庙宇中至今仍留存不少。本章以福建仙游枫亭灵慈庙妈祖故事壁画和霞浦松山天后宫妈祖故事挂图两套典型的妈祖民间故事图画为研究对象，对圣迹图式妈祖民间图画的故事来源、图像特色等进行探讨。

第一节　仙游枫亭灵慈庙妈祖故事壁画

一、仙游枫亭灵慈庙和妈祖故事壁画概况

仙游枫亭灵慈庙位于福建莆田仙游县枫亭镇霞桥港，俗称"霞桥大宫"，始建于宋代，今庙名为灵慈庙，应是元代时遗留的庙名。庙中主祀天后，配祀中军老爷和田公元帅，据说均分灵自湄洲。现主体建筑坐北朝南，主殿面阔三开间，长23.6米，宽15.9米，进深为单进，砖木架构，建筑面积375.24平方米，占地总面积863.6平方米。庙内现存建筑基本为清道光十八年（1838年）重修时所建，有道光年间石刻柱联多副。清《枫亭志·续编》中记载灵慈宫在清末民国初尚存妈祖"铜炉显圣古迹"以及宫门联"圣显铜炉昭海甸，名扬枫陛祀春秋"，但"铜炉显圣古迹"和宫门对联如今都已不见。

枫亭灵慈庙位于枫亭溪流入湄洲湾的地段，故早在宋代就流传有"铜炉溯流"的传说。南宋著名文学家莆田人刘克庄《风亭新建妃庙》碑记载：

> 妃庙遍于莆，凡大墟市、小聚落皆有之。风亭去郡六十里，有溪达海，□元符初，水漂一炉，溯沿而至，夜有人感梦，曰湄洲之神也。迎致锦屏山下，草创数楹祀之。既而问灾祥者，祷水旱者，远近辐辏，旧宇庳甚，观瞻不肃。绍兴间，里士林君文可，始割田以广神居。□嘉定，蔡君定甫始为官厅，绍定为鼓楼，然皆未成而圮。于是林君谦父，捐金葺废，黄君南叔，协力鸠工，新庙百堵，以某年某月某日落成。向之庳者闳丽，圮者坚完矣。[1]

此篇记述，就是后代妈祖志书"铜炉溯流"（《天妃显圣录》）或"铜炉溯至"（《天后圣母事迹图志》）传说故事之祖本。

枫亭灵慈庙内绘有丰富的壁画，正厅在主神像妈祖的左右两壁分别墨绘敬献香花的仙姑一对，《仁》《义》《礼》《智》四幅巨幅故事绘画，以及千里眼、顺风耳一对。前厅入门左右两壁墨绘四大金刚巨幅画像，紧邻四大金刚的前厅两厢墙壁上，绘有彩色壁画56幅，左右两壁分别为28幅。内容描绘的是妈祖生平和灵应故事，每幅约60厘米见方，壁画上均有简短的墨书题记，多幅壁画上还有捐资人"弟子薛诒豪喜题"墨书题记。此庙因曾遭受过洪水淹浸，下层一些壁画略有残缺，一些残破壁画线条为后人所补绘。庙内壁上有1998年加拿大皇家安大略博物馆亚洲美术部研究员鲁克思在考察后用毛笔留下的题记。

灵慈庙妈祖故事壁画无画师落款和绘画年代的信息，据田野调查时受访的当地老人说，灵慈庙妈祖

---

1. 蒋维锬、郑丽航辑纂《妈祖文献史料汇编》第一辑《碑记卷》，北京，中国档案出版社，2007年，第5~6页。

图 5-1　仙游枫亭灵慈庙妈祖故事壁画"观音指法"图

故事壁画以及其他壁画是清末民初枫亭当地画家林肇祺所绘,按:林肇祺(1859～1930年),号鹤野,又号颐道人,斋名可竹居。仙游县枫亭人,是明末名臣林兰友的后人。本是儒生,后弃儒学画,擅长花鸟、山水、人物等。[1] 周金琰、蒋晓前辑纂的《妈祖文献史料汇编》一书采用林肇祺所绘的说法,将此套妈祖故事壁画年代定为民国时期的作品。[2] 笔者将传世的林肇祺绘画、书法作品与此套图比较后发现,从绘画风格和艺术水平来看,此套图明显不是林肇祺的作品,很可能是其他民间画师假托为林肇祺所作。

笔者2014年8月在枫亭灵慈庙调查时发现,在与此套妈祖故事壁画相邻的前述《礼》巨幅故事绘画上,有三行墨书题记,其中最后一行明确指出了绘画的年代为"庚辰仲冬",查庚辰年与此画最接近的年代有三个,分别为清嘉庆二十五年(1820年)、光绪六年(1880年)和民国二十九年(1940年),从这些画的绘画风格来看,最可能的是清光绪六年(1880年)所绘,因此,笔者认为该套妈祖故事壁画绘于清光绪六年。

---

1. 周金琰、蒋晓前辑纂《妈祖文献史料汇编》第三辑《绘画卷》上,福州,海风出版社,2011年,第190页。
2. 同1。

二、仙游枫亭灵慈庙妈祖故事壁画的内容

枫亭灵慈庙妈祖故事壁画左右两壁各28幅，共56幅，按先后顺序各幅名称[1]分别为："观音指法""圣母降世""入学读书""井神送书""学召天兵""机上救亲""勇救父兄""媒婆说亲""顺母配夫""化蝶成双""睡化成蝶""蝶精代婚""祷赐甘雨""乡人谢雨""观音指药""制药救人""四邻求药""委员求药""骗人入洞""金妖食人""二妖大战""二妖结拜""龙女助姑""龙女示姑""大战二妖""战退神姑""召请天兵""天兵战妖""收伏二妖""收将回家""狮精食人""大战狮精""降服狮精""孽龙作浪""大战孽龙""收伏孽龙""入洞静身""入洞脱凡""引上天堂""巡游大海""龙王接驾""拜榜敕封""圣泉救疫""僧引圣水""勇救郑和""化粮振饥""钱塘助堤""钱塘请封""焚大溪寇""收啼鸡精""郑清对阵""清灭郑军""示湄建庙""圣母助战""奉旨起庙""敕封圣母"。因本套图画属于典型的圣迹图式妈祖民间传统图画，与前述的具有官方传统的圣迹图式妈祖故事图画有较大的不同，故本节对此套壁画的每幅图都作一简要的图像记述与解释。为了便于叙述，将各幅图编上序号。

1."观音指法"图（图5-1）

描绘的是观音作法，指派仙女下凡投胎民家的情景。左边的观音正在作法送仙女下凡投胎，右边房间里的大肚怀孕妇女即为天后的母亲，左下角还有一位神仙在祝福庆贺。该图描绘的故事类似于官方传统圣迹图式妈祖故事图像中的"赐丸得孕"图。该图题记有两处，图上部为"观音指法，仙女降凡"，图下部为"宋朝兴国四年三月廿三日，圣母降生"。

2."圣母降世"图（图5-2）

描绘了天后出生时的场景。左边床榻上的妇女为天后的母亲，中间妇人手中的婴儿为刚刚出生的天后，周围的红光当为吉祥天象。该图题记为"圣母降世，满室红光"。该图描绘的故事类似于官方传统圣迹图式妈祖故事图像中的"天妃降诞"图。

---

1. 各幅壁画的名称为笔者根据壁画的题记内容而加。

图5-2 仙游枫亭灵慈庙妈祖故事壁画"圣母降世"图

图 5-3　仙游枫亭灵慈庙妈祖故事壁画"入学读书"图

图 5-4　仙游枫亭灵慈庙妈祖故事壁画"井神送书"图

3. "入学读书"图（图 5-3）

描绘的是少儿天后入学堂读书的场景。画面描绘的是一个学堂，里边的教书先生和两个少儿正在读书，门外的少女天后正在家人的陪伴下准备走入学堂。该图题记为"神姑入学读书"。该图描绘的故事在妈祖图像中较为少见，但在佛祖图像故事、真武大帝图像故事等中经常可以见到，应来源于佛祖本传故事类的影响。

4. "井神送书"图（图 5-4）

描绘的是井神送天后天书和宝剑的场景。右边头戴道冠，手捧天书、宝剑的人物为井神，伸手欲接的红衣女子为天后。该图题记为"井神送神姑天书、宝剑"。该图描绘的故事类似于官方传统圣迹图式妈祖故事图像中的"窥井得符"图。

5. "学召天兵"图（图 5-5）

描绘的是天后试验所学法术，学召天兵的场景。图下部天后点香供花，作法召兵；上部是已经召来的天兵天将，威风凛凛。该图题记为"神姑试法，学召天兵"。

图5-5 仙游枫亭灵慈庙妈祖故事壁画"学召天兵"图

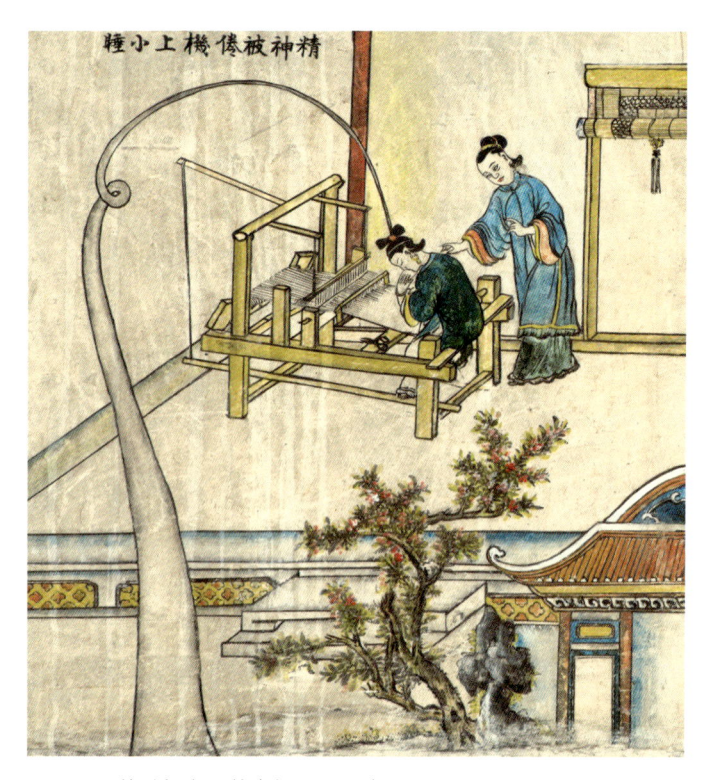

图 5-6　仙游枫亭灵慈庙妈祖故事壁画"机上救亲"图

图 5-7　仙游枫亭灵慈庙妈祖故事壁画"勇救父兄"图

6. "机上救亲"图（图 5-6）

描绘的是天后在纺织机上织布时出元神救亲人的场景。坐在织机前小睡的绿衣女子当为天后，其身后的拍叫的妇人当为天后的母亲。该图题记为"精神被（疲）倦，机上小睡"。该图描绘的故事类似于官方传统圣迹图式妈祖故事图像中的"机上救亲"图。

7. "勇救父兄"图（图 5-7）

描绘的是天后出元神勇救父兄的场景。此图故事图像与上图相连，真实地反映了民间传说中妈祖救父兄的故事。图中天后口含的当为其兄长的衣袍，手拉的当为父亲等人，因上一个故事中母亲的拍叫，其被迫开口答话，致使兄长落入海中未能获救。该图题记为"神姑弗梦东海救父兄"。该图描绘的故事类似于官方传统圣迹图式妈祖故事图像中的"舫海寻兄"图。

8. "媒婆说亲"图（图 5-8）

描绘的是媒婆到天后家为天后说亲的场景。左边手拿蒲扇的老妇人当为来说亲的媒婆，屋前迎接的两人当为天后的母亲和兄长。该图题记为"媒婆与神姑之母兄说亲"。媒婆说亲为典型的圣迹图式妈祖民间故事，在官方传统故事图像中未曾见到。

图 5-8　仙游枫亭灵慈庙妈祖故事壁画"媒婆说亲"图

图 5-9 仙游枫亭灵慈庙妈祖故事壁画"顺母配夫"图

9."顺母配夫"图（图 5-9）

描绘的是迎亲的队伍抬着花轿、嫁妆将天后娶回男方家的场景。该图题记为"心孝志坚，顺母配夫"。该图描绘的是一幅生动的莆田、仙游一带传统婚礼迎亲的画卷，花轿上所挂之物、嫁妆的排列顺序等都值得专题深入研究。

图 5-10 仙游枫亭灵慈庙妈祖故事壁画"化蝶成双"图

10. "化蝶成双"图（图 5-10）

描绘的是天后化蝶成女，与男方拜堂成亲的场景。天后为了不违母命，决定成亲，但为了守护其"通贤灵女"的身份，不得不化蝶成亲，皆大欢喜。该图题记为"心烈志大，化蝶成双"。

图 5-11　仙游枫亭灵慈庙妈祖故事壁画"睡化成蝶"图

图 5-12　仙游枫亭灵慈庙妈祖故事壁画"蝶精代婚"图

图 5-13　仙游枫亭灵慈庙妈祖故事壁画"祷赐甘雨"图

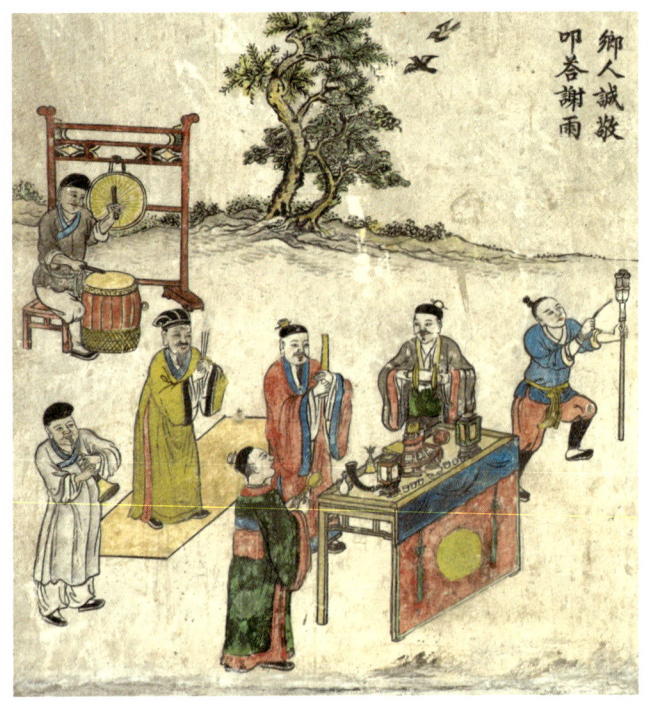

图 5-14　仙游枫亭灵慈庙妈祖故事壁画"乡人谢雨"图

11."睡化成蝶"图（图 5-11）

　　描绘的是天后在睡梦中化出蝶精，以代替自己与新郎生活在一起的场景。图左描绘的是天后在睡梦中化出蝶精的情景，图右上为新郎和新娘在桌前叙饮，新娘头顶飞动的蝴蝶，暗示着新娘为代替天后的蝶精。该图题记为"回家睡化成蝶"。

12. "蝶精代婚"图(图 5-12)

描绘的是天后以蝶精代己结婚,自己泛槎回家的场景。图中天后以老树槎为船,正在泛槎回家。该图题记为"神姑令蝶精代婚,自己以古树头化船回家"。该图将类似于官方传统圣迹图式妈祖故事图像中的"挂席泛槎"故事引入,并做了适当的改动。

13. "祷赐甘雨"图(图 5-13)

描绘的是天后和万民一起祈求天赐甘雨的场景。图中天后举着"祈雨救民"的旗子,正在向天祈求赐雨,其后的民众也举着各种旗子一起祈雨,他们的祈雨似乎立即获得了响应,天空的云端已经出现了雷公电母,甘雨将至。该图题记为"神姑祈祷天赐甘雨"。

14. "乡人谢雨"图(图 5-14)

描绘的是天后祈祷天降甘雨之后,乡人举行酬谢神恩仪式的场景。图中三位道士模样的人物在供桌前作法,后面有一位民众代表在点香谢恩,旁边有锣鼓、唢呐伴奏,右边还有一个男子似在燃放爆竹,整幅画面刻画生动,隐含着丰富的民俗信仰内容。该图题记为"乡人诚敬,叩答谢雨"。

15. "观音指药"图(图 5-15)

描绘的是天后在睡梦中元神受观音指点炼药之法,以救万民的场景。图中天后在桌前入梦,元神出见观音,学习炼药之法,一缕云气暗示了天后的去向。该图题记为"观音指点神姑炼药救民"。

16. "制药救人"图(图 5-16)

描绘的是天后利用从观音菩萨学到的制药之法捣炼制药的场景。图中天后正在用药杵捣药,助手们正在按要求协助制药。该图题记为"神姑制药救人"。

图 5-15 仙游枫亭灵慈庙妈祖故事壁画"观音指药"图

图 5-16 仙游枫亭灵慈庙妈祖故事壁画"制药救人"图

图 5-17　仙游枫亭灵慈庙妈祖故事壁画"四邻求药"图

图 5-18　仙游枫亭灵慈庙妈祖故事壁画"委员求药"图

17. "四邻求药"图（图 5-17）

描绘的是受到疫病侵扰的四邻人家纷纷来到天后家求药的场景。图中天后坐在院子里，身旁是放着药丸的几案，有老幼等向天后求驱疫之药。该图题记为"人家疫病，四邻求药"。

18. "委员求药"图（图 5-18）

描绘了兴化府特命委员专门来天后家求驱疫之药的场景。图中天后坐在屋内的窗前，伞盖下戴乌纱帽的红衣人物当为兴化府委员，骑马专程前来求药，可见此次兴化府的疫情严重。该图题记为"兴化府命委员求药"。

19. "骗人入洞"图（图 5-19）

描绘的是妖怪金星眼变美女骗书生入洞然后杀害的场景。图中可见一个名为"大漕洞"的山洞，金星眼所变的美女正在欺骗一位书生入洞。金星眼就是通常所称的千里眼。该图题记为"金星眼变成美女骗书生入洞杀害"。

图 5-19　仙游枫亭灵慈庙妈祖故事壁画"骗人入洞"图

图 5-20　仙游枫亭灵慈庙妈祖故事壁画"金妖食人"图

图 5-21　仙游枫亭灵慈庙妈祖故事壁画"二妖大战"图

20."金妖食人"图（图 5-20）

描绘的是妖怪顺风耳看到金星眼在大漕洞吃人的血腥场景。图中妖怪金星眼正在大漕洞中将人拆为几块食用，此场景被正在云端的妖怪顺风耳见到。该图题记为"顺风耳见金星眼食人"。

21."二妖大战"图（图 5-21）

描绘的是妖怪金星眼和顺风耳相遇之后发生大战的场景。图中上部云端左边的金星眼和右边的顺风耳相互大战起来，下部的各自人马也厮杀了起来，两人似乎势均力敌，难分胜负。该图题记为"金星眼大战顺风耳"。

22."二妖结拜"图（图 5-22）

描绘的是妖怪金星眼和顺风耳在大漕洞结拜为兄弟的场景。图中金星眼和顺风耳在大漕洞杀鸡宰猪，饮酒欢聚，结拜为兄弟，狼狈为奸。联系上一个故事，应该是两妖大战难分胜负，于是决定握手言和，结拜欢聚。该图题记为"二妖结拜为兄弟"。

图 5-22 仙游枫亭灵慈庙妈祖故事壁画"二妖结拜"图

图 5-23 仙游枫亭灵慈庙妈祖故事壁画 "龙女助姑" 图

图 5-24 仙游枫亭灵慈庙妈祖故事壁画 "龙女示姑" 图

图 5-25 仙游枫亭灵慈庙妈祖故事壁画 "大战二妖" 图

图 5-26 仙游枫亭灵慈庙妈祖故事壁画 "战退神姑" 图

23. "龙女助姑"图（图5-23）

描绘的是观音菩萨派龙女下凡帮助天后收伏前述二妖的场景。图中观音和善财童子正在目送绿衣龙女出发协助天后。该图题记为"观音令龙女帮神姑收妖精"。

24. "龙女示姑"图（图5-24）

描绘的是观音所派的龙女面见天后，指示她如何收伏妖精的场景。图中绿衣龙女正在指示粉衣天后收妖。该图题记为"龙女指示神姑收妖精"。

25. "大战二妖"图（图5-25）

描绘的是天后与二妖大战的场景。图中手持双剑、下跨战骑的天后正在和金星眼、顺风耳二妖激烈厮杀，难解难分。该图题记为"神姑大战二妖"。

26. "战退神姑"图（图5-26）

描绘的是天后与二妖大战败退的场景。图中手持双剑、下跨战骑的天后不敌二妖，且战且退，金星眼、顺风耳二妖正在乘胜追击。该图题记为"二妖战退神姑"。

27. "召请天兵"图（图5-27）

描绘的是天后作法召请天兵以收伏二妖的场景。图中战败之后的天后正在连夜作法，召请天兵天将，以帮助自己收伏二妖。该图题记为"神姑召天兵收服妖精，连夜作法"。

28. "天兵战妖"图（图5-28）

描绘的是天后召请来的天兵天将与二妖大战的场景。图中右边的一队人马为天兵天将，图中可见托塔李天王、哪吒三太子等民众最为熟悉的天兵天将；左边两位为金星眼、顺风耳二妖。该图题记为"天兵大战二妖"。

图5-27 仙游枫亭灵慈庙妈祖故事壁画"召请天兵"图

图5-28 仙游枫亭灵慈庙妈祖故事壁画"天兵战妖"图

图 5-29　仙游枫亭灵慈庙妈祖故事壁画"收伏二妖"图

图 5-30　仙游枫亭灵慈庙妈祖故事壁画"收将回家"图

29. "收伏二妖"图（图 5-29）

描绘的是天后收服二妖的场景。图中天后持剑坐在石墩上，金星眼、顺风耳二妖放下武器，拱手拜跪于地。该图题记为"神姑收服二妖为将"。该图描绘的故事类似于官方传统圣迹图式妈祖故事图像中的"收伏二怪"图。

30. "收将回家"图（图 5-30）

描绘的是金星眼、顺风耳二妖被天后收服之后，跟着天后回家的场景。图中天后骑马在前，领着二将，胜利而回。该图题记为"收二将回家"，后面还有捐资人的题记"弟子薛诒豪喜题"。

31. "狮精食人"图（图 5-31）

描绘的是狮精在火狮洞内吃人，被二将看到的场景。图中右侧火狮洞内狮精正在将人大拆几块食用，云端的金星眼、顺风耳二将看到了这一情景。该图题记为"二将看狮精食人"，左上有捐资人的题记"弟子薛诒豪喜题"。

图 5-31　仙游枫亭灵慈庙妈祖故事壁画"狮精食人"图

图 5-32 仙游枫亭灵慈庙妈祖故事壁画"大战狮精"图

图 5-33 仙游枫亭灵慈庙妈祖故事壁画"降服狮精"图

图 5-34 仙游枫亭灵慈庙妈祖故事壁画"孽龙作浪"图

32. "大战狮精"图（图5-32）

描绘的是天后，金星眼、顺风耳二将与火狮精大战的场景。图中右下角的火狮精正在与天后和二将大战，在众将的夹击下似乎开始处于下风。该图题记为"神姑同二将大战火狮精"。

33. "降服狮精"图（图5-33）

描绘的是天后带领二将经过大战后降服狮精的场景。图中狮精已经战败，现出了原形，并且被金星眼牵着鼻子。该图题记为"神姑降服火狮精"。

34. "孽龙作浪"图（图5-34）

描绘的是孽龙精在海中作乱，欲掀翻船只的场景。图中孽龙精兴风作浪，正欲掀翻船只，船上一片惶恐。此情景被云端天后的二大将发现。该图题记为"孽龙作浪，害人不小"，还有捐资人的题记"弟子薛诒豪喜题"。

35. "大战孽龙"图（图5-35）

描绘的是天后及金星眼、顺风耳二将与孽龙精在海中大战的场景。图中孽龙精率领着龟、蚌等将与天后及二将厮杀，天昏地暗。该图题记为"神姑同二将大杀孽龙精"，后面还有捐资人的题记"弟子薛诒豪喜题"。

36. "收伏孽龙"图（图5-36）

描绘的是天后与二将收伏孽龙精的场景。图中孽龙精已经战败，匍匐在水面，全无了张牙舞爪之势。该图题记为"神姑收伏孽龙精"。

37. "入洞静身"图（图5-37）

描绘的是天后拜别母亲兄嫂欲入山洞"静身"的场景。图中天后依依不舍地辞别母亲兄嫂等家人，在金星眼、顺风耳的陪伴下准备入山洞"静身"。该图题记为"神姑拜别母亲兄嫂欲入洞静身"，还有捐资人的题记"弟子薛诒豪喜题"。

图 5-35　仙游枫亭灵慈庙妈祖故事壁画"大战孽龙"图

图 5-36　仙游枫亭灵慈庙妈祖故事壁画"收伏孽龙"图

图 5-37　仙游枫亭灵慈庙妈祖故事壁画"入洞静身"图

38. "入洞脱凡"图（图5-38）

描绘的是天后与二将入洞脱凡的场景。图中天后和金星眼、顺风耳二将在化身洞中"静身"，而后白日升天。该图题记有两处，一为"三人入洞脱凡，白日登天"；一为"宋朝雍熙四年二月十九日登天"。还有捐资人的题记"弟子薛诒豪喜题"。

39. "引上天堂"图（图5-39）

描绘的是众天神迎接天后和二将升天的场景。图中上部为前来迎接的众天神，还有一对仙童、仙女举着"接引上天堂"的旗子迎接，天后和二将拱手作拜。该图题记为"神姑登天，众神迎接"。还有捐资人的题记"弟子薛诒豪喜题。"该图描绘的故事与官方传统圣迹图式妈祖故事图像中的"湄屿飞升"图有相似之处。

40. "巡游大海"图（图5-40）

描绘的是天后欲巡游大海，众天神送出南天门的场景。图中天后和二将拱手揖拜，二郎神、哪吒三太子等众天神出来送行。该图题记为"神姑欲游大海，诸神送出南天门"。

图 5-38 仙游枫亭灵慈庙妈祖故事壁画"入洞脱凡"图

图 5-39 仙游枫亭灵慈庙妈祖故事壁画"引上天堂"图

图 5-40 仙游枫亭灵慈庙妈祖故事壁画"巡游大海"图

图 5-41　仙游枫亭灵慈庙妈祖故事壁画"龙王接驾"图　　　　图 5-42　仙游枫亭灵慈庙妈祖故事壁画"拜榜敕封"图

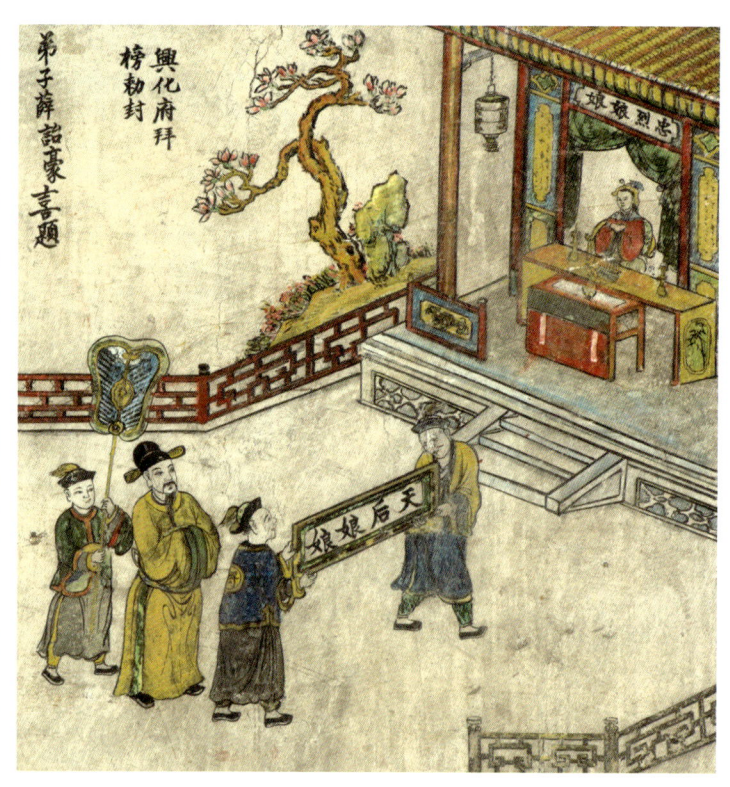

41. "龙王接驾"图（图 5-41）

描绘的是天后巡游大海，龙王来迎驾的场景。图中天后和二将在巡游大海，龙王率领众水族来接驾。该图题记为"降游大海，龙王接驾"。还有捐资人的题记"弟子薛诒豪喜题"。该图描绘的故事类似于官方传统圣迹图式妈祖故事图像中的"龙王来朝"图。

42. "拜榜敕封"图（图 5-42）

描绘的是兴化府的官员为天后庙送匾的场景。图中兴化府的官员正在将一个书有"天后娘娘"的匾送到天后庙。该图题记为"兴化府拜榜敕封"。从此题记看似乎兴化府有权力敕封，反映了民间这种将地方政府皇权化的倾向。该图还有捐资人的题记"弟子薛诒豪喜题"。

43. "圣泉救疫"图（图 5-43）

描绘的是天后施圣泉救疫的场景。图中天后和二将将圣泉倒入水井中，以备救疫之需。该图题记为"湄洲山圣泉救疫"。还有捐资人的题记"弟子薛诒豪喜题"。该图和下一幅图描绘的故事类似于官方传统圣迹图式妈祖故事图像中的"圣泉救疫"图。

图 5-43　仙游枫亭灵慈庙妈祖故事壁画"圣泉救疫"图

图 5-44　仙游枫亭灵慈庙妈祖故事壁画"僧引圣水"图

图 5-45　仙游枫亭灵慈庙妈祖故事壁画"勇救郑和"图

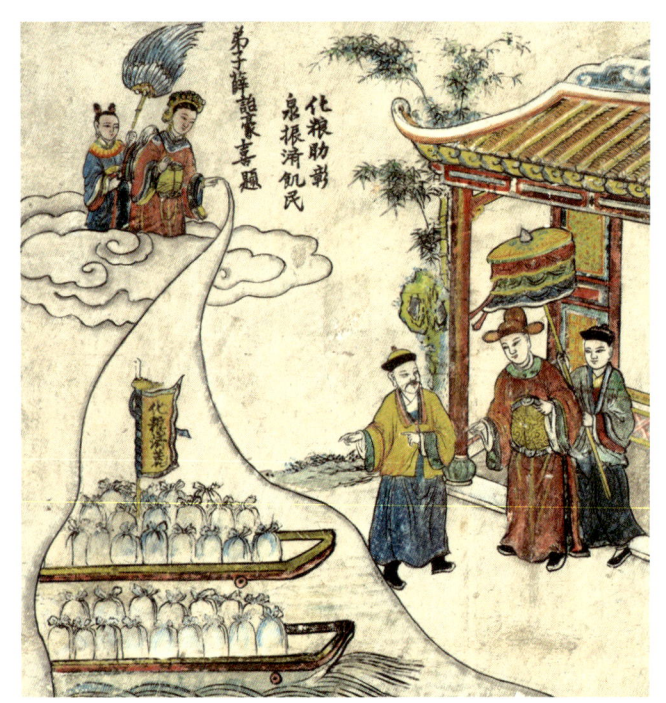

图 5-46　仙游枫亭灵慈庙妈祖故事壁画"化粮振饥"图

图 5-47　仙游枫亭灵慈庙妈祖故事壁画"钱塘助堤"图

44. "僧引圣水"图（图 5-44）

描绘的是金星眼化为僧人引导百姓取用救疫圣水的场景。图右金星眼化为老僧人，正在指引百姓汲用圣水。图左为百姓正在取水、担水。该图题记为"神姑命金星眼化为老僧，引百姓食圣水"。

45. "勇救郑和"图（图5-45）

描绘的是天后和二将勇救太监郑和的场景。图中天后和二将使出飞沙走石的法术，杀退了企图抢掠郑和用于"皇旨振济"的财宝之众贼。该图题记为"圣母二将化飞沙走石，杀退众贼，救太鉴（监）郑和"。还有捐资人的题记"弟子薛诒豪喜题"。

46. "化粮振饥"图（图5-46）

描绘的是天后化粮救漳州、泉州饥荒的场景。图中天后使用法术，变化出众多的粮食，以帮助遇到饥荒的漳州、泉州民众。该图题记为"化粮助彰（漳）、泉，振济饥民"。还有捐资人的题记"弟子薛诒豪喜题"。

47. "钱塘助堤"图（图5-47）

描绘的是天后的金星眼、顺风耳二将正在帮助钱塘县筑堤的场景。故事应来源于《天妃显圣录》等书所载的宋代"钱塘助堤"故事。但从该图题记"钱塘县二将助石作碑"来看，显然与图像的内容不符。此图最后还有捐资人的题记"弟子薛诒豪喜题"。

48. "钱塘请封"图（图5-48）

描绘的是钱塘县县令因天后助堤有功，写奏折请求皇帝敕封的场景。图中整个县衙正堂的布置清晰可见，县令正在起草奏折。该图题记为"钱塘县写本奏帝，请封圣母功绩"。

图5-48　仙游枫亭灵慈庙妈祖故事壁画"钱塘请封"图

图 5-49　仙游枫亭灵慈庙妈祖故事壁画"焚大溪寇"图

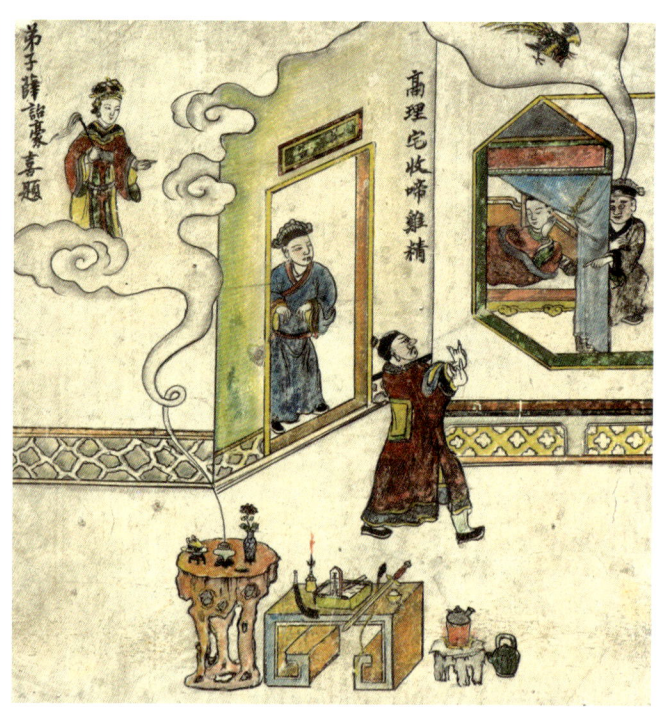

图 5-50　仙游枫亭灵慈庙妈祖故事壁画"收啼鸡精"图

49. "焚大溪寇"图（图 5-49）

描绘的是天后和二将火焚大溪（奚）寇，救官船的场景。图中天后的大将顺风耳倒出神火焚烧正在抢劫官船的大溪（奚）寇。故事应来源于《天妃显圣录》等书所载的宋代"平大奚寇"故事，但所描绘的故事情节与原故事已大不相同。该图题记为"顺风耳火烧大溪寇，救官船"。还有捐资人的题记"弟子薛诒豪喜题。"

50. "收啼鸡精"图（图 5-50）

描绘的是天后在高里宅收伏鸡精的故事。图中一位妇人正在分娩，鸡精躲在帐后意欲加害，一个道士模样的人物正在院子里作法，请到了天后来保佑助产。该图题记为"高理（里）宅收啼鸡精"。还有捐资人的题记"弟子薛诒豪喜题"。该故事应来源于明《天妃娘妈传》中所载的除灭鸡精助产的故事，[1]但题记中提到了"高理（里）宅"，应又受到了官方传统圣迹图式妈祖故事"伏高里鬼"的影响。

---

1. 蒋维锬、周金琰辑纂《妈祖文献史料汇编》第二辑《著录卷》上，北京，中国档案出版社，2009年，第 59～62 页。

51. "郑清对阵"图（图5-51）

描绘的是郑成功的军队与清军大战的场景。图右下部为郑成功的军队，左上部为清军，两军激烈对垒，似乎郑军还略占上风。该图题记为"郑国胜与清兵对阵"。还有捐资人的题记"弟子薛诒豪喜题"。题记中的"郑国胜"即为郑成功，民间称为"国姓爷"。

52. "清灭郑军"图（图5-52）

描绘的是清军剿灭郑成功军队的场景。图中清军大炮轰鸣，士气正盛，郑军已开始溃败，天后正在助清军作战。该图题记为"圣母助清兵除灭郑国胜"。

图 5-51　仙游枫亭灵慈庙妈祖故事壁画 "郑清对阵"图

图 5-52　仙游枫亭灵慈庙妈祖故事壁画 "清灭郑军"图

图 5-53 仙游枫亭灵慈庙妈祖故事壁画"示湄建庙"图

53."示湄建庙"图（图 5-53）

描绘的是天后梦示施琅将军湄洲建庙的场景。图中建筑上有"施府"二字，应为施琅将军的宅第，里面的将军似在睡觉，在一道云气所及之处，天后正在面授将军建庙之事。该图题记为"圣母指示将军湄洲建庙"。虽此故事与真实的历史事实有较大出入，但却反映了下层民众的真实想法。

图 5-54　仙游枫亭灵慈庙妈祖故事壁画"圣母助战"图

图 5-55　仙游枫亭灵慈庙妈祖故事壁画"奉旨起庙"图

54. "圣母助战"图（图 5-54）

描绘的是将军面奏皇上，赞扬天后阵阵助战的场景。图中皇帝端坐案前，将军跪地上奏，赞颂天后的助战之功。该图题记为"将军奏旨奏圣母阵阵助战"。此图中的皇宫陈设与民宅无异，真实地反映了金碧辉煌的皇宫已超出了民间画师的想象。

55. "奉旨起庙"图（图 5-55）

描绘的是皇帝下旨在湄洲建庙的场景。图中一位黑衣官员模样的人物在监工，工人们则在紧张地劳动着：锯木的、刨木的、砍木的、打石的、量线的，描绘了一幅生动的劳作场面。该图题记为"皇旨湄洲起庙"。还有捐资人的题记"弟子薛诒豪喜题"。

56. "敕封圣母"图（图5-56）

描绘的是皇帝敕封天后为"天上圣母"的场景。图中的敕封官员给天后庙送来了一块"天上圣母"的匾额。该图题记为"皇帝下旨敕封天上圣母"。

图5-56　仙游枫亭灵慈庙妈祖故事壁画"敕封圣母"图

三、仙游枫亭灵慈庙妈祖故事壁画的综合考察

仙游枫亭灵慈庙妈祖故事壁画共56幅图，东西两壁各28幅，它们是如何排序的呢？为了便于研究，我们将各图在东西两壁上的位置和图画名称列表如下：

东壁壁画（图5-57）

观音指法	学召天兵	顺母配夫	祷赐甘雨	四邻求药	二妖大战	大战二妖
圣母降世	机上救亲	化蝶成双	乡人谢雨	委员求药	二妖结拜	战退神姑
入学读书	勇救父兄	睡化成蝶	观音指药	骗人入洞	龙女助姑	召请天兵
井神送书	媒婆说亲	蝶精代婚	制药救人	金妖食人	龙女示姑	天兵战妖

图5-57 仙游枫亭灵慈庙妈祖故事壁画东壁壁画

西壁壁画（图 5-58）

示湄建庙	焚大溪寇	勇救郑和	龙王接驾	入洞静身	降服狮精	收伏二妖
圣母助战	收啼鸡精	化粮振饥	拜榜敕封	入洞脱凡	孽龙作浪	收将回家
奉旨起庙	郑清对阵	钱塘助堤	圣泉救疫	引上天堂	大战孽龙	狮精食人
敕封圣母	清灭郑军	钱塘请封	僧引圣水	巡游大海	收伏孽龙	大战狮精

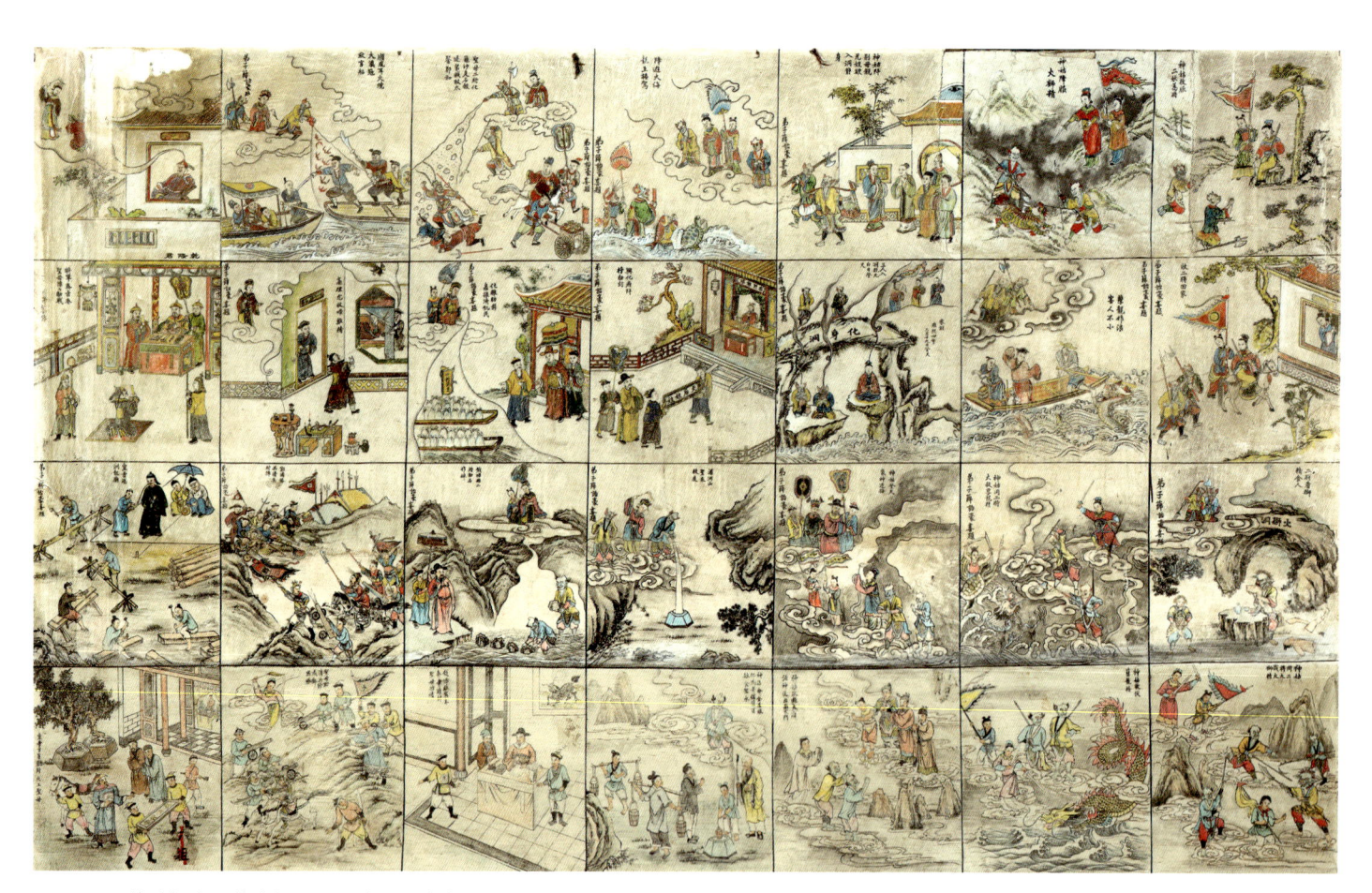

图 5-58　仙游枫亭灵慈庙妈祖故事壁画西壁壁画

从上面所列 56 幅图的顺序来看，整套壁画从东壁的左上角 "观音指法" 开始，到西壁的左下角 "敕封圣母" 图结束。东壁 28 幅壁画排列顺序是从 "观音指法" 开始，由上往下排列，各列之间是从左到右排列，最后到 "天兵战妖" 结束。用一个形象的图标表示为 "||||||||"。西壁 28 幅壁画从 "收伏二妖" 开始，由上往下排列，七列的排列方式相同，都是由上往下排列，但各列之间排序与东壁相反，是从右到左排

列，最后到"敕封圣母"结束。用一个形象的图标表示为"NNNNN"。东西两壁的妈祖故事壁画联系起来看，可知如此编排的一个目的是便于欣赏，但更重要的目的正如前已研究的清代枫塘宫《天后显圣图轴》排序一样，努力营造一个左右拱卫庙宇主神天后的神圣空间。枫亭灵慈庙东壁壁画的前面是一个巨幅的千里眼画像，西壁壁画的前面则是一个巨幅的顺风耳画像，东西两壁壁画的如此编排，就好像天后的两员大将千里眼和顺风耳分别领着七列列队的兵将，排列在主神天后的左右两侧，与其他图像一起，共同营造了一个左右对称拱卫主神的神圣空间。

仙游枫亭灵慈庙妈祖故事壁画56幅图中"凡""圣"之间的分界线是第38幅"入洞脱凡"图，第1~37幅代表的是天后"凡"的阶段，第39~56幅代表的是天后"圣"的阶段。从神话结构来看，基本遵循着前述由凡→圣，再由圣→凡的对立统一的神话结构。但此前的圣迹图式妈祖图像"凡间"故事与"圣显"故事的比例一般约为4∶6，而灵慈庙妈祖故事壁画"凡间"故事与"圣显"故事的比例接近7∶3，可见民间妈祖故事壁画的特色。

从仙游枫亭灵慈庙妈祖故事壁画的故事来源看，与官方传统圣迹图式妈祖故事来源于《天妃显圣录》有很大不同，这些故事基本上不是源于《天妃显圣录》故事，如妈祖"顺母成亲""制药救人""召请天兵""大战狮精""入洞脱凡登天""诸神相送巡游大海""收啼鸡精"等等，这些故事都是在莆田、仙游一带流行的民间故事传说，有鲜明的地域特色。最令人意外的是，正如鲁克思所注意到的，相传宋代发生在枫亭灵慈庙著名的"铜炉溯流"故事竟然在此套图中没有出现，人们本来以为它会被画在一个很显著的地方。[1]

枫亭灵慈庙妈祖故事壁画中虽然有十多幅壁画内容看起来与来源于《天妃显圣录》的官方传统圣迹图式妈祖故事图像有相似之处，但实际对比后就会发现，两者有明显的差异，这些故事并不是来源于《天妃显圣录》故事。如第45图"勇救郑和"，描绘的是天后和二将使出飞沙走石的法术，杀退了企图抢掠郑和的盗贼。此故事与源于《天妃显圣录》故事描绘郑和在大海中遇险，天后救护脱险的故事，[2]虽看起来都是救郑和，但具体的故事情节则相差甚远。又如第49图"焚大溪寇"，描绘的是天后和二将倒出神火焚烧正在抢劫官船的大溪（奚）寇船的场景。而在《天妃显圣录》中描述的是天后"返风旋波"，阴助官军击败作乱的大奚寇的故事，[3]两者名字相近，实际故事则相差很大。

枫亭灵慈庙妈祖故事壁画绘于庙宇的东西两壁，与大多数中国庙宇的此类壁画一样，主要目的是宣教传道，以生动直观的形式，扩大妈祖信仰的影响力。壁画中的妈祖形象总体来看变化不大，都是红衣女子形象，最大的变化是天后升天以后，特别是第42图"拜榜敕封"之后，多次出现天后头戴凤冠的形象，

---

1. 鲁克思：《绘画和木版画中的海上保护神妈祖》，澳门海事博物馆、澳门文化研究会合编《妈祖信俗历史文化研讨会论文集》，1998年，第233页。
2. 蒋维锬、周金琰辑纂《妈祖文献史料汇编》第二辑《著录卷》上，北京，中国档案出版社，2009年，第97页。
3. 同2，第94页。

暗示敕封之后，天后身份地位的变化。

枫亭灵慈庙妈祖故事壁画作为民间庙宇的壁画，艺术水平并不算高，但此套图在内容上有两个显著的特色：第一，民间特色浓郁。图像中两次出现将人拆卸成几块的吃人场景，如"金妖食人""狮精食人"，此类图画过于血腥，惨不忍睹，在官方传统的画面中一般不会出现，但在民间庙宇中却喜用这种直观的表达方式，如民间城隍庙中的地狱图像等；该套壁画中多次出现民间喜闻乐见的托塔李天王、哪吒三太子、二郎神等天兵天将的形象；该套壁画中还用了大量的篇幅来描绘妈祖成亲、妈祖制药等民间最为关心的故事题材。以上仅举数例，我们就不难看出该套壁画浓郁的民间特色。第二，壁画包含着丰富的地方民俗文化内容。枫亭灵慈庙妈祖故事壁画主要目的是为宣扬妈祖的圣迹而作，但民间画师在创作的过程中，融入了丰富的地方民俗文化内容，如第9图"顺母配夫"中的迎亲队伍，第10图"化蝶成双"中的拜堂成亲的场景，第14图"乡人谢雨"中的道士酬恩仪式，第50图"收啼鸡精"中的道士作法请神仪式，第55图"奉旨起庙"中生动逼真的建庙场景等等，都包含着丰富的地域民俗文化内容，值得专题做深入的研究。

枫亭灵慈庙妈祖故事壁画中有两幅描绘清军和郑成功军大战的图，即第51图"郑清对阵"和第52图"清灭郑军"，图中题记都将"郑国姓"改为"郑国胜"，鲁克思认为这样的改动，"大概是为了表示鄙视吧"。[1] 笔者认为这样的改动暗含着民间对郑成功军队的同情，希望郑军获胜的隐喻，故将"国姓"改为"国胜"。从以上两幅郑清对弈图中也可以发现一些端倪，第51图"郑清对阵"中似乎郑军已占了上风，第52图"清灭郑军"中虽然想反映清军消灭郑军的场景，但从画面来看，郑军阵脚未乱，顽强迎敌，不像很易被消灭的样子。可见，民间画师将对郑成功军队的同情通过一字的改动，很隐晦地表达了出来。

枫亭灵慈庙妈祖故事壁画西壁的28幅妈祖故事图画中，有19幅有"弟子薛诒豪喜题"的题记，西壁壁画的上三行中除了"收伏二妖""降服狮精"两图外，其余19幅均有此题记。田野调查访问得知，薛诒豪是当地的一个富商，是此庙壁画的捐资人，考察莆田、仙游一带庙宇发现，捐资人在自己所捐之物上题名是当地至今流行的风俗，尤其是建筑屋顶上的梁架、檩条等处常可见到捐资人的题名，也是"某某某喜题"。鲁克思以为薛诒豪是画师的名字，[2] 是不正确的。从这些题名在西壁的分布来看，相当规整，是否还有其他目的，有待继续研究。

枫亭灵慈庙妈祖故事壁画第1图"观音指法"上有天后出生时间的题记："宋朝兴国四年（979年）三月二十三日，圣母降生。"第38图"入洞脱凡"上有天后升天时间的题记："宋朝雍熙四年（987年）二月十九日登天"，比较两者后发现只相差8年，在所有的妈祖文献资料中，没有提到妈祖只活到8岁的，但作为乡村庙宇的壁画，出现一些错误也是可以理解的。

---

1. 鲁克思：《绘画和木版画中的海上保护神妈祖》，澳门海事博物馆、澳门文化研究会合编《妈祖信俗历史文化研讨会论文集》，1998年，第233页。
2. 同1。

第二节　霞浦松山天后宫妈祖故事挂图

一、霞浦松山天后宫和妈祖故事挂图简况

霞浦松山天后宫，又称阿婆宫、妈祖行宫、澳尾宫等。位于福建霞浦县松山澳尾的阿婆岗下，俯瞰着浩瀚的福宁湾。相传始建于北宋天圣年间（1023～1032年），是闽东最著名的妈祖庙。原建筑面积600多平方米，"文革"期间，该庙遭到破坏，只剩下天后圣母正殿侥幸得以保留，现正殿藻井悬梁上尚存留有明万历年间（1573～1620年）福宁知州胡尔造、明福宁卫指挥张□□、清康熙年间总镇福建延建、福宁等处地方总兵官左都督吴万福等捐资、重修的题额。庙内还有一块1983年出土的清乾隆五十八年（1793年）"靖海宫祀界"碑，其中有"山之麓旧有天后圣母行宫、天地水三官殿地，主庙迄今数百余年，由来旧耳"的记载。

1978年，陈梅月等人率领乡亲开始进行松山天后宫的修复工作，1986年2月该宫被列为霞浦县第一批县级文物保护单位，并成立以陈梅月为组长的霞浦松山妈祖文物保护组。为了适应不断增多的信众朝圣之需，于1993年再次对松山天后宫进行大规模的修复扩建，重修后的天后圣母行宫总面积达3305.7平方米，新建山门牌楼、妈祖文化历史展览馆、会议厅、台胞接待室、厢房、膳厅、停车场等。2005年5月松山天后宫被列为福建省重点文物保护单位。霞浦松山天后宫由于其险要的地理位置、独特的传说体系和"妈祖第一行宫"的广泛宣传，使其成为福建沿海三大著名的妈祖庙之一，吸引了众多的海内外信众，尤其是台湾的信众。

松山天后宫原藏有一套妈祖故事挂图，俗称"阿婆图"，绢本设色，共8轴，每轴8图，共64幅，主要描绘妈祖生平及成神故事。可惜此图在"文革"时期失踪，由于时代相距不远，老百姓对老挂图的内容仍记忆犹新，20世纪90年代，当地组织熟悉该图的老一辈信众郑法贤、阮新裕、郑同玉、陈新玉、郑阿唐等，共同回忆原图内容，除了个别图的题名略感模糊外，图画内容则几乎完整地回忆了起来，[1]并请画师复制出了64幅新图，仍为8大轴。笔者2014年到松山天后宫调查时，发现有两个版本的挂图，除现在使用的一套挂在该宫陈列室外，还有一套残图似为更早的版本。根据徐晓望《从福建霞浦县松山天后宫挂图看闽东妈祖信仰的文化心态》一文中回忆，他看到的新挂图也有两个版本，[2]应该就是笔者看到的两个版本，最新的版本设色妍丽，绘制精细。因旧版只有少量残图，故本书以新版作为研究对象。

---

1. 郑东夫：《传世的松山天后生平图》，陈国强、林华章主编《霞浦松山天后宫》，福州，海峡文艺出版社，1997年，第53页。
2. 徐晓望：《从福建霞浦县松山天后宫挂图看闽东妈祖信仰的文化心态》，林美容等编《妈祖信仰的发展与变迁》，台湾宗教学会、财团法人北港朝天宫出版，2003年，第243页。

二、霞浦松山天后宫妈祖故事挂图的内容

新版松山天后宫妈祖故事挂图绘于 8 幅挂轴之上,纸本设色,每幅挂轴都有 8 幅图,每幅图都标明了次序,而且都有一个七字的榜题文字。此套图虽为新绘,但描绘的妈祖故事都为当地流传有绪的故事,具有鲜明的地域特色,本书将此套图作为圣迹图式妈祖民间图画的典型代表之一,故对每幅图都予以简要的图像记述与解释。

图 5-59　霞浦松山天后宫妈祖故事挂图"林愿拜师学武艺"图

图 5-60 霞浦松山天后宫妈祖故事挂图"海贼袭击林愿船"图

图 5-61 霞浦松山天后宫妈祖故事挂图"浪尖传来七彩珠"图

图 5-62 霞浦松山天后宫妈祖故事挂图"王氏吞珠入腹中"图

1."林愿拜师学武艺"图（图5-59）

描绘的是五代时兴化青年林愿在深山苦练武艺的场景。图中林愿在老师傅的指导下，正在挥剑苦练武艺，林愿练武的目的是为了能保护渔民免遭海贼的骚扰。

2."海贼袭击林愿船"图（图5-60）

描绘的是在波涛汹涌中海贼的三艘船正在追击林愿的小船的场景。林愿学艺归来后，在兴化海域打海贼，救渔民，招致海贼来报复，林愿自知寡不敌众，驾船驶向外海，海贼紧追不舍。

3."浪尖传来七彩珠"图（图5-61）

描绘的是海上巨浪滔天，打翻了海贼的船，一股巨浪卷向林愿的船，送来了一颗七彩珠，水面开始渐渐平静下来。

4."王氏吞珠入腹中"图（图5-62）

描绘的是海面仍颠簸不定，林愿的妻子王氏呕吐难忍，走出船舱，刚准备开口叫站在船头的林愿，海浪便将七彩珠送入其口，落入腹中。

图 5-63 霞浦松山天后宫妈祖故事挂图"金鳞大蛇平海浪"图

图 5-64 霞浦松山天后宫妈祖故事挂图"林愿全家住松山"图

图 5-65 霞浦松山天后宫妈祖故事挂图"王氏得珠怀六甲"图

图 5-66 霞浦松山天后宫妈祖故事挂图"王氏生下龙女儿"图

5. "金麟大蛇平海浪"图（图 5-63）

描绘的是林愿的小船边突然出现了一条金麟大蛇，平息海浪，在前带路并护送着林愿的船驶向远方。

6. "林愿全家住松山"图（图 5-64）

描绘的是林愿的船飘到松山，被岩石夹住，于是全家上岸，松山人得知林愿为平贼恩人后，热烈欢迎林愿一家住在松山避难。

7. "王氏得珠怀六甲"图（图 5-65）

描绘的是林愿一家人定居松山后，妻子王氏因吞七彩珠而身怀六甲，但这次怀孕感觉特别轻松，提水、育儿等家务都不耽误，还帮助别人，深得松山姐妹们的敬重。

8. "王氏生下龙女儿"图（图 5-66）

描绘的是王氏生下天后的情景。相传王氏怀胎十二个月后才生产，林愿一天出海捕鱼，捕到一只大龙虾，回来后天后就出生了，于是煮虾给王氏吃。关于煮虾目的有两种传说：一说为了王氏有好奶水，一说为了林默娘能开口说话。

9. "默娘生来伶俐样"图（图 5-67）

描绘的是林愿一家在海边相聚的情景。天后聪明伶俐，活泼好动，人见人爱。

10. "七岁海上能泅水"图（图 5-68）

描绘的是少年天后在海上游泳的场景。相传天后是龙女转世，因而七岁就能在海中游泳，劈波斩浪，胜似闲庭信步。

图 5-67　霞浦松山天后宫妈祖故事挂图 "默娘生来伶俐样"图　　图 5-68　霞浦松山天后宫妈祖故事挂图 "七岁海上能泅水"图

图 5-69　霞浦松山天后宫妈祖故事挂图"默娘织布在家中"图

11. "默娘织布在家中"图（图5-69）

描绘的是林默娘在家中织布的场景。相传默娘手脚勤快，能织布和渔网等，又快又好。

12. "林愿带女去捕鱼"图（图5-70）

描绘的是父亲林愿带默娘出海捕鱼的场景。图中林愿和父亲共同用力拉着渔网，似乎收获颇丰。

13. "网来一本无字书"图（图5-71）

描绘的是林愿和默娘在出海捕鱼时，网到了一本无字书，默娘一看，是一本有关道法的书，相传为海龙王所送。

14. "默娘过眼字就现"图（图5-72）

描绘的是默娘和渔民们一起惊异地观看、议论无字天书的情景。相传无字天书只有默娘看才有字，其他人看全是白页，大家都为此惊讶不已。

图 5-70　霞浦松山天后宫妈祖故事挂图 "林愿带女去捕鱼" 图

图 5-71　霞浦松山天后宫妈祖故事挂图 "网来一本无字书" 图

图 5-72　霞浦松山天后宫妈祖故事挂图 "默娘过眼字就现" 图

图 5-73 霞浦松山天后宫妈祖故事挂图 "默娘学书初试法"图

图 5-74 霞浦松山天后宫妈祖故事挂图 "平浪走涛过海面"图

15. "默娘学书初试法"图（图 5-73）

描绘的是默娘初试道法的场景。相传默娘学法之后，乡亲们要她试一试学到的法术，她一念咒语，便将汤匙变成了十二只飞禽和家禽，众人惊异不已。

16. "平浪走涛过海面"图（图 5-74）

描绘的是默娘手举小山、脚踏波浪行走的场景。默娘在无字天书中学会了以叶代舟的法术，又学会了负重踏海的法术，道术渐精。

17. "默娘施法驱海怪"图（图 5-75）

描绘的是默娘在海上驱除海怪的场景。图中默娘施展法术，发出一道金光，驱除正在吞没渔船的巨鲸。相传默娘学成道法后，便在海上驱怪救民，深得拥护。

图 5-75　霞浦松山天后宫妈祖故事挂图"默娘施法驱海怪"图

图 5-76　霞浦松山天后宫妈祖故事挂图"闽海海贼劫渔船"图

图 5-77　霞浦松山天后宫妈祖故事挂图"林愿揭榜投水军"图

18."闽海海贼劫渔船"图（图 5-76）

描绘的是福建一带海域海贼抢劫渔船的场景。相传当时福建海贼猖獗，官军都剿灭不了，闽王决定张榜招贤，招收能剿灭海贼的水将。

19."林愿揭榜投水军"图（图 5-77）

描绘的是林愿揭榜参加剿贼水军的场景。林愿武艺高超，嫉恶如仇，又熟谙福建海路，见闽王张榜招贤，正是施展本领、为民除贼的好时机，于是二话不说就去揭榜投水军了。

20."林字旗号海贼惊"图（图 5-78）

描绘的是林愿率领水军巡海的场景。林愿投水军之后，不久就升任都巡检，在其率领下，打得海贼无处藏身，因此，海贼一见到林字旗号就胆战心惊，夺路而逃。

图 5-78　霞浦松山天后宫妈祖故事挂图 "林字旗号海贼惊" 图

21."海贼联船攻林愿"图(图5-79)

描绘的是海贼众船联合起来进攻林愿战船的场景。林愿坚决剿灭海贼,引致海贼联合反扑,企图挫伤林愿的锐气。

22."难中又遭煞头暴"图(图5-80)

描绘的是林愿船队被海贼围困的场景。一天林愿带着五条小船出海巡逻,被海贼船引到一个岛屿口,包围了起来,此时祸不单行,又遇上了煞头暴,吹毁了船桅,情况危急。

23."默娘掐指父有难"图(图5-81)

描绘的是默娘在织机前掐指算出父亲在海上遇海贼围攻,面临险境的情况。

图 5-79　霞浦松山天后宫妈祖故事挂图 "海贼联船攻林愿"图

图 5-80　霞浦松山天后宫妈祖故事挂图 "难中又遭煞头暴"图

图 5-81　霞浦松山天后宫妈祖故事挂图"默娘掐指父有难"图

图 5-82 霞浦松山天后宫妈祖故事挂图 "脱魂施法救父船"图 　　图 5-83 霞浦松山天后宫妈祖故事挂图 "被母唤醒父船沉"图

图 5-84 霞浦松山天后宫妈祖故事挂图 "掏浪摧风施妖法"图 　　图 5-85 霞浦松山天后宫妈祖故事挂图 "默娘祭法斗二怪"图

24. "脱魂施法救父船"图（图5-82）

描绘的是默娘元神来到海面上，口衔父亲船，手脚四肢各托一船，奋力将遇险的五条小船拯救起来的场景。画面右下角是织机上假寐的默娘。

25. "被母唤醒父船沉"图（图5-83）

描绘的是假寐的默娘被母亲唤醒，一开口她口中所衔的小船就掉了下来，被海浪卷去，这艘船正是父亲林愿的船。

26. "掏浪摧风施妖法"图（图5-84）

描绘的是掏浪和摧风二妖怪在海上大施妖法的情景。掏浪怪喷火焰，摧风怪掀巨浪，使渔船无法出海捕鱼。

27. "默娘祭法斗二怪"图（图5-85）

描绘的是掏浪和摧风二妖怪找上门来与默娘斗法，默娘施展反火术和反风术，二怪大败而逃。

28. "默娘带孝炼父骨"图（图5-86）

描绘的是默娘戴孝在父亲的灵位前拜祷，面前有一只烧火的鼎，是默娘作法，决心用木头为葬身大海的父亲炼骨成形。

29. "日间二怪来烧海"图（图5-87）

描绘的是掏浪和摧风二妖怪见默娘没有追来，便开始在海上烧海、掀浪，毁坏渔船，无恶不作。

图5-86　霞浦松山天后宫妈祖故事挂图"默娘带孝炼父骨"图

图5-87　霞浦松山天后宫妈祖故事挂图"日间二怪来烧海"图

图 5-88 霞浦松山天后宫妈祖故事挂图"夜间怪扰默娘房"图

图 5-89 霞浦松山天后宫妈祖故事挂图"默娘祭法怪逃身"图

30."夜间怪扰默娘房"图（图 5-88）

默娘白天炼父骨辛劳，夜晚刚躺在床上休息，二怪却乘机袭来，默娘十分危险。

31."默娘祭法怪逃身"图（图 5-89）

默娘在睡前已经设了"等响法"，夜间一有响动，她就知道。二怪来袭时，默娘祭出反火、反风法，二怪负伤仓皇逃遁。

32."掏浪摧风逃湄洲"图（图 5-90）

掏浪、摧风二怪被默娘打伤后，知道在松山他们难有立足之地，于是逃到湄洲地域养伤。

图 5-90 霞浦松山天后宫妈祖故事挂图"掏浪摧风逃湄洲"图

图 5-91　霞浦松山天后宫妈祖故事挂图"兴化海事不太平"图

33. "兴化海事不太平"图（图 5-91）

掏浪、摧风二怪逃到兴化后，在兴化海域兴风作浪，他们还把小石块等杂物变为鱼虾，让渔民们捞，一倒到船里，鱼虾又变回小杂物，通过这种法术捉弄渔民。

图 5-92　霞浦松山天后宫妈祖故事挂图 "兴化难船避松山" 图

34. "兴化难船避松山" 图（图 5-92）

掏浪、摧风二怪逃到兴化后在海上兴风作浪，渔民被迫四处逃难，有一部分渔民逃到了松山。

图 5-93　霞浦松山天后宫妈祖故事挂图"祈求默娘平海事"图

图 5-94　霞浦松山天后宫妈祖故事挂图"默娘带母去湄洲"图

图 5-95　霞浦松山天后宫妈祖故事挂图"平怪收妖在湄洲"图

35. "祈求默娘平海事"图（图 5-93）

兴化逃难的渔民听说默娘有法力，便来到默娘家中，祈求默娘出面驱逐二怪，平定海事。

36. "默娘带母去湄洲"图（图 5-94）

默娘决心帮助逃难的乡亲们，于是带着母亲一起来到兴化，二怪知道不是默娘的对手，便藏匿起来，等待时机再作乱。

37. "平怪收妖在湄洲"图（图 5-95）

默娘到兴化后，二怪藏匿了一段时间，看到默娘并不出现，于是又开始迫害渔民了，此时默娘突然出现，用裙带化成金锁链，缚住二怪，命二怪看守东海口。

38. "回途偶遇阿哥船"图（图 5-96）

默娘平定海事后，与母亲一起去水军中寻找哥哥，不巧哥哥出海巡逻去了，她只好带母亲回松山。在回松山的海面上，与哥哥的船不期而遇，全家人在海面上相会，高兴万分。

图 5-96 霞浦松山天后宫妈祖故事挂图 "回途偶遇阿哥船" 图

图 5-97　霞浦松山天后宫妈祖故事挂图"王氏私定女儿亲"图

39. "王氏私定女儿亲"图（图 5-97）

王氏跟儿子回到松山居住后，结识了一个邻居马家，王氏见马公子知书达理、仪表堂堂，十分欣赏，便自作主张，将默娘许配给马公子，马公子带来许多聘礼，叩拜王氏，王氏高兴欢迎。

40. "默娘祭父福宁海"图（图 5-98）

默娘已是半仙之身，本不愿婚嫁，但父母之命又不能违背，知道自己在人间的日子无多，经母亲同意，决定出海专程祭祀父亲。

41. "东海遇上红毛船"图（图 5-99）

默娘的船在祭父的回程中遇上了一艘红毛大船，红毛船上的人频频向其招手。

42. "红毛施计掳默娘"图（图 5-100）

红毛船上的人欺骗默娘说，船遇到了大风迷路，食物、水都快用完，希望得到帮助。等两船相靠后，红毛见默娘如花似玉，便使用迷药迷倒了默娘，将默娘掳到了红毛船上。

图 5-98 霞浦松山天后宫妈祖故事挂图"默娘祭父福宁海"图

图 5-99 霞浦松山天后宫妈祖故事挂图"东海遇上红毛船"图

图 5-100 霞浦松山天后宫妈祖故事挂图"红毛施计掳默娘"图

图5-101 霞浦松山天后宫妈祖故事挂图"红毛蕃王忖默娘"图

图5-102 霞浦松山天后宫妈祖故事挂图"默娘巧计住宫中"图

43."红毛蕃王忖默娘"图（图5-101）

红毛船将默娘运回国内献给了国王，国王十分喜欢，希望能娶默娘为妻。

44."默娘巧计住宫中"图（图5-102）

国王想马上与默娘成婚，默娘巧施一计说，按中国风俗，女子逢八不结婚，今年正是我十八岁，希望明年结婚。国王应允，叫手下好好照顾默娘住在宫中。图中与默娘聊天的男子为国王信任的中国火长。

45."金柳二鬼闹兴化"图（图5-103）

默娘在红毛国期间，兴化一带海域又出现了金、柳二水鬼，他们原为学道术的异人，两人为争宝物相斗落海淹死，后又结为兄弟，在海面上兴风作浪，掏浪、摧风都打不过他们，于是横行海上，渔民苦不堪言，盼望默娘回来相救。

46."默娘逃离红毛蕃"图（图5-104）

默娘在红毛国掐指算到湄洲海面有难，于是决心回来救助。她让国王信任的中国火长向国王提出希望坐船到海上散心，国王应允，默娘使用分身术，真身随中国火长的船出海，留下假身在宫中，待船走远后，抽离假身，成功逃脱。

47."隐身做法收金柳"图（图5-105）

默娘船驶向兴化，她使用隐身法，躲过了金、柳二水鬼的千里眼和万里耳，混入渔民船中。当金、柳二鬼再次作乱时，默娘突然拿起船上的一只水瓢作法往下一盖，二鬼被水瓢罩住，束手就擒。并愿意降服默娘。

图 5-103　霞浦松山天后宫妈祖故事挂图"金柳二鬼闹兴化"图　　图 5-104　霞浦松山天后宫妈祖故事挂图"默娘逃离红毛蕃"图

图 5-105　霞浦松山天后宫妈祖故事挂图"隐身做法收金柳"图

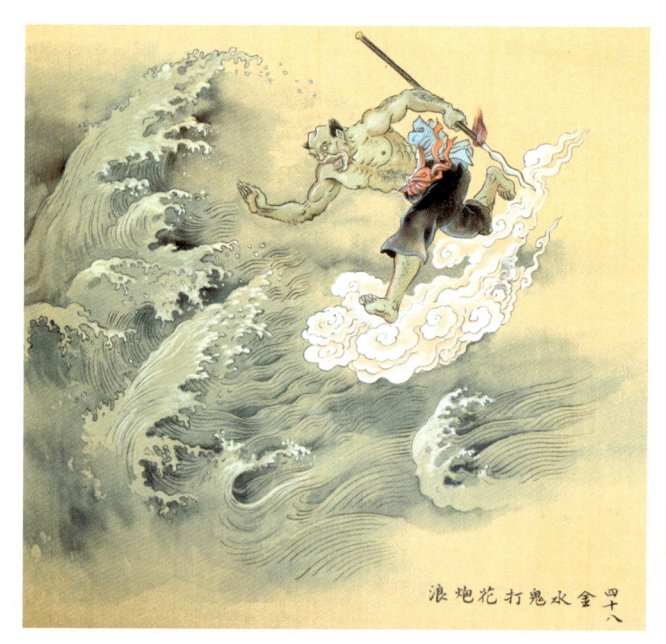

图5-106 霞浦松山天后宫妈祖故事挂图"金水鬼打花炮浪"图

图5-107 霞浦松山天后宫妈祖故事挂图"柳水鬼吹海火沙"图

图5-108 霞浦松山天后宫妈祖故事挂图"掏浪将军喷神火"图

图5-109 霞浦松山天后宫妈祖故事挂图"摧风将军顶狂浪"图

48. "金水鬼打花炮浪"图（图5-106）

金柳二水鬼虽被默娘收伏，但认为是默娘突然袭击所致，并不服气。金水鬼偷偷地在海上施起花炮浪袭击渔民，渔民深受其害。

49. "柳水鬼吹海火沙"图（图5-107）

柳水鬼看到金水鬼打花炮浪，也跟着捣乱起来，使出其所学道术中最厉害的吹海火沙，袭击渔民，以试威力。

50. "掏浪将军喷神火"图（图5-108）

掏浪将军见金柳二鬼重新作恶，恨自己法力不够，于是闭关修炼八八六十四天，炼成不怕风、雷、水、霜、雪、雨的六昧神火。

51. "摧风将军顶狂浪"图（图5-109）

摧风将军为了对付柳水鬼的吹海火沙法术，也苦练顶狂浪的法术，道法日深。

52. "掏浪摧风斗二鬼"图（图5-110）

金柳二水鬼继续不停地破坏渔船，伤害渔民，掏浪、摧风二将炼成法术后与金柳二水鬼大战起来，双方势均力敌，难解难分。

53. "默娘赶到祭金锁"图（图5-111）

掏浪、摧风二将正使出看家本领六昧神火和顶狂浪法来对付金柳二水鬼的花炮浪和海火沙，激战正酣，默娘乘席赶到，祭出金锁。

图5-110　霞浦松山天后宫妈祖故事挂图"掏浪摧风斗二鬼"图　　图5-111　霞浦松山天后宫妈祖故事挂图"默娘赶到祭金锁"图

图 5-112 霞浦松山天后宫妈祖故事挂图"锁住金柳二鬼身"图

图 5-113　霞浦松山天后宫妈祖故事挂图"收复金柳作副将"图

图 5-114　霞浦松山天后宫妈祖故事挂图"默娘金柳救渔船"图

54."锁住金柳二鬼身"图（图 5-112）

默娘乘席赶到后，拂起左右长袖分别平息了金柳二水鬼的花炮浪和海火沙，又祭出金锁，将二鬼重重锁住，痛得二鬼跪地求饶。

55."收复金柳作副将"图（图 5-113）

金柳二水鬼被默娘锁住后，知道默娘法力无边，决定改邪归正，默娘命金柳二水鬼分别为掏浪、摧风二将军的副将，镇守海口，从此海上归于平静。

56."默娘金柳救渔船"图（图 5-114）

默娘收伏金柳二水鬼为将后，与金柳二将一起来到海上救助渔船。

图 5-115　霞浦松山天后宫妈祖故事挂图"默娘跪拜老母亲"图

图 5-116　霞浦松山天后宫妈祖故事挂图"马家花轿来迎亲"图

图 5-117　霞浦松山天后宫妈祖故事挂图"洞房花烛揭盖巾"图

57. "默娘跪拜老母亲"图（图 5-115）

默娘完成收伏金柳二水鬼的任务后，便来到兴化水兵营哥哥处看望老母亲，与老母亲相拥而泣。

58. "马家花轿来迎亲"图（图 5-116）

默娘从红毛国回来后，母亲喜出望外，希望尽快给默娘办喜事，了结一件大事。于是很快定好了迎亲的日子，一队迎亲的队伍吹吹打打，用花轿抬着默娘而去。

59. "洞房花烛揭盖巾"图（图 5-117）

默娘与马公子完成了婚礼的各种仪式后，众人欢欢喜喜地将二人拥入洞房，马公子迫不及待地欲揭开默娘的红盖头。

60. "默娘升天去封神"图（图 5-118）

马公子一揭开默娘的红盖头，默娘就坐化而去，留下一条丝巾飘落在马公子手上，上面写着："吾本龙女，投胎凡间，海怪已平，升天封神。"

图 5-118 霞浦松山天后宫妈祖故事挂图"默娘升天去封神"图

图 5-119　霞浦松山天后宫妈祖故事挂图 "默娘化身血木段" 图

61. "默娘化身血木段" 图（图 5-119）

默娘在湄洲坐化升天，却想念娘家松山，于是化身变成一段血木，向松山漂去，被松山渔民发现。

图 5-120 霞浦松山天后宫妈祖故事挂图"血木显圣洄澜口"图

62."血木显圣洄澜口"图（图 5-120）

一位松山渔民梦见默娘要回娘家了，第二天早上，他在洄澜口岸边看到一段血木，将其拖回家里。过了几天，因家里没有了柴火，他想起了这段血木，便准备将其劈为柴火。不料，一斧头下去，血木渗出血来，而且香气四溢，天空中出现了四位神将。渔民看到此情景，回想之前默娘托梦一事，知道血木就是默娘的化身。

图 5-121　霞浦松山天后宫妈祖故事挂图"血木雕刻默娘像"图

63. "血木雕刻默娘像"图（图 5-121）

　　松山渔民们知道血木之事后，惊异不已。此时默娘的哥哥又派人来告知默娘在湄洲升天一事，渔民们知道默娘思念松山，化身回归。于是，众人请来雕刻师傅，用血木雕成一尊默娘像，与默娘真人相似。

图 5-122　霞浦松山天后宫妈祖故事挂图 "天圣松山建行宫" 图

64. "天圣松山建行宫" 图（图 5-122）

北宋天圣年间（1023~1032 年），在松山海边的小山上，建起了一座庙宇，安放默娘的神像，四方渔民都来朝拜默娘，络绎不绝。

三、霞浦松山天后宫妈祖故事挂图的综合考察

霞浦松山天后宫妈祖故事挂图虽然是重绘的，但从所反映的故事来看，则相当古老，比如图中有关"红毛国""火焰屿"的故事传说，从明代就已出现了。[1] 松山天后宫妈祖故事挂图以霞浦松山为中心进行建构，说妈祖之父是五代时兴化人林愿，青年时期为了剿灭当地的海盗，入深山拜师学武艺。他学成归来后，与夫人王氏定居松山，并在松山生下默娘，后来又投身水军，升任松山巡检，与海盗搏斗，最后战死海中。默娘在一本无字书中学得道法，并先后收伏了掏浪、摧风二怪和金、柳二水鬼为将。默娘后来被海盗掳去域外的红毛国一段时间，回来后服从母命嫁人，于洞房夜升天成神。这些故事虽然也带着一些以莆田为中心建构的妈祖故事的影子，但是变化是非常惊人的，甚至连妈祖的出生地也改在松山。在笔者所见的所有圣迹图式妈祖故事图像中，此套图最为特别，有着自己一套独特、完整的诠释体系。

新版松山天后宫妈祖故事挂图由松山天后宫委托霞浦当地的著名画家谢瑞良、林斯杰绘图，由于他们是专业画家，又是当地人，对当地流传的妈祖故事有较深的领悟，因此，该套挂图无论从内容上，还是艺术上都具有较高的水平。

松山天后宫妈祖故事挂图与来源于《天妃显圣录》的官方传统圣迹图式妈祖故事相比，有部分相同或相似的地方，如妈祖的籍贯都是福建兴化湄洲；妈祖的父亲是林愿，为巡检；妈祖的母亲为王氏；妈祖赐丸得孕的故事；妈祖机上救亲的故事；妈祖收伏千里眼、顺风耳的故事；妈祖收伏其他二怪（嘉应、嘉佑或掏浪、摧风）的故事等，这说明松山妈祖故事的一些基本的元素与官方传统圣迹图式妈祖故事是相同或相似的，两者都来源于宋代以来以莆田湄洲为中心逐步形成的妈祖故事诠释体系。但从霞浦松山天后宫妈祖故事挂图的故事来源看，与官方传统圣迹图式妈祖故事来源于《天妃显圣录》有很大不同，这些故事基本上不是源于《天妃显圣录》，如"网来一本无字书""林愿揭榜投水军""默娘带孝炼父骨""王氏私定女儿亲""红毛施计掳默娘""马家花轿来迎亲""血木雕刻默娘像"等，这些故事都是在霞浦松山一带流行的民间故事传说，有鲜明的地域化特色。松山天后宫妈祖挂图与官方传统圣迹图式妈祖故事相比最显著的特点有两个：

其一，以霞浦松山为中心来建构故事。松山天后宫妈祖挂图虽然也提到不少妈祖与湄洲的关联故事，但所强调的故事中心是松山，如说妈祖的出生地在松山，妈祖父亲在松山海域任巡检，妈祖早年生活在松山和在松山学成道法等，甚至妈祖在湄洲升天之后，就立即开始想念家乡松山，便化身为一段血木，漂流到松山显圣。其二，渔民文化特色。松山天后宫妈祖挂图整套故事围绕渔民文化展开，如"七岁海上能泅水""林愿带女去捕鱼""闽海海贼劫渔船""祈求默娘平海事"等故事图画，直接反映了渔民的生活和渔民最关心的海上安全等问题。使我们看到了渔民角度的妈祖形象及其相关故事。

---

1. 徐晓望：《从福建霞浦县松山天后宫挂图看闽东妈祖信仰的文化心态》，林美容等编《妈祖信仰的发展与变迁》，台湾宗教学会、财团法人北港朝天宫出版，2003年，第251页。

松山天后宫妈祖故事挂图与属于民间传统的枫亭灵慈庙妈祖故事壁画相比，最大的相同之处是两套图的故事内容都不是直接来源于《天妃显圣录》的官方传统圣迹图式妈祖故事。两套图的故事叙事结构也基本相似，主要讲述妈祖生平故事，如出生、学道、收伏部将等，最后都以湄洲飞升、塑像建庙为结束。两套图都分别以5幅（灵慈庙）和4幅（松山天后宫）的较大篇幅来描绘有关妈祖结婚成亲的故事，这在官方传统妈祖故事中是故意回避的题材，但因男大当婚，女大当嫁，结婚在民众的日常生活中是重要的人生大事，民间传统妈祖故事中往往不回避这个问题。两套图都花费了大量的篇幅来描绘妈祖收伏部将、妖怪的故事，枫亭灵慈庙壁画中更是用了12幅图来描绘妈祖收伏千里眼和顺风耳二部将的故事，由于官方传统圣迹图式妈祖故事描绘的重心主要集中在妈祖护国助战等方面，即使有收将伏妖的故事，也在一两幅图内解决，不可能给予太多的篇幅。

松山天后宫妈祖故事挂图与枫亭灵慈庙妈祖故事壁画也有不少不同之处，最明显的不同表现在两个方面：其一，各自反映了故事发生地鲜明的地域文化特色。松山天后宫挂图以松山为故事建构中心，围绕渔民的生活展开，具有鲜明的闽东地域文化特色，如有关火焰屿与掏浪怪的传说、血木与洄澜口的传说、马祖群岛与马祖婆的传说等，都与霞浦一带的诸名胜紧密联系，地域性特色浓郁。枫亭灵慈庙妈祖故事壁画以莆田、仙游一带的地域文化为背景展开，尤其是"顺母配夫""化蝶成双""乡人谢雨""收啼鸡精"等图中所反映的婚嫁、斋醮仪式等地方民俗文化内容，具有鲜明的地域特色。其二，受官方传统故事影响的程度不同。枫亭灵慈庙妈祖故事壁画的所在地——仙游，正属于官方传统妈祖文化影响的中心区域，虽然此图属于典型的民间传统妈祖故事图像，但难免会受到官方传统妈祖故事的影响，其中有十几幅图就一定程度上受到了官方传统图像的影响。而松山天后宫妈祖故事挂图所在地——霞浦松山，远离官方传统妈祖文化的中心区域湄洲一带，因此受官方传统的影响就比枫亭灵慈庙小很多，地域特色也就更加鲜明。

松山天后宫妈祖故事挂图每年都要展出至少三次，第一次是从正月初一挂到正月十五；第二次是从三月二十三挂到三月二十九日；第三次是从九月初九挂到九月十六日。平时则将挂图妥善保存起来，因此该挂轴的功能与仙游枫塘宫《天后显圣图轴》相似，用于增强信众对妈祖生平故事的了解，同时起到烘托节日气氛，增强神圣氛围的作用。

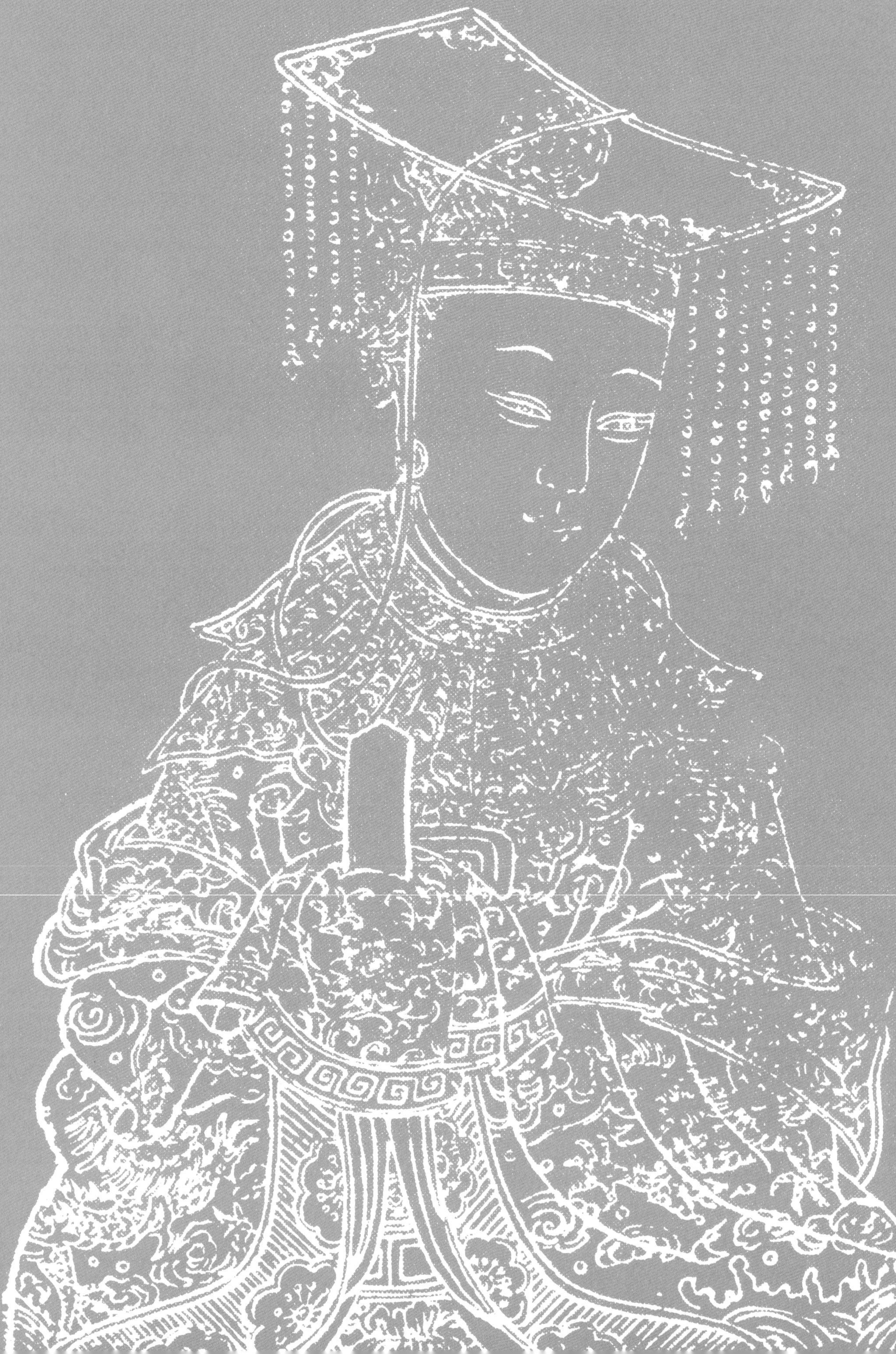

第六章

【圣迹图式妈祖图像的综合比较研究】

圣迹图式妈祖图像可分为官方传统和民间传统两大类，官方传统圣迹图式妈祖图像是指以清初的《天妃显圣录》一书为故事源头的系列妈祖图像，民间传统圣迹图式妈祖图像是指除官方传统圣迹图式妈祖图像之外的广泛分布于福建和东南沿海一带乡村庙宇中的系列妈祖图像。本章首先对各类官方传统妈祖图像和民间传统妈祖图像分别进行综合比较，然后又对圣迹图式妈祖图像的神话结构、官方与民间图像的互动关系、圣迹图式妈祖图像的排序等问题进行了综合探讨。

第一节 官方传统妈祖图像的综合比较

上文第三、四两章已经对现存的有代表性的官方传统圣迹图式妈祖故事图像,如福建莆田仙游枫塘宫藏清代《天后显圣图轴》、中国国家博物馆藏清代《天后圣母事迹图志》、福建莆田市博物馆藏清代《天后圣迹图轴》、荷兰阿姆斯特丹国立博物院藏清代《天后圣迹图》、清代《敕封天后志》版画、清代各版《天后圣母圣迹图志》版画、中国国家图书馆藏清代《天后本传》版画、福建莆田湄洲妈祖祖庙藏民国《林妈祖志全图宝像》等进行了较为详细的梳理与研究,发现这些绘画和版画虽然在内容上各具特色,在艺术水平上高低有别,但总体来讲,具有颇高的相似性,主要表现在以下几个方面。

1. 故事来源相同

比较上述各种清代以来的绘画和版画圣迹图式妈祖故事,我们发现,这些图像故事的源头都是清初的《天妃显圣录》一书,可以说《天妃显圣录》一书是清初以前妈祖故事的集大成者,也是清代以来一系列圣迹图式妈祖故事图像的源头。尽管有些材料,如《天后本传》一书文字是以雍正三年(1725年)刊行的《天后显圣录》"本传"部分为基础修改而成,又如《敕封天后志》版画是以《敕封天后志》一书文字为依据,但总体来看《天妃显圣录》这个总源头没有变。

2. 神话结构相同

从我们已经研究的所有圣迹图式妈祖故事图像的神话结构来看,不管是官方传统的还是民间传统的,都以升天为界,如官方传统的通常为"湄洲飞升"图,将整个圣迹图式妈祖故事分为两个部分:前一部分主要描绘妈祖升天前在凡间的故事,属于妈祖"凡"的阶段;后一部分描绘的是妈祖升天后的灵应故事,属于"圣"的阶段,天后在"凡"的阶段经过一系列的准备,在湄洲岛飞升,脱凡入圣;入圣成神之后,又在凡间广显灵应。从而形成了由凡→圣,再由圣→凡的对立统一的神话结构。这一凡圣转化理论模式是笔者在研究中国的另一个著名全国性神祇——真武大帝圣迹图式故事图像的过程中,在前人研究的基础上逐步提炼升华而来的,将这一结构来验证圣迹图式妈祖故事图像也是完全适用的。我们再联想到圣迹图式佛祖释迦牟尼故事图像、圣迹图式关帝故事图像等,都是这种"凡""圣"二元对立统一的神话结构,可见这种模式的广泛适用性。当然在这一总模式下,具体的各类图像的转换方式是不尽相同的。如圣迹图式佛祖释迦牟尼故事图像、圣迹图式真武大帝故事图像中的佛祖和真武大帝,都讲述的是一个人间的王子,经过矢志不渝的艰苦修炼,修成正果,才迎来了白日飞升的美好未来。但是从圣迹图式妈祖故事图像来看,妈祖获得法力是通过一些偶然事件,如窥井得符、道人秘传玄诀等获得的,似乎没有经过多少艰苦的修炼就得以白日飞升。这种转换方式不同的背后,可能隐含着宗教,甚至教派因素等更为复杂的深层原因。

3. 官方立场相同

上述圣迹图式妈祖故事图像正如第三章已经研究的仙游枫塘宫《天后显圣图轴》,在其描绘天后升天后的28幅灵应故事中,就有24幅与国家和官方有关。荷兰国立博物院藏清代《天后圣迹图》现存的七幅图中都是有关护使、助战、退寇的内容，均与国家的国防、外交有关。可见，这些图像的选录者一定是站在官方的立场上来选编这些故事的。正如乾隆《敕封天后志》的作者林清标所说："非关为国为民者不录，有附会其事而非真者不录，有乡里传言訾訾而无从核实者不录，故所录者少而不录者多。"正因为他们都站在官方的立场上，当然将民间流传的许多妈祖故事删去不录。使天后越来越成为持官方立场的标准化的天后。那么这些图像的选录者是什么人呢？由于圣迹图式妈祖故事图像受道教"神灵降笔之作"观念的影响，一般不署作者姓名和时间，给了解画家和赞助人等造成了很大的困难，不过从与上述圣迹图式妈祖故事图像有密切关系的人物，如林尧俞、林清标、欧峡、梁九图、贾筱樵、许叶珍等人的身份来看，几乎都为官员或地方文化精英，可以说是地方精英的代表性人物，由这些人物或相类似的人物来选录圣迹图式妈祖故事图像，站在官方的立场上是一点都不奇怪的。

  官方传统圣迹图式妈祖故事图像逐步定型经历了一个漫长的发展过程，大致经过了两次图像整合：第一次是清初《天妃显圣录》一书流行之后，受其影响逐步出现的一系列绘画和版画圣迹图式妈祖故事图像作品，如仙游枫塘宫《天妃显圣图轴》、清代《敕封天后志》版画、中国国家博物馆藏清代《天后圣母事迹图志》等，这些图像作品虽然基本的故事主线依照《天妃显圣录》一书形成的传统而创作，但在具体的故事选择和编排方面仍有不少差异，可以说是处于"一源多流"的发展状况。第二次就是苏州版《天后圣母圣迹图志》版画在清代道光年间的流行。目前所见最早有确切纪年的苏州版《天后圣母圣迹图志》是道光十二年（1832年）苏州上洋寿恩堂刊刻的，该书在广泛比较此前流行的官方传统圣迹图式妈祖故事绘画和版画的基础上，精心选择、精心绘刻，使此书不但在图像内容的选取上改掉了清代《敕封天后志》版画将大量流传有绪的著名民间妈祖故事删去的弊端，在艺术水平上也明显高于清乾隆《敕封天后志》、清道光《天后本传》等版画作品，成为清代圣迹图式妈祖故事版画中最精美的作品。苏州版《天后圣母圣迹图志》的以上优点，使此书形成了苏州版、广东版和闽浙版三大体系，刻本众多，影响广泛，是清代以来面世的妈祖图志中影响最大的一部。

  由于以上两次图像整合过程，特别是苏州版《天后圣母圣迹图志》的广泛流行，促使官方传统圣迹图式妈祖故事图像进一步标准化，这种标准化的天后圣迹图式妈祖故事图像越推行，妈祖图像的灵活发展空间就越狭窄，从而使圣迹图式妈祖故事图像的发展走向了僵化和停滞。

  4. 使用功能相似

  上述官方传统圣迹图式妈祖故事图像的主要功能就是宗教宣传、信仰教化、烘托宗教氛围等方面。具体来看挂轴绘画的主要功能是在每年的天后诞辰和春节、九月九等其他一些重要节日期间，拿出来悬挂在庙宇正殿的左右两壁上，用于增强信众对妈祖生平和灵应故事的了解，同时起到了烘托节日气氛，增强神圣氛围的作用。如仙游枫塘宫《天后显圣图轴》、福建莆田市博物馆藏清代《天后圣迹图轴》等。还有一些被收藏在官宦之家、装裱成册页等形式的圣迹图式妈祖故事绘画作品，如中国国家博物馆藏清代《天后圣母事迹图志》、荷兰国立博物院藏清代《天后圣迹图》等，尽管此类绘画作品的最初源头也可能来自庙宇，但从当时的官员之家乐于收藏有关天后故事的此类图册，本身就说明了该类图册的另一种使用功能：即在当时官员和士大夫之间的私人收藏欣赏与交流之用。圣迹图式妈祖故事版画作品，如清代《敕封天后志》版画、清代各版《天后圣母圣迹图志》版画、中国国家图书馆藏清代《天后本传》版画、湄洲妈祖祖庙藏民国《林妈祖志全图宝像》等，刊刻的主要目的是宣扬妈祖信仰，扩大妈祖的影响。由于版画所具有的能多次重复印刷的优点，使这些作品的大量刊印成为可能，极大地促进了妈祖图志出版物的流传与普及，清代苏州版、广东版和闽浙版《天后圣母圣迹图志》版画的广泛流行就是极好的例证。这些妈祖版画作品一般由信众捐资印刷，存放于妈祖宫庙或会馆中，作为普及妈祖信仰、扩大妈祖影响的重要载体。

5. 妈祖图像结构相同

上述官方传统圣迹图式妈祖故事图像中的妈祖形象总体来说变化不大，绘画多为身着朱衣的年轻女子形象，版画则多为头戴巾饰或头挽发髻的仕女形象，这些妈祖形象或手握拂尘、如意，或手握其他与圣迹故事情境相适应的物件，在升天前和升天后的服饰形象上也没有明显的变化。不像圣迹图式真武图像，如河北蔚县北极宫真武故事壁画、陕西佳县白云观《真武修行图》壁画等以服饰的变化来表现真武凡、圣之间的变化。[1] 但仔细对比就会发现，神圣和凡俗两类图像还是有一些不同的表现。最明显的表现是升天前的妈祖形象基本上是民女或仕女形象，升天后的形象则多为头戴凤冠的王妃贵妇形象，这表明升天后的妈祖才有资格佩戴象征高贵身份的凤冠。当妈祖在仗剑作法、助战除奸等场面时，其形象又变回民女或仕女形象，其所持之物也随着故事场景的变化而变化，适应不同的故事所需。此外在升天后的形象中妈祖手握拂尘和如意的数量明显增多，这正如前文已经提到的：在中国传统文化中，拂尘和如意都是仙佛人物喜用之物，数量的增多，也暗示着对妈祖神圣的强调。

第二节　民间传统妈祖图像的综合比较

上文第五章已经对现存的有代表性的民间传统圣迹图式妈祖故事图像，如福建仙游枫亭灵慈庙妈祖故事壁画、福建霞浦松山天后宫妈祖故事挂图等进行了较为详细的梳理与研究，发现民间传统圣迹图式妈祖故事图像与官方传统圣迹图式妈祖故事图像一样，也具有自己鲜明的特色。而且民间传统圣迹图式妈祖故事图像广泛分布于福建和东南沿海一带的乡村庙宇中，有着独特的发展脉络。民间传统圣迹图式妈祖故事图像大致具有如下几个特点：

---

1. 肖海明：《真武图像研究》，北京，文物出版社，2007年，第149页；肖海明：《陕西佳县白云观〈真武修行图〉研究》，中国社会科学院世界宗教研究所编《中国社会科学院世界宗教研究所建所50周年纪念文集》下卷，北京，社会科学文献出版社，2014年，第1271页。

1. 故事来源各异

与官方传统圣迹图式妈祖故事来源于《天妃显圣录》不同，民间传统圣迹图式妈祖故事来源颇为复杂，但一个共同特点就是民间传统妈祖故事基本不是源于《天妃显圣录》，而主要来源于当地流传的一些妈祖民间故事传说，有鲜明的地域特色。如仙游枫亭灵慈庙妈祖故事壁画中的妈祖顺母成亲、妈祖制药救人、妈祖召请天兵、大战狮精、诸神相送巡游大海等，这些故事都是在莆田、仙游一带流行的民间故事传说。又如霞浦松山天后宫妈祖故事挂图中的"网来一本无字书""林愿揭榜投水军""默娘带孝炼父骨""红毛施计掳默娘""马家花轿来迎亲"等，这些故事都是在霞浦松山一带流行的民间故事传说，也具有鲜明的地域特色。当然，民间传统的图像并不故意排斥官方传统的故事，事实上民间传统图像中也包含了不少的官方传统故事，具体的数量有多有少，不一而足。还有一种情况是：从图像榜题来看属官方传统故事，但图像所反映的内容却完全不同，有着自己独特的民间解读方式。

2. 民间立场鲜明

民间传统圣迹图式妈祖故事图像因主要反映的是下层民众的所喜所好，并无官方传统妈祖故事图像那么多的条框和禁忌，因此一些往往为官方传统图像故意回避或模糊表现的题材，在民间传统故事图像中却大胆地提倡和表现出来。仅举数例说明：第一，妈祖婚姻问题的表现。在妈祖的婚姻问题上，官方传统妈祖故事是极力回避的，从儒家正统来看，妈祖未婚而亡（升天），始终是人生的一大缺憾，不是封建社会理想女性生活的典范，因此往往避而不谈。但民间传统妈祖图像，如仙游枫亭灵慈庙妈祖故事壁画、福建霞浦松山天后宫妈祖故事挂图都分别以五幅（灵慈庙）和四幅（松山天后宫）的较大篇幅来描绘有关妈祖结婚成亲的故事。因为从普通民众的视角来看，男大当婚，女大当嫁，妈祖作为一个封建社会的年轻未婚女性，其婚姻大事，必须得到关注，应该找到一个合理的解释，即使是用蝴蝶代婚也比没有好，结婚的女性才能被吸收进夫家的家族世系，才可能扮演为人妻为人母的理想角色，甚而成为受人尊敬的婆婆级的人物。第二，吃人场面的表现。如仙游枫亭灵慈庙妈祖故事壁画中两次出现将人拆卸成几块的吃人场景，如"金妖食人""狮精食人"，此类图画惨不忍睹，在官方传统的画面中一般不会出现，但在民间庙宇中却喜用这种直观的表达方式。第三，郑清对弈的表现。在官方传统圣迹图式妈祖故事图像中，郑成功军队与清朝军队作战的场景往往表现得较为隐讳，战场情况明显是清军大胜，郑军大败。但在如枫亭灵慈庙妈祖故事壁画这样的民间传统故事中，常常出现暗中同情郑成功的倾向。第四，妈祖降诞的表现。在官方传统圣迹图式妈祖故事图像中，如《敕封天后志》版画、《天后圣母圣迹图志》版画等在妈祖降生、妈祖庙宇等图像中，常常把应该出现妈祖形象的地方留空，以示无比尊崇而不敢表现。但在如枫亭灵慈庙妈祖故事壁画这样的民间传统故事图像中，即使妈祖母亲怀孕的大肚子形象都敢于表现出来。由上可见，民间传统圣迹图式妈祖故事图像这种鲜明的民间立场。

3. 民俗文化内容丰富、生动

民间传统圣迹图式妈祖故事图像一般都是当地的画师所作，他们对地域民俗文化特别熟悉，再加上民间传统图像在创作上没有官方传统那么多的限制，在相对宽松的创作环境中，画师们喜欢将当地民众喜闻乐见的民俗画面引入，以引起民众的共鸣，从而增强图像的吸引力。如枫亭灵慈庙妈祖故事壁画中，就融入了丰富的地方民俗文化内容，如前述第9图"顺母配夫"中的迎亲队伍，第10图"化蝶成双"中的拜堂成亲的场景，第14图"乡人谢雨"中的道士酬恩仪式，第50图"收啼鸡精"中的道士作法请神仪式，第55图"奉旨起庙"中生动逼真的建庙场景等等，都包含着丰富的地域民俗文化内容。又如福建霞浦松山天后宫妈祖故事挂图中的第19图"林愿揭榜投水军"、第28图"默娘带孝炼父骨"、第58图"马家花轿来迎亲"、第59图"洞房花烛揭盖巾"等，也包含着当地丰富的民俗文化内容。正是这些丰富生动的地域民俗文化内容给画面增添了无穷的乐趣和亲切感，成为图解妈祖信仰的一个法宝。

4. 对民间法术、巫术的强调

在官方传统妈祖故事图像中极力将妈祖塑造成名门之后，唐林披公的后代，号称九牧林，祖父为福建总管，父亲为都巡官。[1]因此图像中不会出现过多的有关巫术、法术的内容。但在民间传统圣迹图式妈祖故事图像中有不少内容来反映有关妈祖及其部将使用巫术、法术的内容。如枫亭灵慈庙妈祖故事壁画第45图"勇救郑和"中妈祖和二将使出飞沙走石的法术，杀退了企图抢掠郑和财宝的众贼；第46图"化粮振饥"中妈祖使用法术，变化出众多的粮食，以帮助遇到饥荒的漳州、泉州民众；第50图"收啼鸡精"中一个道士模样的人物正在院子里作法，请到了天后来保佑助产，收伏鸡精。又如福建霞浦松山天后宫妈祖故事挂图中第15图"默娘学书初试法"、第16图"平浪走涛过海面"、第31图"默娘祭法怪逃身"、第48图"金水鬼打花炮浪"、第49图"柳水鬼吹海火沙"、第50图"掏浪将军喷神火"、第51图"摧风将军顶狂浪"等都是有关巫术、法术的内容。我们知道早期的妈祖史料中多记载妈祖为巫女出身，后来随着其地位的上升，才逐步隐藏了这一身份。民间传统圣迹图式妈祖故事图像中对妈祖巫术、法术的强调，一定程度上反映了妈祖早期"里中巫"的真实身份。

5. 对一些流传久远的著名妈祖故事的不同演绎

民间传统圣迹图式妈祖故事图像对一些流传久远的著名妈祖故事，如"机上救亲""挂席泛槎""枯槎显圣"等有自己独特的解说版本，与官方传统圣迹图式妈祖故事图像的解说版本一起，共同丰富了这些故事的版本和发展轨迹。下面仅以上三个故事为例来加以说明，例一："机上救亲"故事图像，在明万历元年（1573年）刊刻的吴还初《天妃娘妈传》中就有相当成熟的故事版本。在官方传统圣迹图式妈祖故事图像中，描绘的是妈祖救了父亲，兄长未获救。有关救父兄的图像也表现得比较模糊。而在一些民间传统圣迹图式妈祖故事图像中，描绘的则是妈祖救了兄长，父亲未获救。可见，从儒家正统的立场来看，父亲比兄长更为重要，这些不同的观念在图像上被生动地反映了出来。民间图像中还极力表现出妈祖在大海风暴中口中含着兄长或父亲的情景，因为其母亲在纺织机前的呼叫，妈祖为了回应而使其元

---

[1] 蒋维锬、周金琰辑纂《妈祖文献史料汇编》第二辑《著录卷》上，北京，中国档案出版社，2009年，第87页。

神口含的兄长或父亲掉入海中沉没。例二："挂席泛槎"故事图像，在官方传统圣迹图式妈祖故事图像中，图像基本上已经形成了固定的程式，即妈祖在大海上以草席为帆、以木槎为舟渡海的景象。而在一些民间传统圣迹图式妈祖故事图像中，此故事出现了多种不同版本的演绎，如仙游枫亭灵慈庙妈祖故事壁画第12图"蝶精代婚"（图5-12），描绘妈祖以蝶精代婚后，自己泛槎回家的场景。又如福建霞浦松山天后宫妈祖故事挂图第53图"默娘赶到祭金锁"（图5-111），描绘妈祖部将掏浪、摧风与金柳二水鬼大战时，妈祖乘席赶到的场景。例三："枯楂显圣"故事图像，在官方传统圣迹图式妈祖故事图像中，描绘的是宋时在莆田宁海圣墩（今属涵江）妈祖显灵变为一段夜间发光的枯楂，暗示为自己建庙的故事。在民间传统圣迹图式妈祖故事图像中则演变为妈祖化身血木段的故事。如福建霞浦松山天后宫妈祖故事挂图第61图"默娘化身血木段"（图5-119），描绘了妈祖坐化升天后，因想念松山，于是化身变成一段血木漂向松山的故事。此外，民间传统圣迹图式妈祖故事图像中关于妈祖为龙女转世的故事，妈祖与红毛国的故事等都颇具民间传统特色，限于篇幅，此处不展开。

第三节　圣迹图式妈祖图像的综合考察

上两节分别比较了官方和民间传统圣迹图式妈祖故事图像，其实所谓官方和民间的划分都是人为的划分，圣迹图式妈祖故事图像原本就是一个整体。本书将圣迹图式妈祖故事图像作为重要研究对象，试图以两条主线展开探讨。

第一条主线就是对圣迹图式妈祖故事图像神话结构的分析。我们发现不管是官方传统的还是民间传统的，都以升天为界分为"凡""圣"两个部分，并形成了由凡→圣，再由圣→凡的对立统一的神话结构。关于神话结构的分析，本章第一节已有较为详细的论述，此处不赘。

第二条主线从官方和民间的互动关系展开。比较官方和民间传统圣迹图式妈祖故事图像我们发现，官方传统妈祖故事图像在皇帝和地方精英的双重推动下，取得了巨大的成功，在圣迹图式妈祖故事图像中居于主导地位，官方传统圣迹图式妈祖故事图像不仅在皇室和地方精英中流传，甚至像莆田仙游枫塘宫这样的乡村小庙中，也流传着典型的官方传统圣迹图式妈祖故事图像《天后显圣图轴》。清代《敕封天后志》版画、清代以来各种版本的《天后圣母圣迹图志》版画更是以前所未有的广度和深度流传于当时众多的大小妈祖庙宇和会馆中，《天后圣母圣迹图志》版画甚至在某种程度上取得了圣迹图式妈祖故事图像"标准化"的地位，成为各地纷纷学习和仿效的范本。但是官方传统圣迹图式妈祖故事图像推行得再成功，再"标准化"，也不可能完全取代民间传统圣迹图式妈祖故事图像，如仙游枫亭灵慈庙妈祖故事壁画、福建霞浦松山天后宫妈祖故事挂图等的存在就是有力的证据。我们的田野调查也表明，民间传统或半民间传统圣迹图式妈祖故事图像在福建一带乡村庙宇中至今仍留存不少。此外，从官方传统圣迹图式妈祖故事图像的故事内容来看，官方传统图像中的很多故事，尤其是妈祖本传部分的故事，很多都是来源于民间传统的故事,如"窥井得符""机上救亲""铁马渡江"等等。清代《敕封天后志》的作者林清标曾经试图将一些流传久远的著名妈祖民间故事以"无从核实者"等理由从《敕封天后志》版画中清除出去,以强调官方特色,结果导致了《敕封天后志》版画不被民众所接纳,而被后来广泛流传的《天后圣母圣迹图志》版画所抛弃。因此,我们认为民间传统图像可能被官方传统图像吸收,地方神也可能被妈祖吞并,但民间传统图像的广泛存在表明,民间传统图像不可能被官方传统图像完全吸收,官方传统图像也只有在吸收民间传统图像精华的前提下才能有更好的发展前景。

美国学者詹姆斯·沃森(James Watson)在《神的标准化:在中国南方沿海地区对天后的鼓励(960—1960年)》一文中指出,在天后的标准化过程中,国家的干预发挥了重要的作用,正是由于国家的干预,才最终把只有地方价值的"林大姑"转变为全国著名的"天后"。[1]国家干预以巧妙的方式进行,国家强加的是一个结构而不是内容,庙里崇拜活动的实际组织工作交给了地方精英人物,他们有既得利益与国家官员保持良好的关系。国家鼓励的是象征而不是信仰。[2]可见,在天后标准化的过程中,地方精英发挥了重要的作用。美国学者杜赞奇(Prasenjit Duara)在《刻划标志:中国战神关帝的神话》一文中指出,从宋至清所有的王朝都在刻划关帝的形象,因而也就按照它们的目的来获取其象征标志,这些早期王朝还有意或无意地在不同方面实际鼓励对关帝的崇拜,允许做不同的解释。国家在多数情况下不会消除各地对诸神的说法,而是即使在确立对诸神拥有权威的同时也试图利用它们的象征力量。[3]他还指出,即使是像中央集权的清朝这样的国家机构要想彻底地主宰一个标志,其刻划的机制自身也必然要求至少在标志周围要保留某些其他声音的存在。[4]上述两位学者的观点,在妈祖图像材料中也体现了出来:在妈祖图像的标准化过程中,地方文化精英发挥了至关重要的作用。大传统文化可以吸收小传统文化,但不可能完全吸收,官方传统和民间传统图像的存在就是有力的证据。

詹姆斯·沃森还指出,像其他中国神灵一样,天后对不同的人代表了不同的内涵。[5]杜赞奇也指出,在关帝神话的发展过程中,其一些内在因素为不同的群体提供了共同的素材,但每个群体都会刻划关羽

---

1. [美]詹姆斯·沃森(James Watson):《神的标准化:在中国南方沿海地区对天后的鼓励(960—1960年)》,[美]韦思谛编《中国的大众宗教》,陈仲丹译,南京,江苏人民出版社,2006年,第60页。
2. 同1,第83页。
3. [美]杜赞奇(Prasenjit Duara):《刻划标志:中国战神关帝的神话》,[美]韦思谛编《中国的大众宗教》,陈仲丹译,南京,江苏人民出版社,2006年,第99页。
4. 同3,第109页。
5. 同1,第65页。

的形象以适应自身特定的环境,[1]这些观点在妈祖图像材料中也体现了出来,如清代《敕封天后志》版画,强调妈祖是宋都巡官林愿的女儿,出生在贤良港,而霞浦松山天后宫妈祖故事挂图则强调妈祖是出生在松山的一个渔家女儿,类似的例子还有很多。

在妈祖图像的标准化与多元化的关系方面,官方传统圣迹图式妈祖故事图像代表着图像发展的标准化的趋势,民间传统圣迹图式妈祖故事图像则代表着图像发展的多元化趋势。两者保持着大致的平衡,标准化不可能完全消灭多元化,多元化也不可能消灭标准化,过度的标准化就会使妈祖图像逐渐脱离群众,成为远离民众生活的高高在上的妈祖形象,从而最终导致图像发展的僵化和停滞;过度的多元化又会分散和弱化图像的影响力。只有两者保持着大致的平衡,才有利于形成以标准化为主线,兼顾多元的发展模式。

从受众层面来看,圣迹图式妈祖故事图像大致可以分为四个层面:

1. 皇家

妈祖从南宋开始受到朝廷的封赐,清代时被封为"天后",封号一度达到了六十四个字。清代皇家也建有崇奉妈祖的庙宇惠济祠,并每年定期致祭。在这样的背景下,出现类似荷兰国立博物院藏清代《天后圣迹图》这样的与皇家关系密切的作品也在情理之中。这些作品有可能作为皇家庙宇仪式或宣教使用的物品,也极有可能是皇家或与皇家关系密切的成员之间的私人收藏欣赏与交流之用。

2. 文人士大夫

文人士大夫与圣迹图式妈祖故事图像的联系主要体现在三个方面:第一,支持圣迹图式妈祖故事图像的制作。文人士大夫是直接或间接支持官方传统圣迹图式妈祖故事图像制作的主力军。如仙游枫塘宫《天后显圣图轴》、福建莆田市博物馆藏清代《天后圣迹图轴》、中国国家图书馆藏清代《天后本传》版画等类似官方传统的作品,背后都有文人士大夫参与的影子。只是这种参与更多地以地方文化精英的身份体现出来。参与的形式多样,如捐资、组织、题字作序、参与编印、绘制等。文人士大夫的参与表面上是信仰妈祖的原因,其实背后隐藏着争夺地方社会主导权、扩大在社区的影响力等诸多复杂的原因。第二,收藏欣赏与交流之用。像中国国家博物馆藏清代《天后圣母事迹图志》这类作品,就是文人士大夫收藏用于欣赏和交流的作品。虽然这类作品在圣迹图式妈祖故事图像中所占比例不大,但这种文人士大夫的独特喜好值得深入研究。第三,直接主持编印。一些文人士大夫由于某些原因,直接主持刊刻、编印圣迹图式妈祖故事图像。如清代《敕封天后志》的编辑者林清标,是乾隆六年(1741年)举人,官任惠安县学教谕,他编辑《敕封天后志》的起因是应在台湾为官的儿子的请求。又如清代佛山版《天后圣母圣迹图志》版画的首编者林丹年,从苏州引进该书并主持重刊。

---

1. [美]杜赞奇(Prasenjit Duara):《刻划标志:中国战神关帝的神话》,[美]韦思谛编《中国的大众宗教》,陈仲丹译,南京,江苏人民出版社,2006年,第98页。

3. 庙宇管理者

庙宇管理者广泛运用绘画、壁画、版画等圣迹图式妈祖故事图像主要的目的是宗教宣传、信仰教化、烘托宗教氛围等。利用艺术手段进行宗教宣传，是世界上各大宗教惯用的有效宣传手法，艺术的形象直观特性使其在宗教宣传上具有独特的优越性。庙宇管理者往往还利用绘制或刊刻圣迹图式妈祖故事图像作品对妈祖图像进行整合，在整合的过程中加入自己的喜好和在地化特色，使这类作品无论是内容还是形式，都体现出自身的独特风格和选编特色，客观上促进了圣迹图式妈祖故事图像的多元发展。

4. 民众

圣迹图式妈祖故事图像对一般民众而言，有利于增强对妈祖的崇敬，增加对妈祖圣迹故事的了解和提高艺术欣赏水平。圣迹图式妈祖故事图像作品往往成为所在地民众的集体记忆，像霞浦松山天后宫妈祖故事挂图，虽然在"文革"期间丢失了，但民众对该图仍记忆犹新，因此"文革"后可以很快地被重新绘制了出来。

民众对圣迹图式妈祖故事图像的接受，因绘画、版画、壁画等使用功能的不同而有所差别：庙宇挂轴绘画常常在一年中的重大节日，如妈祖诞日、妈祖升天日等才拿出来展示，对当地民众和庙宇来说非常珍贵，可以说都是"镇庙之宝"，珍藏有加，比如仙游枫塘宫《天后显圣图轴》就被当地民众精心收藏守护着，难得一见。正因为其非常珍贵，激发了当地民众的学习热情，当地民众，尤其是年长一些的村民，对其故事内容非常熟悉，代代相传，影响广泛。

圣迹图式妈祖故事版画作品，由于可以不断地刊刻印刷，普通民众都有机会得到，是影响最大的圣迹图式妈祖图像类别。这些妈祖版画作品多数由各界民众捐资印刷，存放于妈祖庙宇或会馆中，供信众学习使用。一些妈祖版画作品，还具有附加的特殊功能：如佛山庆云楼版《天后圣母圣迹图志》，书后附有妈祖灵签，供民众求签参考使用。如湄洲妈祖祖庙所藏《林妈祖志全图宝像》，书后附有"十八水天王"图，能够满足各地妈祖庙宇实际塑像的需要。又如中国国家图书馆藏清代《天后本传》版画，有时作为妈祖经卷的一部分来使用，以增强经卷的吸引力。

圣迹图式妈祖故事壁画作品，通常绘制在妈祖庙宇正殿的东西两壁上，因长期存在，对所在庙宇的信仰宣传和宗教氛围的营造发挥着重要的作用。民众在庄严肃穆的妈祖神像前，在栩栩如生的妈祖故事壁画下，进行各种祭祀仪式，当会有不一样的宗教体验。

此外，从艺术水平和所起的作用来看。圣迹图式妈祖故事图像大致可以分为高、中、低三个档次，艺术水平最高的作品当属荷兰国立博物院藏清代《天后圣迹图》，正如鲁克思所言，它来自朝廷圈子，属于纯粹的官方信仰。[1] 而仙游枫亭灵慈庙妈祖故事壁画属于典型的民间作品，从绘画和书法水平来看

---

[1]. 鲁克思：《绘画和木版画中的海上保护神妈祖》，澳门海事博物馆、澳门文化研究会合编《妈祖信俗历史文化研讨会论文集》，1998年，第233页。

都带有浓郁的乡土气息。位于上两者之间的大量的官方传统圣迹图式妈祖故事图像，如仙游枫塘宫《天后显圣图轴》、中国国家博物馆藏清代《天后圣母事迹图志》、福建莆田市博物馆藏清代《天后圣迹图轴》等绘画作品和清代《敕封天后志》版画、清代各版《天后圣母圣迹图志》版画、中国国家图书馆藏清代《天后本传》版画等版画作品为中间一档，尽管它们之间的艺术水平也参差不齐，但总体来看位于上述两者之间，而且这些作品都是在地方精英人物的主导下完成的，具有明显的官方立场。总体来看，除了个别作品外，基本上遵循着这样一个规律：内容越趋向于官方传统，艺术水平相对越高；内容越趋向于民间传统，图像越丰富多元。这种现象其实不难理解，越遵循官方传统的作品，意味着主导者的社会层次越高，也越有条件聘请高水平的画师或编撰者进行创作，艺术水平也就相对越高。越趋向于民间传统的作品，画师或编撰者所受到的条条框框限制就越少，越容易将画师或赞助人的喜好或地域文化特色融入作品中，从而使图像更丰富多彩，呈现出多元的视角。就圣迹图式妈祖故事图像所起的作用来看，绘画、版画、壁画这类生动活泼的艺术形式，在文盲或半文盲占多数的传统社会中，确实收到了文字宣传所达不到的显著的教化效果，尤其是可以大量印刷的版画的流行，使圣迹图式妈祖故事图像广泛流传，为妈祖在清代显赫地位的塑造做出了独特的贡献。

圣迹图式妈祖故事图像的排序问题也是本书关注的重要问题，笔者曾对圣迹图式真武大帝图像的排序问题做过专门的研究，发现真武壁画的排列顺序大都是曲折上升的排列结构，研究认为：这种曲折上升的排列结构暗含着深刻的宗教意义，即形象直观地反映了真武大帝由俗界经过艰辛曲折，潜心修道，而后不断上升，走向神圣的过程。通过真武大帝自身艰难曲折的修道成神过程，给前来朝拜的香客信众树立一个形象直观的楷模。[1] 圣迹图式妈祖故事图像的排序与真武大帝的图像排序不同，有自己的鲜明特色，图像排序的主要特色是：营造一个左右拱卫庙宇主神妈祖的神圣空间。正如前已研究的清代枫塘宫《天后显圣图轴》排序一样，图像排序为两侧逐步向中心聚拢的趋势，而聚拢的中心就是主神妈祖所在的位置。因为这些妈祖挂轴或壁画通常要放在庙宇正殿的左右两侧，从而共同营造一个左右对称拱卫主神的神圣空间。此外，圣迹图式妈祖图像"凡间"故事与"灵应"故事的比例方面官方传统与民间传统也有明显的区别，官方传统圣迹图式妈祖图像"凡间"故事与"灵应"故事的比例一般约为4∶6，而

---

1. 肖海明：《河北蔚县北极宫真武壁画研究》，李凇主编《道教美术新论》，济南，山东美术出版社，2008年，第424页。

民间传统圣迹图式妈祖图像"凡间"故事与"灵应"故事的比例接近7∶3,有的甚至高过9∶1,如霞浦松山天后宫妈祖故事挂图,可见两个传统明显不同的选编特色。

通过上述对妈祖图像的研究,可以明显地感觉到:图像是社会、文化的一面形象直观的镜子。社会的变迁,文化的发展都会在当时的图像中留下印记,需要我们认真对待每一幅历史图像,而不是只把它们作为文字研究的附属插图来使用。图像研究是文字研究之外的一个极好的研究路径,有着广阔的发展前景。

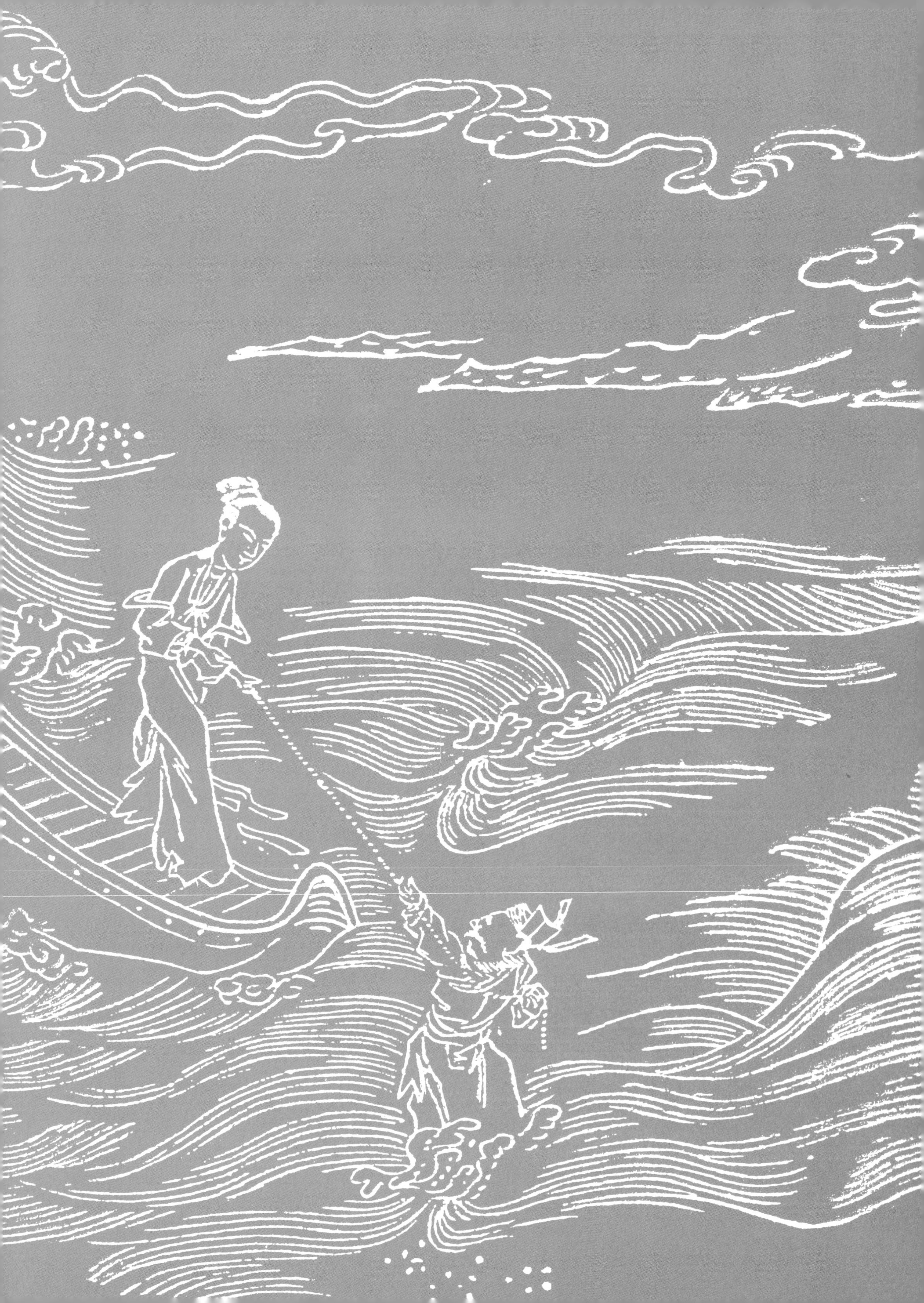

第七章

【妈祖图像与真武图像的比较研究】

前六章我们对妈祖图像的两大类别：肖像式妈祖图像和圣迹图式妈祖图像分别进行了梳理与研究。本章将跳出妈祖图像本身，选取与妈祖同为水神，存世图像较为丰富，在明代盛极一时的男性神真武大帝为主要比较对象，兼及佛祖释迦牟尼、关帝等图像，试图从与其他神祇图像比较的角度，来反观妈祖图像的特色和价值。

第一节 肖像式妈祖图像与真武图像的比较

一、肖像式真武图像的变迁

据笔者《真武图像研究》一书的梳理，肖像式真武图像包括两个部分：未人格化的玄武图像和宋代以来人格化的真武图像。未人格化的玄武图像的图像学系谱为秦汉玄武→魏晋南北朝玄武→隋唐玄武；宋代以来人格化的真武图像的图像学系谱为武神真武→古圣贤模样的文武神真武→古圣贤模样的文神真武→天帝图真武。下文将对肖像式真武图像的变迁予以简要梳理：

屈原在《楚辞·远游》中有"召玄武而奔属"的诗句，是迄今所见最早的有关玄武的文字，虽然目前还没有发现战国时期的玄武图像材料，但从屈原的《远游》说明，在战国中晚期就有可能出现玄武的形象。

（一）龟蛇紧缠的秦汉玄武

秦代的玄武图像暂时还未收集到，但从陕西西安汉城遗址出土的西汉玄武纹瓦当的玄武图像（图7-1）来看，龟蛇相缠的玄武形象已相当成熟，而且具有自己的独特风格。这种风格也许就承继了秦代关中一带的玄武图像风格。

汉代是一个汉画像石全面繁盛的时代，在汉画像石中出现了大量的玄武图像，如陕西绥德玄武画像石、四川泸县王晖墓玄武图等。王清建在《论汉画中的玄武形象》一文中指出，汉画中的玄武形象大致分为四类：第一是神话类，第二是天文类，第三是祥瑞类，第四是升仙类。第四类升仙画像石非常值得重视，从某种角度来看，这类升仙图为后来玄武神的人格化创造了极大的想象空间。

（二）气韵生动的魏晋南北朝玄武

魏晋南北朝时期所见的玄武图像大致可分为两类：

第一类是龟蛇相缠的形象，其与汉代的玄武图像最大的不同是不但龟蛇交尾，蛇头和蛇尾也相交，如1972年江苏镇江出土的东晋隆安二年（398年）的玄武画像砖（图7-2）、

图7-1 西安汉城遗址出土的西汉玄武纹瓦当

图 7-2　江苏镇江出土的东晋隆安二年玄武画像砖

河南邓县学庄南北朝时期的玄武画像砖等。魏晋南北朝时期的玄武图像与汉画像石相比在艺术风格上表现出动感较强、飘逸洒脱的特点。这似乎与道教、魏晋玄学和神仙方术等思想的影响有关。也与六朝画家谢赫在《古画品录》中提出的"六法"之首"气韵生动"的主张相一致。

第二类是玄武护卫升仙图像。其最大的特点是在龟蛇纠缠组成的环状结构的中央出现了一位半身的人物形象，如北魏石棺石刻玄武图（图7-3）、河南洛阳邙山下海资村出土的北魏石棺线刻玄武图等。我们认为这些人物也许就是玄武向以后的真武大帝发展的重要一环，这些人物就是早期人格化的玄武神。

（三）环状优美的隋唐玄武

隋唐五代时期的玄武图像仍以墓室壁画出现较多，在图像风格上承继魏晋南北朝时期双重交尾的构图特色，如河南洛阳出土隋代石棺上的石刻玄武像、西安东郊唐苏思勖墓墓室北壁玄武壁画（图7-4）等。隋唐五代与魏晋南北朝时期的玄武图像相比：首先，最大的不同是蛇首和蛇尾相交组成的环状结构比魏晋南北朝时期更大，形成了一个圆形结构，而不是魏晋南北朝时期的扁

图 7-4　西安东郊唐苏思勖墓墓室北壁玄武壁画

第七章　妈祖图像与真武图像的比较研究　289

图 7-3　北魏石棺石刻玄武图

图 7-5 武当山宋代铜铸真武像

图 7-6 福建晋江深沪崇真殿宋代真武石像

圆形结构，从而使构图更为美观，线条更为流畅。其次，蛇身缠龟的圈数有增加的趋势，龟的行走图像更为优美，整体构图日趋简练。此外，在图像的变化上也比魏晋南北朝时期更为灵活、多样。隋唐五代的玄武形象，从现在可见的图像来看，均为龟蛇合体，与汉魏六朝以来龟蛇合体的玄武图像传统一脉相承。晚唐五代是玄武信仰与道教结合的关键时期，正如郑阿财所言："唐五代玄武信仰的发展，为宋明'玄天上帝'、'玄武真君'的兴盛奠定了极为重要的基础。"[1]

（四）完全人格化的宋代真武

宋代是玄武完全走向人格化的时期，描述宋代玄武神形象的文字记载较多，但存世的玄武神像非常少见。随着玄武的人格化，虽宋、辽墓室中仍时有玄武图像出土，但就全国来看，已远没有隋唐墓室北壁壁画中的玄武图像那么风行。

唐末五代至宋初成书的道经《太上说玄天大圣真武本传神咒妙经》、宋初成书的道经《元始天尊说北方真武妙经》都把玄武描绘为"建皂蠹玄旗，被发跣足，摄踏龟蛇"的形象，这些道经已初步奠定了宋代玄武神人格化形象的格局。湖北武当山文物保管所藏有一尊宋代崇宁至大观年间（1102～1110年）的铜铸真武像（图7-5），是存世不可多得的宋代真武图像资料。该造像造型古朴，衣纹简练，尤其珍贵的是它有宋代的确切纪年，为我们断代提供了最具说服力的证据。这说明在北宋初年真武已完成了人格化。真武形象也一改过去龟蛇合体的造型，成为一位披发跣足，脚踏龟蛇或脚放龟蛇的道教神祇。

---

1. 郑阿财：《从敦煌文献看唐五代的玄武信仰》，郑志明主编《道教的历史与文学》，台湾，南华大学宗教文化研究中心出版，2000年，第423页。

虽然北宋初真武已完成人格化，后世流行的真武标准造像也已经出现，但当时真武的人格化形象因为出现不久，还未统一为后世常见的标准造型，各地出现了不同造型的真武图像。如福建晋江深沪崇真殿宋代真武石像（图7-6），又如《玉真观记》记载宋徽宗政和间所奉真武，"像如道君皇帝"，道君皇帝即指宋徽宗。[1]

（五）南文北武的元代真武

元代的真武图像存世的也不是很多，以山西芮城永乐宫三清殿"佑圣真武"壁画（图7-7）最为著名。元代的真武图像承继宋代真武图像的传统，在宋代多种玄武图像并存的基础上已明显地形成了武神和文神两个传统。武神以北方地区全真派传统为代表，延续了继承唐代吴道子风格的宋代武宗元《朝元仙仗图》传统，真武为威武的武神形象，披发飘逸，皂袍跣足，衣带飘举，威风凛凛。

文神则以南方地区道派传统为代表，这类造像均不强调真武的"武将"性格，面相慈善，

图7-7　山西芮城永乐宫三清殿西壁"佑圣真武"

---

1. 刘辰翁：《须溪集》卷四，《玉真观记》，《四库全书》本。

图 7-8　武当山元代玉雕真武像

图 7-9　河北石家庄毗庐寺后殿明代水陆会壁画中的玄天上帝图像

衣袍沉静自然,线条简化,强调内在修为。如武当山元代玉雕真武像(图7-8),披发盘坐,双目微闭,凝神静气,双手交叠放于丹田前,似正在入静修炼。林圣智先生研究认为,配合元代玄帝政治宗教地位的提升,这类在元代南方道教风雅的环境中所出现富于文人气味的新玄帝图像,与南方道士文学化、雅化的特色当有深切的关联。[1]

(六) 由盛而衰的明清真武

明代的真武崇拜已发展到登峰造极的地步,真武信仰在明代遍及全国。因而现存的真武图像绝大部分都是明代产品。明代的真武图像继承了宋元以来形成的北方、南方两个发展传统,并有了新的突破。图像变化更加丰富,呈现出了多元并存的状态,图像的艺术水平更高,真武图像的发展走到了巅峰。明代北方武宗元朝元图传统中的玄帝武神形象依然持续不断地发展,仍具有较高的艺术水平。但由于明代对全真教不大重视,全真教沉寂了下来,北方真武图像的发展也受到了一定的影响。明代南方地区的真

---

[1] 林圣智:《明代道教图像学研究:以〈玄帝瑞应图〉为例》,"国立台湾大学",《美术史研究集刊》第6期,1999年,第154页。

武图像也延续了宋元以来以文神为主的南方造像传统，由于正一派道教成为法定的道教领袖，形成了庞大的势力，使得南方造像传统影响广泛。

从现存明代真武图像来看，主要分为以下几类：第一类为纯武神图像，如河北石家庄毗庐寺后殿明代水陆会壁画中的玄天上帝图像（图7-9）、武当山紫霄宫大殿内持剑真武图像（图7-10）、浙江杭州六和塔明万历石刻真武像（图7-11）等。这类真武图像全身铠甲，尽量将皂袍隐去不见，宝剑寒光闪闪，人物衣带飘舞，真武战神的特征十分明显。

图7-10 武当山紫霄宫大殿内持剑真武像

第二类为古圣贤模样的文武神真武图像，如武当山金殿内的铜铸真武大帝像（图7-12）、武当山五龙宫的全山最大真武铜像（图7-13）、美国芝加哥艺术学院所藏的明正统年间真武铜像（图7-14）等。此类图像中真武的武神特性已明显退居次要地位，而古圣贤模样的文神特性则居于主导地位。因此，此类像从总体来看已是文神真武，其最大的特点是在胸前衬出一片铠甲，以表明真武所具有的武神特征，铠甲的表露十分含蓄。

第三类是古圣贤模样的文神真武图像，如广东佛山祖庙藏国内现存最大的明代真武坐像（图7-15）、武当山紫霄宫大殿明代真武坐像（图7-16）等。这类图像的数量也较多，与第二类最大的不同是此类像真武已完全着皂袍或彩袍，没有一点铠甲的痕迹。

图7-11 浙江杭州六和塔明万历石刻真武像

图7-12 武当山金殿真武大帝铜像

图 7-13　武当山五龙宫的全山最大的真武铜像

图 7-14　美国芝加哥艺术学院藏明正统年间真武铜像

图 7-15　广东佛山祖庙藏国内现存最大的明代真武坐像

图 7-16　武当山紫霄宫大殿明代真武坐像

图 7-17　武当山紫霄宫大殿全山最大的泥塑真武像

图 7-18 日本东京灵云寺藏《天帝图》 　　　　图 7-19 美国芝加哥艺术学院藏清代真武神像

  第四类是天帝类真武图像，如武当山紫霄宫大殿全山尚存最大的泥塑真武圣像（图 7-17）、现藏于日本东京灵云寺的《天帝图》（图 7-18）等。这类图像特色鲜明，是元明以来真武被封为玄天上帝、玄天大帝之后，地位尊崇的反映。

  清代的真武图像相对而言仍比较多见，如美国芝加哥艺术学院藏清代真武神像（图 7-19）、广东佛山《北帝座镇》木版年画（图 7-20）等。但清代随着真武崇拜的日趋衰落，真武图像几乎都为因袭明代而作，并无多少创新。

  综上所述，我们可以大致列出从玄武发展到真武大帝的图像学系谱：秦汉玄武→魏晋南北朝玄武→隋唐玄武→武神真武→古圣贤模样的文武神真武→古圣贤模样的文神真武→天帝图真武。每个阶段若用一个代表性的图像来表示的话，如图 7-21。[1]

---

1. 肖海明：《真武图像研究》，北京，文物出版社，2007 年，第 36～57 页。

图 7-20　广东佛山《北帝座镇》木版年画

二、肖像式妈祖图像与真武图像的比较

上面我们简要回顾了肖像式真武图像的发展变迁历程，与肖像式妈祖图像相比，两者既有相同之处，也有不少相异之点。相同之处：

1. 图像数量丰富

真武和妈祖都是影响较大的标准化神明，两者存世的图像数量在中国众多神祇中均相对较为丰富。

2. 因帝王封赐而日显

真武和妈祖都是从宋代开始因受到帝王的封赐而地位日隆，影响渐广。

3. 遵循"一线多元"的发展路径

真武图像以从武神向文神的转变作为发展主线，妈祖图像则以手执青圭、头戴冕旒的"青圭蔽朱旒"形象为发展主线，主线的存在并不妨碍图像的多元发展，真武和妈祖图像在发展过程中都呈现出"多元并存"的局面。

肖像式真武图像与妈祖图像相比，不同之处主要有：

1. 发展历史不同

真武大帝从中国古代的星宿崇拜发展而来，早在战国时期已有文字记载，西汉时已有成熟的玄武纹

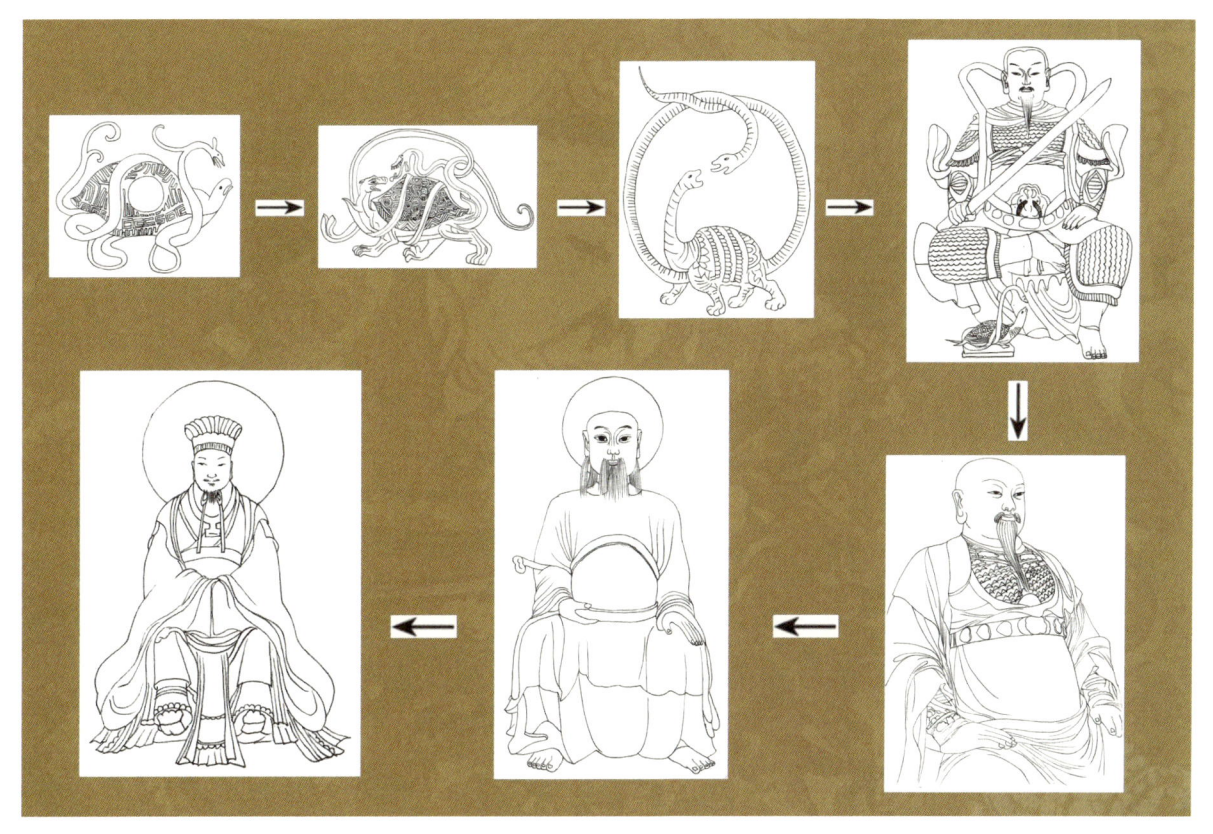

图 7-21 真武图像学系谱（程宜绘图）

瓦当出现，历经魏晋、隋唐，各个时代都有自己的风格和特色。宋代完成人格化之后，又沿着武神到文神这一路径发展。妈祖信仰从北宋开始出现，相传由巫女飞升成神，在东南沿海一带发展迅速。但妈祖与真武相比，发展历史无疑短很多，图像的变化也较小。

2. 图像发展曲线不同

真武信仰的真正兴盛，从宋真宗加封为"真武灵应真君"[1]开始，元代时真武作为元朝的肇基神而进一步得到重视，元成宗于大德八年（1304年）将真武封号由宋封的"真君"升格为"帝"，称为"玄天元圣仁威上帝"。明朝时由于永乐皇帝的推崇，使真武信仰达到了登峰造极的地步，成为明皇室的护国家神。清代时开始衰落。因此真武信仰的图像发展曲线如右图所示"∧"，宋元明一路上升，清代衰落。妈祖图像从现有材料来看，与文字记载的信仰兴衰有一定的出入，出现了"史富图稀"或"史稀图富"的现象，第二章已有论述。妈祖图像宋代出现了一些，元代则几乎未见，明代逐步丰富，清代达到顶峰，其图像发展曲线如右图所示"∨"，可见不同的神祇都有自己的图像发展曲线。

3. 图像高峰不同

真武图像的图像高峰出现在明代，图像不仅数量多，分布广，而且大多质量优良，很多是明皇室赏赐的精品杰作。妈祖图像的图像高峰出现在清代，数量大，分布广，但总体艺术水平不如明代的真武图像，这与中国雕塑、壁画等整体艺术史的发展相一致。真武的图像高峰与明代举国尊崇真武的信仰高峰一致，妈祖的图像高峰也与清代敕封天后等信仰高峰一致。可见在图像高峰方面，两者的图像与信仰发展是一致的。

4. 图像变化的标志不同

真武图像武神、文神等图像的变化主要依靠真武所着袍服、铠甲等服饰的变化来标志。如武神真武全身披铠甲，手中宝剑寒光闪闪；古圣贤模样的文神真武则全身着皂袍或彩袍，没有一点铠甲的痕迹，也不见了宝剑的踪影。妈祖图像变化最显著标志是头饰的变化，如夫人造型一般头挽发髻，天妃或天后的头饰则分冕冠类、凤冠类、梁冠类等多种造型。

第二节 圣迹图式妈祖图像与真武图像的比较

一、圣迹图式真武图像简介

圣迹图式真武图像分为武当传统和民间传统两大类，武当传统类似于妈祖图像的官方传统，其故事

---

[1]《宋会要辑稿》第一册，1936年北平图书馆影印，第472页。

来源以北宋的《真武启圣记》、南宋的《玄帝实录》、元代的《玄天上帝启圣录》及明初大修武当山的瑞应故事为主线，与宋元明皇室的关系颇为密切。武当传统圣迹图式真武图像比较有代表性的有：元代的《玄天上帝启圣录》，明代的《大岳太和山启圣实录》《大明玄天上帝瑞应图录》《武当嘉庆图》《真武灵应图册》等。

《玄天上帝启圣录》，收于《道藏》洞神部纪传类，共八卷，不著撰人及成书时代，共收入真武故事128则，故事大多据北宋的《真武启圣记》、南宋的《玄帝实录》以及元代创建武当宫观的真武故事编辑而成。书中多次提到元代武当山天一真庆宫神迹，并出现以"吾山"的口吻来赞扬武当山的诗句，再联想到《武当嘉庆图》的编辑，可以推断此书为元代武当山真庆宫提点张守清及其弟子编辑。该书第一卷记述真武本传故事，二到八卷记述宋代真武灵应故事。"玄天上帝启圣录"原图已佚。

《大岳太和山启圣实录》，现藏于中国国家图书馆。封面书名为"大岳太和山启圣实录"，全书共100面，前18面前图后文，所绘为明代永乐皇帝大修武当山时的灵应事件。其余82面为上图下文，所绘为真武生平和灵应事件。分前、后、续、别四集，书名为"新刊武当足本类编全相启圣实录"。该书文字与正统《道藏》所收《玄天上帝启圣录》一书相同，每两卷为一集，共八卷四集。《大岳太和山启圣实录》应刻于明永乐年间大规模营造武当山宫观时期，"图刻极精，字作软体，白棉纸印，作蝴蝶装。因背脊散裂，被人从书脑处以线重钉，而由书口处两分之，遂使全书无一整叶，经重新修复，始得恢复原貌。"[1]

《武当嘉庆图》，又名《启圣嘉庆图》《玄武嘉庆图》，该书由元代武当山天一真庆宫提点张守清主持编写，其弟子唐中一、刘中和绘图而成，于元武宗至大三年（1310年）以前刊印。至大三年至延祐元年（1314年），张守清在元大都建醮祈雨期间，邀请当时著名道士张与材、吴全节、赵汸，著名文人赵孟頫、虞集、张仲寿、鲍思义为《武当嘉庆图》作序，序文现存于《道藏》本《玄天上帝启圣灵异录》一书中。元版《武当嘉庆图》原书已佚，现存明版《武当嘉庆图》收入1992年巴蜀书社出版的《藏外道书》第32册，由明代宣德七年（1432年）真成道人徐永道重刊。该书的序言名为"重刊武当嘉庆图序"，既为"重刊"，那必然会依据以前的版本。因而笔者认为元版《武当嘉庆图》应在徐永道重刊的明版《武当嘉庆图》中保留了下来。明版《武当嘉庆图》前半部分收录了《大明玄天上帝瑞应图录》中的所有17幅图文和一张来自不同传统的"玄帝圣号"图文，[2]后半部分收录了其他60幅曾收于元代《武当嘉庆图》的历代玄帝事迹。

《大明玄天上帝瑞应图录》，收于《道藏》洞神部纪传类，共一卷，17幅图和17条题记。该书不著撰写人及成书时代，从故事内容来看，应为明朝永乐年间武当山道士奉旨编辑而成。明朝永乐皇帝曾

---

1. 周绍良：《新刊武当足本类编全相启圣实录书记》，《文献》1985年第2期。
2. 林圣智：《明代道教图像学研究：以〈玄帝瑞应图〉为例》，"国立台湾大学"，《美术史研究集刊》第6期，1999年，第166页。

大规模修建武当山宫观，本书正是汇集大修武当宫观时出现的各种祥瑞故事，如"神留巨木""水涌洪钟""榔梅呈瑞"等，绘成图画，进献给永乐皇帝，因而书名为《瑞应图录》。该书汇集了当时大修武当山的敕谕和碑文等资料，书末还附有《御制真武庙碑》，赞扬玄帝的功德。

《真武灵应图册》，是描述真武大帝出生、修道、成仙和灵应故事的一批纸本彩绘工笔画。原件实物由82幅单页工笔彩绘图画和83条题记纸页组成，前者为传说中的真武大帝修道成仙、灵应事迹画面，后者为同一故事或长或短的题记。82幅工笔彩图已托裱为镜心片的形式，镜片画心呈正方形，高宽相同，均为29厘米，精工绘制，设色鲜艳，富丽堂皇。画面风格基本一致，据几位当代工笔画家推测，应为数人联合完成。图右上侧画边写有泥金榜题，除个别彩图的边脚有点不影响画面的缺损外，绝大部分彩图保存完好。与工笔彩图相配的题记，书写在明代棉纸上，整纸纸面比对应的彩图画心稍大，除个别纸面存有漫漶水纹外，大多数都完整无损。《真武灵应图册》属传世无款宗教画，不署作者姓名和创作时间。原物现收藏于广东佛山市博物馆。经笔者研究是明代作品。[1]

民间传统，是与武当传统相比较而言的。民间传统的作品为民间人士所编或民间画工所绘，与武当传统相比，其所依据的经典、故事来源更为多元，地域分布更为广泛，图像更通俗易懂，榜题文字表述更接近民众等。民间传统圣迹图式真武图像比较有代表性的作品如：陕西佳县白云观《真武修行图》、河北蔚县北极宫真武壁画、武当山磨针井壁画等。

陕西佳县白云观《真武修行图》，位于白云观主体建筑真武大殿前殿的东西两侧，东西各30幅，共60幅。描绘了真武祖师降生、修道、得道以及灵应故事等。该套壁画每一幅都有一个独立的主题，在每幅画的右上角都有榜题，以四字为多。每幅画之间用黑云、山石、树木或花草等隔开，画面生动，色彩艳丽。该套壁画的绘制年代和作者从壁画中的两幅榜题中可以看出。一幅是东壁的"折柳插梅"，在该幅壁画的左下角，有"榆林丹青叶孙长画，光绪三十年（1904年）端阳前立"墨书题记；一幅是西壁的"积功成圣"，在该幅壁画的右边中部有"丹青蒲培画"墨书题记。从这两则题记可以看出，此套《真武修行图》绘于光绪三十年，是由佳县附近榆林的画匠叶孙长和画匠蒲培所绘。

蔚县北极宫真武壁画，位于河北省蔚县涌泉庄乡北方城村北极宫内，庙东西两壁共有48幅真武故事画和榜题文字，只有一幅榜题漫漶不清。这些壁画左右对称，均为四行六列，左右各24幅。壁画左右两壁都是关于真武降生、修真成神的故事。据庙碑文字推断，此套壁画很可能是民国四年（1915年）重修时重绘，是十分难得的民间庙宇真武图像研究资料，为我们了解华北一带真武圣迹故事图像的流传提供了极其宝贵的素材。

武当山磨针井壁画，磨针井，又名纯阳宫，位于武当山回龙观至老君堂之间的登山公路旁，按真武"悟杵成针"的故事建于清康熙年间（1662～1722年），清咸丰二年（1852年）重建。磨针井正殿东

---

1. 肖海明：《真武图像研究》，北京，文物出版社，2007年，第129页。

西两壁上所见的清代真武壁画，东西两壁各四大幅，每一大幅中又包含着若干个真武故事。此套真武壁画虽以真武在武当山修道的故事为重点展开，但也加入了部分如"劈山成河""梅鹿衔花""猕猴献桃"等属于民间传统的内容。总体来看与前述武当传统有明显的区别，所依据的经典也与武当传统有别，更接近于民间传统的类型，故虽地处武当山，亦应划入民间传统的范围。

二、圣迹图式妈祖图像与真武图像的比较

上面我们简要介绍了圣迹图式真武图像的概况，与圣迹图式妈祖图像相比，两者既有相同之处，也有不少相异之点。相同之处如：

1. 神话结构相同

比较圣迹图式真武和妈祖图像发现，不管是官方传统还是民间传统，都以升天为界分为"凡""圣"两个部分，并形成了由凡→圣，再由圣→凡的对立统一的神话结构。真武图像中的"白日上升"图，妈祖图像中的"湄屿飞升"图常常成为"凡""圣"之间的分界点。

2. 均存在官方与民间的风格差异

圣迹图式真武图像中存在着武当传统与民间传统的风格差异，圣迹图式妈祖图像中也存在着官方传统与民间传统的风格差异，这些差异是由于所依据的经典不同、作者身份不同、地域分布不同、审美情趣不同等诸多因素所导致。

3. 部分神职功能相同或相近

圣迹图式真武故事中表现真武圣迹的水神（如明代《真武灵应图册》"现海救危"图、"镇河兴福"图等）、战神（如《真武灵应图册》"瓢倾三万"图、"毒蜂霭云"图等）、除病驱魔神（如《真武灵应图册》"魅缠安仁"图、"施经救灾"图等）、生殖神（如《真武灵应图册》"天赐青枣"图、"神化红缨"图等）与圣迹图式妈祖故事图像中表现妈祖圣迹的海神（如清代《天后圣母事迹图志》"闻鼓吹郑和免险"图、"拥巨浪舟楫无虞"图等）、助战神（如清代《天后圣母事迹图志》"助温台破贼安民"图、仙游枫塘宫清代《天后显圣图轴》"紫金山助战"图等）、除病驱疫神（如《天后圣母事迹图志》"莆田尹求符救疫"图、仙游枫塘宫《天后显圣图轴》"圣泉救疫"图等）、生育神（如仙游枫亭灵慈庙妈祖故事壁画"收啼鸡精"图等）的神职功能相同或非常相近。当然还有一些神职功能两者是不同的。

圣迹图式真武图像与妈祖图像相比，不同之处主要有：

1. 图像反映的修行过程不同

圣迹图式真武图像多描绘青年真武在武当山经过极其艰苦的修行磨炼，才得以修成正果，白日飞升，得道成神。如：《真武灵应图册》"悟杵成针"图，河北蔚县北极宫真武壁画"三更伴虎眠"图、"井满能自溢"图，陕西佳县白云观《真武修行图》"蛇虎引路"图、"猿鹿进果"图等。"悟杵成针"故事受李白铁杵磨成针故事的影响，"井满能自溢"故事也是告诫真武要虚心修炼，"三更伴虎眠""蛇虎引路""猿鹿进果"故事则反映了真武独自在深山中修炼的艰难生存状况。

圣迹图式妈祖图像中所反映的妈祖的飞升成神故事则完全不同,妈祖似乎没有经过艰苦的修炼,而是通过一些偶然事件就直接飞升成神。这些偶然事件的描绘如仙游枫塘宫《天后显圣图轴》"窥井得符"图、《天后圣母圣迹图志》"遇道人秘传玄诀"图等。表明妈祖获得超凡的能力是通过井神送符、道人秘传玄诀等这些偶然事件,而不是经由修炼获得。真武在武当山修炼成神的故事是模仿佛祖释迦牟尼修炼成神的故事而来,这类故事影响最为广泛,而妈祖这种独特的成神故事代表了另一种成神类型,也许受到了地域文化和宗教派别的影响,很值得深入探讨。

2. 图像的排序方式不同

从第六章研究可知,圣迹图式真武大帝图像的排列顺序大都是曲折上升的排列结构,这种曲折上升的排列结构形象直观地反映了真武大帝由俗界经过艰辛曲折,潜心修道,而后走向神圣的过程。圣迹图式妈祖故事图像排序的主要特色是:营造一个左右拱卫庙宇主神妈祖的神圣空间。

3. 图像变化不同

圣迹图式真武大帝图像中真武的形象变化较为丰富,适应真武大帝的不同角色,往往就有不同的形象变化,如《真武灵应图册》中就出现了六类真武形象,即婴儿真武、少年真武、青年真武、武神真武、文神真武、天帝图真武。圣迹图式妈祖图像中妈祖形象总体来说变化不大,如仙游枫塘宫《天后显圣图轴》、中国国家博物馆藏《天后圣母事迹图志》等圣迹图中,天后都是身着朱衣或浅色衣服的年轻女子形象,或手握拂尘、如意,或手握其他与圣迹故事情境相适应的物件,在升天前和升天后的服饰形象上也没有明显的变化。

4. 凡和圣之间分界的区分不同

圣迹图式真武大帝图像凡和圣之间的分界,有的以仪式来区分,如《真武灵应图册》及《正统道藏》本《大明玄天上帝瑞应图录》;有的通过服饰的变化来区分,如河北蔚县北极宫真武系列壁画、陕西佳县白云观《真武修行图》壁画;有的以引入科仪画像来区分,如《武当嘉庆图》本《大明玄天上帝瑞应图录》。圣迹图式妈祖图像凡和圣之间分界的总体区分特征不明显,只是在妈祖戴冠、持物的次数方面有一些细小的差别。

5. 图像高峰出现的时间不同

与前述肖像式图像相似,圣迹图式真武图像的图像高峰出现在明代,尤其是武当传统的圣迹图式真武图像,如《大明玄天上帝瑞应图录》《真武灵应图册》等都出现在明代,即使如成书于元代的《玄天上帝启圣录》《武当嘉庆图》等书,今天所见的也基本上是明代的重刊版本。圣迹图式妈祖图像的图像高峰出现在清代,目前所见的圣迹图式妈祖图像,如仙游枫塘宫《天后显圣图轴》、中国国家博物馆藏《天后圣母事迹图志》、各种版本的《天后圣母圣迹图志》版画等,几乎都是清代的产物。圣迹图式真武图像的图像高峰与明代举国尊崇真武的信仰高峰一致,圣迹图式妈祖图像的图像高峰也与清代敕封天后等信仰高峰一致。可见,在图像高峰方面,无论肖像式,还是圣迹图式,无论真武抑或妈祖,图像与信仰的发展都是一致的。

第三节 诸神图像比较的启示

综观真武和妈祖图像,以及佛祖释迦牟尼本传图像、关帝圣迹图、吕祖显化图等诸神图像可知,诸神图像与诸神的历史密切相关,从上文真武和妈祖图像的比较不难看出,虽然真武和妈祖同为水神,两者的经历却相差甚远,两者的图像也相差甚远。其他诸神的情况也与真武和妈祖类似,适应各自的生存环境,在长期的竞争和选择的过程中发展起来,发展经历千变万化,图像的表现也千差万别。

那是否这些图像就无规律可循呢?比较这些图像发现,尽管诸神图像差别很大,但仍有一定的规律可循,比如在肖像式诸神图像中,总体趋势与诸神的发展途径一致,从自然神、动物神向人格化的神转变。在图像的变迁上,往往遵循着"一线多元"的发展路径,如真武图像以从武神向文神的转变作为发展主线,妈祖图像则以手执青圭、头戴冕旒的"青圭蔽朱旒"形象为发展主线等。又如在圣迹图式诸神图像中,大多存在着类似真武和妈祖那样以升天为界分为"凡""圣"两个部分,并形成了由凡→圣,再由圣→凡的对立统一的神话结构。曾受过国家封赐的诸神图像则大都存在着官方和民间图像系统的区分等。从艺术风格来看,诸神图像无论是肖像式还是圣迹图式,都脱离不了中国传统绘画、雕塑、壁画、版画等艺术门类的影响,因为诸神图像本身就是中国传统宗教艺术的产物。

从真武图像的研究到妈祖图像的研究,笔者一直在试图探索一种将艺术史中的图像学、文献学和人类学相结合的综合研究方法,并将其命名为图像人类学方法。从对上述两个个案的研究来看,虽然所用的研究方法较为相似,但研究的结果和创新方面却各不相同。可见真武、妈祖、关帝、吕祖等众多民间诸神图像的研究有着广阔的前景。如果能够对诸神图像,尤其是著名的标准化神明的图像进行系统的梳理与研究,逐一建立其图像学系谱,追溯他们的变迁轨迹,这样的研究,无疑对诸神图像学的发展会有非常积极的意义。

艺术史中的图像学研究,形成于20世纪初的欧洲大陆,是以"历史—解释学"为基础的一门科学,它建立在对艺术品进行全面的文化、科学的解释之上。图像学是当今西方艺术史研究中一个占统治地位的分支学科。[1]中国宗教图像的研究,比较成熟的是佛教图像学,道教图像学近年来也有一定的发展,各类民间信仰图像的研究则比较薄弱,诸神图像的梳理与研究,无疑会为各个中国宗教图像学的研究打下坚实的基础。各路神祇复杂多变的身世圣迹、丰富多彩的图像表现,为诸神图像研究的开拓创新提供了丰富的研究资源,需要的是我们的不断探索和坚持。

---

1. 赖富本宏:《佛教图像学的成果和问题点》,《世界宗教研究》2000年第2期。

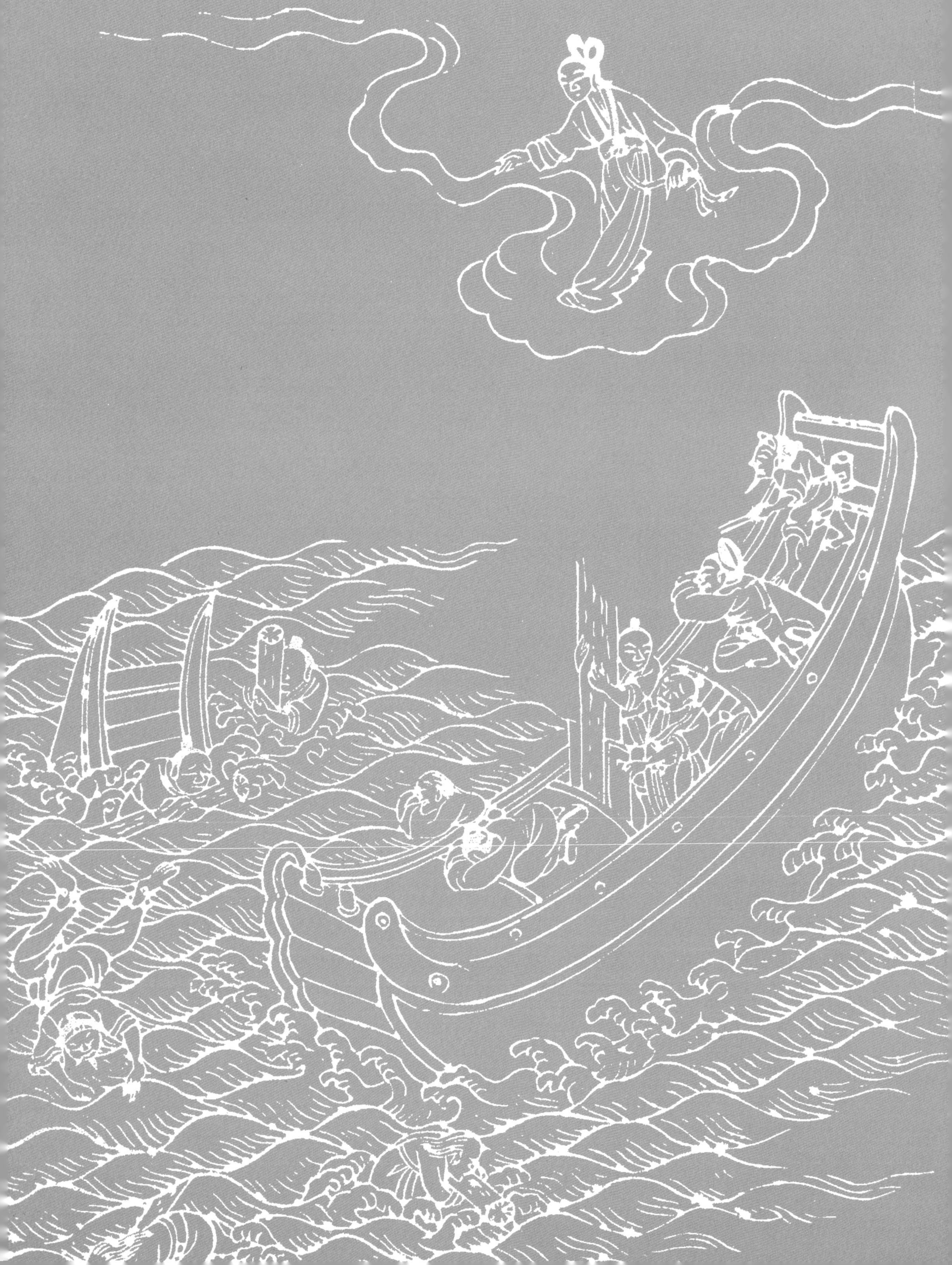

第八章

【结语:在凡圣与官民之间】

本书广泛收集了历代妈祖造像、绘画、版画、壁画等图像资料，尤其注重收集博物馆收藏的妈祖图像资料，在此基础上进行了全面系统的梳理，总结出历代妈祖图像的特点，并探索了历代妈祖图像的变迁轨迹。同时聚焦于两个学界比较有争议的问题，提出了自己的观点。如针对"青圭蔽朱旒"问题的争议指出：南宋封妃之后出现的"青圭蔽朱旒"的妈祖图像，在历代妈祖图像的发展中一直延续了下来，成为肖像式妈祖图像发展的主线，呈现出"一线多元"的发展路径。又如针对清代以来世界各地妈祖庙宇十分流行的凤冠冕板式妈祖图像提出：这类造型的出现应该与清代康熙、乾隆年间妈祖被封为"天后"有很大的关系。凤冠冕板式妈祖图像是"后"与"帝"的完美结合，使妈祖既保留了女性最高神的特性，又具有帝王的身份，与男性的封"帝"神祇取得同等的地位。因此，可以说妈祖在清代头戴冕旒形象的出现，实际上是表明妈祖具有"帝"的身份的隐喻。

本书将圣迹图式妈祖故事图像作为重点研究对象，试图以两条主线展开探讨。

第一条主线就是对圣迹图式妈祖故事图像神话结构的分析。我们发现，不管是官方传统的还是民间传统的圣迹图式妈祖故事图像，都以升天为界分为"凡""圣"两个部分，并形成了由凡→圣，再由圣→凡的对立统一的神话结构。结合圣迹图式佛祖释迦牟尼故事图像、圣迹图式真武大帝故事图像等研究案例，认为这种"凡""圣"对立统一的神话结构，在圣迹图式各类神祇的图像中具有广泛的适用性。比较妈祖与佛祖释迦牟尼、真武大帝等神祇的"脱凡入圣"过程发现，妈祖不像前两位神祇是经过艰苦的修炼才得以白日飞升，而是经由一些偶然事件得以飞升成神，这种"飞升"过程的不同背后，可能隐含着宗教，甚至教派因素等更为复杂的深层原因。

第二条主线从官方和民间的互动关系展开。比较官方和民间传统圣迹图式妈祖故事图像我们发现，官方传统妈祖故事图像在皇帝和地方精英的双重推动下，取得了巨大的成功，在圣迹图式妈祖故事图像中居于主导地位，但官方传统妈祖故事图像不可能完全取代民间传统故事图像，事实上，民间传统或半民间传统圣迹图式妈祖故事图像在福建及东南沿海一带乡村庙宇中至今仍留存不少。可见，民间传统图像可能被官方传统图像吸收，但民间传统图像的广泛存在表明，民间传统图像不可能被官方传统图像完全吸收，官方传统图像也只有在吸收民间传统图像精华的前提下才能有更好的发展前景。

美国学者詹姆斯·沃森（James Watson）提出了中国南方沿海天后"神的标准化"的观点。从图像的角度来看妈祖的"标准化"趋势，似乎更为明显。在圣迹图式妈祖故事图像中，官方传统圣迹图式妈祖故事图像代表着图像发展的标准化的趋势，民间传统圣迹图式妈祖故事图像则代表着图像发展的多元化趋势。在实际的图像发展过程中，形成了以标准化为主线，兼顾多元的发展模式，标准化不可能完全消灭多元化，多元化也不可能取代标准化，两者保持着大致的平衡。

在肖像式妈祖图像中，也存在着标准化的问题，总体来看，妈祖在南宋封妃之后出现的头戴冕旒、手执圭笏的"青圭蔽朱旒"的妈祖图像成为历代肖像式妈祖图像发展的主线，呈现出"一线多元"的发展格局。尤其到了清代，随着清王朝对妈祖信仰控制的加强，使妈祖信仰进一步走向了标准化，妈祖图像的标准化趋势也日趋明显，出现了冕冠类图像，尤其是凤冠冕板式妈祖图像一统天下的局面。但正如前述圣迹图式妈祖故事图像，肖像式妈祖图像也存在着"一统"主导下的"多元"发展的状况，总体呈现出"一统多元"的发展局面。

詹姆斯·沃森指出国家通过巧妙的方式使地方精英在天后的标准化过程中发挥了重要的作用，[1]从图像的角度看，在妈祖图像的标准化过程中，地方文化精英也发挥了至关重要的作用。前文的研究表明，各类官方传统圣迹图式妈祖故事图画和书籍的编著者或选录者都是地方文化精英的典型代表。清代以来，地方文化精英们还针对当时文盲或半文盲占多数的社会实际，通过绘画、版画、壁画等各种生动活泼的艺术形式，将枯燥的妈祖文字故事形象化，尤其是广泛利用可以重复印刷的版画技术，产生了显著的宣传效果。可见，绘画、版画、壁画等各类天后故事艺术形式在天后的标准化过程中曾扮演过重要角色，这是天后比诸如文昌帝君、玄天上帝等标准化的神明更为突出的特色之一。

从受众层面来看，圣迹图式妈祖故事图像大致可以分为皇室、文人士大夫、庙宇管理者、民众四个层面。皇家制作的圣迹图式妈祖故事图像有可能作为皇家庙宇仪式或宣教使用的物品，也有可能作为皇家或与皇家关系密切的成员之间的私人收藏欣赏与交流使用的物品。文人士大夫是直接或间接参与官方传统圣迹图式妈祖故事图像制作的主力军，参与的形式多样，如捐资、组织、题字作序、参与编印、绘制等，只是这种参与更多地以地方文化精英的身份体现出来。庙宇管理者广泛运用圣迹图式妈祖故事图像的主要目的是宗教宣传、信仰教化、烘托宗教氛围等。庙宇管理者往往还利用绘制或刊刻圣迹图式妈祖故事图像的机会，对妈祖图像进行加入个人喜好和在地化特色的整合，这客观上促进了圣迹图式妈祖故事图像的多元发展。圣迹图式妈祖故事图像对一般民众而言，有利于增强对妈祖的崇敬，增加对妈祖圣迹故事的了解，客观上也提高了艺术欣赏水平。圣迹图式妈祖故事图像作品往往成为所在地民众的集体记忆，民众对圣迹图式妈祖故事图像的接受，因绘画、版画、壁画等使用功能的不同而有所差别，尤其是版画作品，由于可以不断地刊刻印刷，普通民众都有机会得到，是影响最大的圣迹图式妈祖图像类别。

在肖像式妈祖图像中，由于涉及造像、水陆画、尊像画、神符画、年画、各类版画插图等多种图像类别，在使用功能上有很大的差异，以本书第二章所选的48幅肖像式妈祖图像为例来看，庙宇造像共30尊，占63%；小说、经卷等各类版画插图8幅，占17%；壁画、卷轴水陆画4幅，占8%；神符等单幅版画妈祖像3幅，占6%；木版年画2幅，占4%；尊像卷轴画1幅，占2%。这一比例基本上代表了肖像式妈祖图像的一般构成比例。庙宇造像一般在庙宇的主神或辅神的位置上，供人朝拜或进行各种仪式活动；小说、经卷的版画插图为提升读者或信众的阅读兴趣发挥重要作用；水陆画则在水陆法会中使用；木版年画、神符妈祖像等都在特定的时间和地点张贴。使用功能的不同，决定着受众的差异。庙宇的层次不同，

---

1. [美]詹姆斯·沃森（James Watson）：《神的标准化：在中国南方沿海地区对天后的鼓励（960—1960年）》，[美]韦思谛编《中国的大众宗教》，陈仲丹译，南京，江苏人民出版社，2006年，第83页。

受众就会不同，皇家庙宇的受众限于皇家成员，各地官方妈祖庙宇的受众以官方人士为主导，民间庙宇的受众则以民间人士为主导。妈祖神魔小说的受众包括一般读者和信众，而妈祖经卷的受众则主要是妈祖信众。妈祖木版年画和其他木版年画一样，民众在过年时张贴，传播范围广泛。可见，每一类肖像式妈祖图像都有自己的主要受众群体，肖像式妈祖图像的受众层面比圣迹图式妈祖图像更为广泛，几乎可以覆盖妈祖信仰地域的所有人群。

本书经由跨图像比较妈祖和真武图像，以及佛祖释迦牟尼本传图像、关帝圣迹图、吕祖显化图等诸神图像可知，诸神图像与诸神的历史密切相关，在长期的竞争和选择的过程中发展起来，发展经历千变万化，图像的表现也千差万别。尽管诸神图像差别很大，但仍有一定的规律可循，本书第七章已有论及。从笔者对真武和妈祖图像两个个案的研究来看，虽然所用的研究方法较为相似，但研究的结果和创新方面却各不相同。可见真武、妈祖、关帝、吕祖等众多民间诸神图像的研究有着广阔的发展前景。如果能够对诸神图像，尤其是著名的标准化神明的图像进行系统的梳理与研究，逐一建立其图像学系谱，追溯他们的变迁轨迹，这样的研究，无疑对诸神图像学的发展会有非常积极的意义。

本书采用艺术史中的图像学、文献学和人类学相结合的综合研究方法，笔者在《真武图像研究》一书中将这种研究方法命名为图像人类学方法，即：运用人类学整体论的观点，在文献材料的基础上，通过田野调查和跨文化（图像）比较等方法，对图像材料进行多角度、多维度的研究。[1] 这是笔者近年来一直尝试和探索的研究方法，从使用效果来看，人类学的整体论、田野调查、跨文化比较等基本方法确实能在图像的研究中发挥独特的作用。本书在坚持运用人类学基本方法研究图像的同时，也十分注重图像研究的特点，认为图像研究的焦点是图像，图像材料是图像研究的基础，只有把握住图像这个焦点，才不会因为使用多种研究方法而迷失了方向。正如李凇教授所言："作为人文学科和历史学科的美术史，视觉材料始终是学科的研究对象和核心，放弃了这一点，就消解了学科成立的理由。"[2] 因此，本书都是紧紧围绕妈祖图像材料展开。本书的另一个特点是非常注重博物馆藏妈祖图像文物的利用，因为相对于其他机构而言，博物馆的图像藏品在年代方面的可信度更高。

由于时间和精力所限，本书总体上比较注重妈祖图像的共性研究，对妈祖图像的地域化研究涉及较少，希望未来能加强地域妈祖图像的调查与研究，以进一步深化妈祖图像的研究。本书最初的设想为三大部分，除了上面已经研究的肖像式妈祖图像和圣迹图式妈祖故事图像外，还准备以中国国家博物馆藏著名的清代《天津天后宫行会图》为基础对妈祖庙会（巡游）图像进行研究，由于考虑到此部分妈祖图像内容稍显宽泛，故没有列入本书的范围，后续将会进行专题研究。

---

1. 肖海明：《真武图像研究》，北京，文物出版社，2007年，第187页。
2. 李凇：《中国道教美术史》第一卷，长沙，湖南美术出版社，2012年，《前言》第4页。

主要参考文献

中文书目：

一、古籍

1. ［汉］司马迁：《史记》，北京，中华书局，1959年。
2. ［唐］张彦远：《历代名画记》，北京，人民美术出版社，1963年。
3. ［宋］黄休复：《益州名画录》，北京，人民美术出版社，1983年。
4. ［宋］米芾：《画史》，台北，台湾商务印书馆，1983年。
5. ［宋］佚名：《宣和画谱》，长沙，湖南美术出版社，1999年。
6. ［宋］郭若虚：《图画见闻志》，北京，人民美术出版社，1983年。
7. ［元］佚名：《元代画塑记》，北京，人民美术出版社，1983年。
8. ［宋］司马光等：《资治通鉴》，上海，上海古籍出版社，1987年。
9. ［宋］洪迈：《夷坚志》，北京，中华书局，1997年。
10. ［宋］李俊甫：《莆阳比事》，上海，上海古籍出版社，2002年。
11. ［宋］朱彧：《萍洲可谈》，上海，上海古籍出版社，1987年。
12. ［宋］黄岩孙：《仙溪志》，上海，上海古籍出版社，2002年。
13. ［宋］徐兢：《宣和奉使高丽图经》，上海，上海古籍出版社，1987年。
14. ［宋］梁克家等：《三山志》，北京，方志出版社，2003年。
15. ［元］脱脱等：《宋史》，北京，中华书局，1977年。
16. ［明］宋濂等：《元史》，北京，中华书局，1976年。
17. ［明］张宇初：《正统道藏》，上海书店、文物出版社、天津古籍出版社，1994年。
18. ［明］吴还初：《天妃娘妈传》，明万历刻本，北京，中华书局，1990年。
19. ［明］罗懋登等：《三宝太监西洋记通俗演义》，明万历刊本。
20. ［清］张廷玉等：《明史》，北京，中华书局，1974年。
21. ［清］赵尔巽等：《清史稿》，北京，中华书局，1977年。
22. 《清圣祖实录》，北京，中华书局，1985年。
23. 《清高宗实录》，北京，中华书局，1985年。
24. ［清］黄仲昭：《八闽通志》，福州，福建人民出版社，1990年。
25. ［清］照乘等：《天妃显圣录》，台湾文献丛刊第七十七种。
26. ［清］林清标：《敕封天后志》，乾隆四十三年（1778年）刻本。
27. ［清］佚名：《天后圣母圣迹图志》，道光十二年（1832年）上洋寿恩堂重刻本。
28. ［清］佚名：《天后圣母圣迹图志》，咸丰十年（1860年）佛山庆云楼重刻本。

29. ［清］佚名：《天后圣母圣迹图志》，咸丰十年（1860年）佛山翰宝楼重刻本。

二、近现代著作

（一）妈祖研究

1. 林明峪：《妈祖传说》，台北，联亚出版社，1980年。
2. 刘枝万：《台湾民间信仰论集》，台北，联经出版社，1983年。
3. 肖一平主编《妈祖研究资料汇编》，福州，福建人民出版社，1987年。
4. 林祖良：《妈祖》，福州，福建教育出版社，1989年。
5. 蔡相辉：《台湾的王爷与妈祖》，台北，台原出版社，1989年。
6. 朱天顺：《妈祖研究论文集》，厦门，鹭江出版社，1989年。
7. 陈国强主编《妈祖信仰与祖庙》，福州，福建教育出版社，1990年。
8. 蒋维锬：《妈祖文献资料》，福州，福建人民出版社，1990年。
9. 林文豪主编《海内外学人论妈祖》，北京，中国社会科学出版社，1992年。
10. 李露露：《妈祖信仰》，北京，学苑出版社，1994年。
11. 李献璋：《妈祖信仰研究》，郑彭年译，澳门，澳门海事博物馆，1995年。
12. 蔡相辉：《北港朝天宫志》，台湾，北港朝天宫董事会，1995年。
13. 邱福海：《妈祖信仰探源》，台北，淑馨出版社，1998年。
14. 澳门海事博物馆、澳门文化研究会合编《妈祖信俗历史文化研讨会论文集》，1998年。
15. 徐晓望：《妈祖的子民——闽台海洋文化研究》，上海：学林出版社，1999年。
16. 许在全主编《妈祖研究》，厦门，厦门大学出版社，1999年。
17. 王见川、李世伟：《台湾妈祖庙阅览》，台北，博扬文化事业有限公司出版，2000年。
18. 石万寿：《台湾的妈祖信仰》，台北，台原出版社，2000年。
19. 凡夫子：《妈祖》，台北，笙易出版社，2001年。
20. 吴玉贤主编《海神妈祖》，北京，外文出版社，2001年。
21. 林美容：《妈祖信仰与汉人社会》，哈尔滨，黑龙江人民出版社，2003年。
22. 中国第一历史档案馆、湄洲妈祖祖庙董事会等合编《清代妈祖档案史料汇编》，北京：中国档案出版社，2003年。
23. 黄国华：《妈祖文化》，福州，福建人民出版社，2003年。
24. 李露露：《妈祖神韵——从民女到海神》，北京，学苑出版社，2003年。
25. 林庆昌：《妈祖真迹——兼注释古籍敕封天后志》，广州，中山大学出版社，2003年。

26. 张珣：《文化妈祖——台湾妈祖信仰研讨会论文集》，台北，"中央研究院"民族研究所，2003年。
27. 中华妈祖文化交流协会、莆田学院编《妈祖研究资料目录索引》，福州，海风出版社，2005年。
28. 蒋维锬：《妈祖研究文集》，福州，海风出版社，2006年。
29. 马书田、马书侠：《全像妈祖》，南昌，江西美术出版社，2006年。
30. 罗春荣：《妈祖文化研究》，天津，天津古籍出版社，2006年。
31. 蔡相辉：《妈祖信仰研究》，台北，秀威资讯科技有限公司出版，2006年。
32. 林美容：《妈祖信仰与台湾社会》，台北，博扬文化事业有限公司出版，2006年。
33. 林国平：《文化台湾》，北京，九州岛出版社，2007年。
34. 徐晓望：《妈祖信仰史研究》，福州，海风出版社，2007年。
35. 中华妈祖文化交流协会、莆田学院妈祖文化研究所、湄洲妈祖祖庙董事会编《妈祖文献史料汇编》第一辑《碑记卷》《散文卷》《诗词卷》《档案卷》，北京，中国档案出版社，2007年。
36. 徐晓望：《闽澳妈祖庙调查》，澳门，中华妈祖基金会出版，2008年。
37. 中华妈祖文化交流协会、莆田学院妈祖文化研究所、湄洲妈祖祖庙董事会编《妈祖文献史料汇编》第二辑《史摘卷》《著录卷》（上、下）、《匾联卷对联编》《匾联卷匾额编》，北京，中国档案出版社，2009年。
38. 罗春荣：《妈祖传说研究——一个海洋大国的神话》，天津，天津古籍出版社，2009年。
39. 中华妈祖文化交流协会、莆田学院妈祖文化研究所、中华妈祖文化研究院、湄洲妈祖祖庙董事会编《妈祖文献史料汇编》第三辑《绘画卷》（上、中、下）、《方志卷》（上、下）、《经签卷经忏编》《经签卷签诗编》，福州，海风出版社，2011年。

（二）艺术类

1. 郑振铎：《中国版画史图录》，上海，中国版画史社，1940年。
2. 李泽厚：《美的历程》，北京，中国社会科学出版社，1984年。
3. ［美］帕诺夫斯基：《视觉艺术的含义》，傅志强译，沈阳，辽宁美术出版社，1987年。
4. 陈履生：《神画主神研究》，北京，紫禁城出版社，1987年。
5. ［日］曾布川宽：《唐代龙门石窟造像研究》，《东方学报》第六十册，京都，1988年。
6. ［美］博厄斯：《原始艺术》，金辉译，上海，上海文艺出版社，1989年。
7. ［英］贡布里希：《图像与眼睛——图画再现心理学的再研究》，范景中等译，杭州，浙江摄影出版社，1988年。
8. ［英］贡布里希：《象征的图像》，杨思梁、范景中编译，杭州，浙江摄影出版社，1990年。
9. ［美］罗伯特·莱顿：《艺术人类学》，靳大成等译，北京，文化艺术出版社，1992年。

10. 曹意强、洪再辛编《图像与观念——范景中学术论文选》，广州，岭南美术出版社，1992年。
11. 金维诺等：《中国宗教美术史》，南昌，江西美术出版社，1995年。
12. ［英］贡布里希：《理想与偶像》，范景中等译，上海，上海人民美术出版社，1996年。
13. 金维诺：《永乐宫壁画全集》，天津，天津人民美术出版社，1997年。
14. 杨泓：《美术考古半世纪——中国美术考古发现史》，北京，文物出版社，1997年。
15. 王昆吾：《中国早期艺术与宗教》，北京，东方出版社，1998年。
16. 楚启恩：《中国壁画史》，北京，北京工艺美术出版社，2000年。
17. 杨泓：《汉唐美术考古和佛教艺术》，北京，科学出版社，2000年。
18. 信立祥：《汉代画像石综合研究》，北京，文物出版社，2000年。
19. 曹意强：《艺术与历史》，杭州，中国美术学院出版社，2001年。
20. 贺西林：《古墓丹青——汉代墓室壁画的发现与研究》，西安，陕西人民美术出版社，2001年。
21. 刘凤君：《美术考古学导论》，济南，山东大学出版社，2002年。
22. 李淞：《长安艺术与宗教文明》，北京，中华书局，2002年。
23. 郑岩：《魏晋南北朝壁画墓研究》，北京，文物出版社，2002年。
24. 张光直：《美术、神话与祭祀》，沈阳，辽宁教育出版社，2002年。
25. 宫大中：《龙门石窟艺术》，北京，人民美术出版社，2002年。
26. ［日］吉村怜：《天人诞生图研究——东亚佛教美术史论文集》，北京，中国文联出版社，2002年。
27. 王育成：《明代彩绘全真宗祖图研究》，北京，中国社会科学出版社，2003年。
28. ［德］赫尔穆特·吴黎熙：《佛像解说》，李雪涛译，北京，社会科学文献出版社，2003年。
29. 黄苗子：《艺林一枝——古美术文编》，北京，生活·读书·新知三联书店，2003年。
30. 周天游主编《唐墓壁画研究文集》，西安，三秦出版社，2003年。
31. 沈宁编《滕固艺术文集》，上海，上海人民美术出版社，2003年。
32. ［美］巫鸿：《礼仪中的美术》，郑岩译，上海，生活·读书·新知三联书店，2005年。
33. ［美］巫鸿：《武梁祠》，柳扬、岑河译，上海，生活·读书·新知三联书店，2006年。
34. 孙晓岗：《文殊菩萨图像学研究》，兰州，甘肃人民美术出版社，2006年。
35. 曹意强等：《艺术史的视野》，杭州，中国美术学院出版社，2007年。
36. ［英］伯克：《图像证史》，杨豫译，北京，北京大学出版社，2008年。
37. ［法］莱维·斯特劳斯：《面具之道》，张祖建译，北京，中国人民大学出版社，2008年。
38. ［美］巫鸿：《时空中的美术》，梅枚等译，上海，生活·读书·新知三联书店，2009年。
39. ［美］帕诺夫斯基著：《图像学》，戚印平、范景中译，上海，生活·读书·新知三联书店，2011年。
40. 陈葆真：《〈洛神赋图〉与中国古代故事画》，杭州，浙江大学出版社，2012年。

41. 中山大学艺术史研究中心编《艺术史研究》，广州，1~14 辑。

（三）文化类

1. 宗力、刘群：《中国民间诸神》，石家庄，河北人民出版社，1986 年。
2. 刘志文：《中国民间信神俗》，广州，广东旅游出版社，1991 年。
3. 罗纳德·L·约翰斯通：《社会中的宗教》，薛利芳译，成都，四川人民出版社，1991 年。
4. ［英］布林·莫利斯：《宗教人类学》，周国黎译，北京，今日中国出版社，1992 年。
5. 胡道静等：《藏外道书》，成都，巴蜀书社，1992 年。
6. 陈麟书、袁亚愚：《宗教社会学通论》，成都，四川大学出版社，1992 年。
7. 李亦园：《文化的图像》，台湾，允晨文化实业公司，1992 年。
8. 史宗：《20 世纪西方宗教人类学文选》上、下卷，上海，生活·读书·新知三联书店，1995 年。
9. 李幼蒸：《结构与意义》，北京，中国社会科学出版社，1996 年。
10. 李亦园：《人类的视野》，上海，上海文艺出版社，1996 年。
11. 陈麟书：《宗教观的历史·理论·现实》，成都，四川大学出版社，1996 年。
12. 张志刚：《宗教文化学导论》，北京，东方出版社，1996 年。
13. ［法］莱维·斯特劳斯：《野性的思维》，李幼蒸译，北京，商务印书馆，1997 年。
14. 吕大吉：《宗教学通论新编》，北京，中国社会科学出版社，1998 年。
15. 梁思成：《图像中国雕塑史》，天津，百花文艺出版社，1998 年。
16. ［日］渡边欣雄：《汉族的民俗宗教》，周星译，天津，天津人民出版社，1998 年。
17. ［美］马尔库斯、费彻尔：《作为文化批评的人类学——一个人文学科的实验时代》，王铭铭等译，北京，生活·读书·新知三联书店，1998 年。
18. ［美］克利福德·格尔兹：《文化的解释》，纳日碧力戈等译，上海，上海人民出版社，1999 年。
19. ［法］涂尔干：《宗教生活的基本形式》，林宗锦等译，上海，上海人民出版社，1999 年。
20. ［法］莱维·斯特劳斯：《结构人类学》第二卷，俞宣孟等译，上海，上海译文出版社，1999 年。
21. 陈麟书等：《宗教学原理》，北京，宗教文化出版社，1999 年。
22. 马书田：《华夏诸神》，北京，北京燕山出版社，1999 年。
23. 谢路军：《宗教词典》，北京，学苑出版社，1999 年。
24. ［美］韩森：《变迁之神——南宋时期的民间信仰》，包伟民译，杭州，浙江人民出版社，1999 年。
25. 张育英：《中国佛道艺术》，北京，宗教文化出版社，2000 年。
26. ［法］安娜·塞德尔：《西方道教研究史》，蒋见元等译，上海，上海古籍出版社，2000 年。
27. ［法］莱维·斯特劳斯：《忧郁的热带》，王志明译，北京，生活·读书·新知三联书店，2000 年。

28. 梁思成：《图像中国建筑史》，天津，百花文艺出版社，2001年。
29. ［罗马尼亚］伊利亚德：《圣与俗：宗教的本质》，杨素娥译，台北，桂冠图书股份有限公司，2001年。
30. 金泽：《宗教人类学导论》，北京，宗教文化出版社，2001年。
31. 周锡保：《中国古代服饰史》，北京，中国戏剧出版社，2002年。
32. 刘敦桢主编《中国古代建筑史》，北京，中国建筑工业出版社，2002年。
33. 郑振满、陈春声主编《民间信仰与社会空间》，福州，福建人民出版社，2003年。
34. 贾二强：《唐宋民间信仰》，福州，福建人民出版社，2003年。
35. 姜伯勤：《中国祆教艺术史研究》，北京，生活·读书·新知三联书店，2004年。
36. 刘黎明：《宋代民间巫术研究》，成都，巴蜀书社，2004年。
37. 李亦园：《宗教与神话》，桂林，广西师范大学出版社，2004年。
38. ［法］茨维坦·托多罗夫：《象征理论》，王国卿译，北京，商务印书馆，2004年。
39. 赵毅衡编选《符号学文学论文集》，天津，百花文艺出版社，2004年。
40. ［美］韦思谛编《中国的大众宗教》，陈仲丹译，南京，江苏人民出版社，2006年。
41. ［法］莱维·斯特劳斯：《结构人类学（1—2）》，张祖建译，北京，中国人民大学出版社，2006年。
42. ［美］詹姆斯·克利福德、马尔库斯编《写文化——民族志的诗学与政治学》，高丙中等译，北京，商务印书馆，2006年。
43. 刘昭瑞：《考古发现与早期道教研究》，北京，文物出版社，2007年。
44. 肖海明：《真武图像研究》，北京，文物出版社，2007年。
45. 皮庆生：《宋代民众祠神信仰研究》，上海，上海古籍出版社，2008年。
46. 金泽：《宗教人类学学说史纲要》，北京，中国社会科学出版社，2010年。
47. 金泽：《肖像研究》译稿，未出版。
48. 于君方：《观音——菩萨中国化的演变》，北京，商务印书馆，2012年。

三、论文

1. 陈春声、陈文惠：《社神崇拜与社区地域关系——樟林三山国王研究》，《中山大学史学集刊》第二辑，1994年。
2. 刘志伟：《神明的正统性与地方化——关于珠江三角洲地区北帝崇拜的一个解释》，《中山大学史学集刊》第二辑，1994年。
3. 石奕龙：《临水夫人信仰及其对民俗活动的影响与解释》，《民俗研究》1996年第3期。
4. 李伯重：《"乡土之神"、"公务之神"与"海商之神"——简论妈祖形象的演变》，《中国社会经济史研究》1997年第2期。

5. 林圣智：《明代道教图像学研究：以〈玄帝瑞应图〉为例》，台湾，《美术史研究集刊》第 6 期，1999 年。
6. ［日］赖富本宏：《佛教图像学的成果和问题点》，《世界宗教研究》2000 年第 2 期。
7. 孙春花：《艺术人类学简史》，北京，中央民族大学硕士论文，2004 年。
8. 林美容：《台湾妈祖形象的显与隐》，台湾历史博物馆编《台湾妈祖文化展》，2008 年。
9. 李丽娟：《从社会符号学角度解读妈祖石雕像的再现意义》，《莆田学院学报》2009 年第 6 期。
10. 李丽娟：《妈祖石雕神像蕴含之互动意义解读——从社会符号学的角度》，《怀化学院学报》2009 年第 10 期。
11. 刘福铸：《元明时代海神天妃画像综考》，《广东海洋大学学报》2011 年第 5 期。
12. 王英暎：《从妈祖造像看中国造型美学的意涵》，《福建师范大学学报》2012 年第 3 期。
13. 王英暎：《稳定的延续：论闽台妈祖图像的模式化》，《新疆艺术学院学报》2012 年第 4 期。
14. 王英暎：《闽台妈祖图像研究》，福州，福建师范大学博士论文，2012 年。
15. 史静：《从传统年画看天津的妈祖信俗》，《莆田学院学报》2013 年第 3 期。
16. 王英暎：《浅析现代文化建构中闽台妈祖图像的造像观念》，《福建师范大学学报》2014 年第 1 期。

英文书目：

1. Cornelius Ouwehand, *Namazu-E and Their Themes: An Interpretative Approach to Some Aspects of Japanese Folk Religion*, Leiden, E.J.Brill, 1964.
2. Boltz, Judith Magee, In Homage to Tien Fei. *Journal of the American Oriental Society* 106(1):211-232.
3. Bosco, Joseph,Mazu in Taiwan:Religion in Global and Local Identity.Paper presented at the Conference on Ma zuTemple:Iconography,Architecture,Social Organization,Chinese University of Hong Kong, Hong Kong.
4. Sangren,P.Steven,Female Gender in Chinese Religious Symbols:Kuan Yin,Mazu,and the "Eternal Mother". *Sign*9(1):4-25,1983.
5. Sangren,P.Steven,History and the Rhetoric of Legitimacy:The Mazu Cult of Taiwan.*Comparative Studies in Society and History* 30(4):674-697,1988.
6. Sangren, P.Steven,Mazu's Black Face: Individuals and Collectivities in Chinese Magic and Religion.Paper Presented at the Conference of The Historical Legacy of Religion in China,April22-24,1988.
7. Sangren,P.Steven,Power and Transcendence in the Mazu Pilgrimages of Taiwan.*American Ethnologist* 20(3):564-582,1993.
8. Sangren,P.Steven,American Anthropology and the Study of Mazu Worship. Paper presented in the International Conference on Mazu Cult and the Modern Society,Chao-tian Temple,Yunlin ,Taiwan,2001.

9. Watson, James L."Standardizing the Gods: The Promoting of Tien Hou Along the South China Coast, 960-1960," in David Johnson Andrew J. Nathan, and Evelyn S. Rawski eds., *Popular Culture in Late Imperial China*. Berkeley: University of California Press, 1985.
10. Wolf, Arthur."Gods, Ghosts, and Ancestors," in Wolf ed., *Religion and Ritual in Chinese Society*, pp.131-182. Stanford: Stanford Univ. Press,1974.

日文书目：

1. 李獻璋：《妈祖信仰の研究》，东京，泰山文物社，1979年。
2. 赤岭诚纪：《大航海时代的琉球》，日本，冲绳タィムス社，1988年。
3. C. アウエハント：《鲶绘：民俗的想像力の世界》，东京，岩波书店，2013年。

后 记

《妈祖图像研究》一书是在我的中国社会科学院世界宗教研究所《妈祖图像研究》博士后研究报告的基础上修改而成，该书的完成，首先要感谢合作导师金泽先生的悉心指导和鼓励。金老师学问渊博，治学严谨，乐于助人，豁达开朗，为学和为人都足为楷模和典范。

本人在写作过程中还得到了多位师长的指导和帮助，中国社会科学院的卓新平研究员、郑筱筠研究员、王卡研究员、张总研究员、赵广明研究员、周伟驰研究员、嘉木扬·凯朝研究员、陈进国副研究员，北京大学的张志刚教授、中山大学的刘昭瑞教授等都或理论指导或提供资料或答疑解惑，在此谨致衷心的谢忱。我的博士导师刘昭瑞教授还在繁忙的教学科研之余，抽空审阅了书稿，改正了不少错误，提出了中肯的修改意见，至为感激！

本人在福建、台湾和新加坡等地的田野调查过程中得到了众多师友的无私帮助。福建莆田市博物馆的老馆长林祖良先生，非常支持我的研究，提供了不少珍贵的妈祖文献和图像资料。莆田市文化广电新闻出版局的罗锦枝副局长，用私家车在周六日休息时间帮助我跑各地的妈祖庙，还在图像拍摄方面多方疏通、大力支持。莆田学院的俞黎媛老师不仅提供了重要的研究资料，还热心帮助庙宇调查。此外，青海省文化厅的周宇副厅长，莆田市博物馆的黄文格副研究员，福建博物院的陈淑铮副院长、颜克慎书记，天津天后宫的蔡长奎馆长、段德融副馆长，福建湄洲妈祖祖庙的周金琰主任，福建霞浦松山天后宫的陈杰秘书长，福建仙游县文管办的连庆功主任，福建师范大学的王英暎教授，台湾的林右正教授、萧登福教授，李建德博士，台中自然科学博物馆的孙维新馆长，新加坡的周行老师等都在资料收集和田野调查中提供了无私的帮助。

本书还得到了中国国家图书馆的张波博士，广东省立中山图书馆的倪俊明副馆长，广东省博物馆的魏峻馆长，牛小燚、陈岸、黄静、刘谷子、车智斌、余思阳、兰维、黄国锦、陈宇等众多同事的无私帮助。

本书的写作得到了爱人周艳和家人的大力支持，解除了不少后顾之忧，使我能集中精力按时完成该项研究。

本书的完成得到了"中国博士后科学基金第五十五批面上资助项目"（2014M550980）的资助，在此致以特别感谢！

　　本书完成后，经由广州市东方实录研究院院长、佛山史专家罗一星博士的推荐，得以入选"东方文库丛书"，罗一星院长和陈晓军先生多次来商讨出版事宜，最后经东方实录研究院理事会确定在文物出版社出版精装本《妈祖图像研究》一书，东方实录研究院资助全部出版费用。在本书即将付梓之际，特向襄助此事的陈晓军先生和罗一星院长表示衷心的感谢，他们大力扶持学术研究的精神令人敬佩！

　　本书在出版过程中还得到文物出版社编审李飚女士的大力支持，在此一并致以诚挚的谢意。

　　最后，再次向为本书出版做出贡献的各位师友和家人致以衷心的感谢！

肖海明

2017 年 3 月 18 日